시골 목사의 행복한 글 여행

시골 목사의 행복한 글 여행

2016년 9월 5일 초판 1쇄 인쇄
2016년 9월 9일 초판 1쇄 발행

지은이 | 이강덕
펴낸이 | 김영호
펴낸곳 | 도서출판 동연
등 록 | 제1-1383호(1992. 6. 12)
주 소 | (03962) 서울시 마포구 월드컵로 163-3
전 화 | (02)335-2630
전 송 | (02)335-2640
이메일 | yh4321@gmail.com / h-4321@daum.net

ISBN 978-89-6447-320-7 03040

시골 목사의

행복한 글 여행

이강덕 지음

가 슴 으 로 읽 고 영 성 으 로 남 기 다

동연

평생 동안 못난 아들을 위해 당신들의 전부를 버리셨던 부모님
故(고) 이복성, 박옥진 집사님의 영전에 이 책을 바칩니다.

추 천 의 글

"천박해지기를 종용하는 시대에 인간이 천박해지지 않는 유일한 방법은 사유를 포기하지 않도록 책과 노는 일임을 다시 한 번 서평의 글들을 정리하며 각인하는 공부를 했습니다." 저자가 〈나가는 말〉에서 남긴 말이다. 저자는 책과 행복한 놀이를 할 줄 아는 목사이다.

3년에 300권의 책과 노는 목사. 1년에 100권, 한 주에 2권 정도 정독하고 서평을 남기는 일은 한 교회를 책임지고 목양하는 목사로서 저자가 얼마나 치열하게 살아왔는지를 잘 보여준다. 한 신앙공동체의 모든 성도들을 품고 중보하며, 성도들에게 진정으로 존경받는 목회자이면서도 학자 이상으로 책과 가까이하는 그가 늘 부럽다.

저자는 필자와 신학교 동기로서 아주 절친한 사이다. 현재의 세인교회의 개척자로서 그 교회의 시작과 지나온 과정 그리고 오늘의 모습에 이르기까지 필자는 지근거리에서 그의 삶과 사역을 존경하는 마음으로 보아왔다. 바쁜 목회 사역에서도 이 목사의 손에는 늘 책이 들려있었다. 그는 소설과 인문학 그리고 사회과학 등 다양한 분야를 거리끼지 않고 섭렵하고 있다. 이런 독서에서 그의 깊은 통찰력과 폭넓은 해박함이 배태된 것 같다.

저자는 책을 눈으로만 읽지 않는다. 그는 가슴으로 공명(共鳴)하면서 때로는 울면서 때로는 분노하면서 책을 읽는다. 그는 예수를 주군(主君)으로 모신 목사답게 책의 내용을 영성으로 되새김질하며, 깊은 사색으로 서(書)를 평(評)하며 반드시 자신의 글을 남긴다. 책을 읽는 것과 글을 쓰는 것은 서로 다른 일이다. 읽는 것도 쉬운 일은 아니지만,

자신의 글로 서평을 남기는 것은 더욱더 고된 일이다. 그는 이런 고된 일을 줄기차게 지속적으로 해왔다. 이것만으로도 그의 성실함과 끈질김은 칭찬받을 만하다.

저자는 한 지역 교회를 섬기는 목사로서 모든 글을 목사의 눈으로 들여다본다. 그리고 조국 교회의 현실을 가슴에 품고 늘 고민하고 교회의 눈으로 책을 읽는다. 이런 점에서 이 책은 신앙인들이 세상과 사회를 기독교적으로 이해하고 해석하는 데 탁월한 안목을 열어 줄 것으로 판단된다. 또한 세계사적으로 찾아볼 수 없는 과도한 빈도의 설교를 소화해야 하는 조국 교회의 설교자들에게는 참조하고 인용할 만한 무궁무진한 자료들이 널려있는 책이다. 신학도들도 선배 목회자의 책 읽기를 통해서 독서에 대한 도전과 인문학적 통찰력을 배우는 기회가 되었으면 좋겠다.

그의 주옥같은 글 솜씨를 보면서 기회 있을 때마다 출간을 독려해왔다. 저자는 모든 설교를 철저히 원고화하여 의도적으로 공개하고 있다. 그가 보듬어 안고 다듬고 있는 수많은 성서 강해 원고들도 잘 갈무리한 후 출간하여 많은 독자에게 선물로 주어질 날이 오기를 간절히 빌어본다.

드디어 시골 교회에서 숨어 지내던 독서의 고수 한 분이 대중 앞에 그 모습을 드러낸다. 이런 숨겨진 보배가 친구여서 더 행복하다!

한세대 구약학 교수 · 한국구약학회 회장

차준희

추 천 의 글

친구 이강덕 목사가 얼마 전에 자신이 읽은 책에 대한 서평을 기록한 책이 나오니 추천사를 써달라고 의뢰했다. 원고를 받아 보기 전에는 일반적인 추천사를 생각했다. 그러나 원고를 대하면서 이 책을 읽지 않고는 추천사 쓰기가 쉽지 않겠구나 하는 생각이 들었다. 왜냐하면 이 책은 이강덕 목사의 단순한 서평이 아니라는 생각이 들었기 때문이다. 책을 읽고 나서 요약과 느낀 점을 단순하게 기록한 책이 아니라, 자신의 삶을 대입하여 해석하고 자신의 인생을 기록하였다는 것을 느꼈다.

이강덕 목사의 글은 처음에는 모든 사건을 차분하게 마치 그림을 그리듯이 설명하고 요약한다. 그런 후에는 그 책의 자기 해석을 마치 격랑이 일듯이 자신의 삶의 일부를 처절하게 끄집어내어 적용하여 해석한다. 그것만 있는 것도 아니다. 현재 목회자로서의 걱정과 끊임없는 유혹의 소리를 근심으로 담고 있다. "주원규의『망루』(문학의문학, 2010년)를 읽고"에서는 현재 목회자의 소리가 보수와 진보에서 어떤 목소리를 내야하는 가를 갈등하고 있다. 그리고 단지 갈등만 하는 것이 아니라, 앞으로 나아가려는 그의 몸짓을 본다. 그것은 아마도 자신이 담당해야 하는, 목회자를 바라보는 보수와 진보 속에 갈라져 있는 평신도에 대한 배려도 있기 때문이다.

첫 번째 마당에 들어가면 인문학적 생각을 여는 책들을 소개한다. 신학이 아니라, 오히려 인문학적 책에서 이강덕 목사의 맛이 드러난다. 다른 사람이 다 만들어 놓은 음식을 맛보고 그 맛에 대하여 평하는 것이 아니다. 만들어 놓은 음식을 이강덕 목사의 맛으로 바꾸어 자신의 맛을

낸다. 그럼에도 불구하고 원 저자의 맛을 훼손시키지도 않는다. 참으로 맛깔난다고 표현하고 싶다. 그의 맛은 찬찬히 글에 대한 소개를 하다가 자신의 격정으로 저자의 글을 해석하는 것에 있다. 예를 들면, "전쟁이 답이라는 자들에게 던지는 선전포고 - 바오 닌, 『전쟁의 슬픔』(아시아, 2014년)을 읽고"에서는 찬찬히 상황을 설명하다가, 전쟁의 이야기로 그리고 그 전쟁에 따라오는 비극으로 글을 이끈다. 저자의 생각을 잘 표현했다기보다는, 맛나게 표현했다는 편이 더 좋을 것이다.

두 번째 마당에서 나오는 12개의 책들은 단지 이강덕 목사만이, 한 목회자만이 자신의 문제로서 고민하고 바둥바둥대고 있는 모습이 아니라고 느꼈다. 서울신학대학에서 구약학을 가르치는 나도 포함되고, 우리의 현재의 군상들이 다 포함된 문제를 적나라하게 짚고 있다. 참으로 재치 있는 서평이다.

많은 책을 읽었지만 나의 친구 이강덕 목사가 쓴 이 서평집, 서평을 그의 삶과 연결하여 해석하는 맛있는 글을 읽었다. 어찌 보면 설교 속에 예화가 될 수 있는 삶 속의 이야기들이 생명을 가지고 막 현실로 튀어나오는 것 같은 느낌을 받았다. 단지 재미와 흥미 위주가 아니라, 한 번쯤은 다시 생각해야 하는 글들을 이렇게 자신의 삶이 녹아있는 방법으로 해석하고 자신의 삶에 적용하는 이강덕 목사가 자랑스럽다. 그리고 독자들에게 이 책을 진실하게 권하고 싶다.

"목회자의 고뇌를 알고 싶다면 이 책을 음미하시라." 진정한 목회자의 희망을 보고 싶다면 이 책을 읽으라고 진정으로 권하고 싶다.

서울신학대학교 구약학 교수

이용호

들어가는 말

　제천이라는 동네는 참 매력적입니다. 원래 '堤'라는 한자가 둑을 쌓는 제방이라는 의미가 있는 글자이기에 제천이라는 동네가 높은 지대에 위치해 있음을 암시합니다. 지대가 높다보니 공기가 너무 좋습니다. 동서남북 20km 이내에 물 좋은 계곡이 있습니다. 어느 계곡을 가든 물이 깨끗하여 사람의 마음을 치유하는 매력도 있습니다. 이런 좋은 동네에서 산지가 벌써 14년이 되어갑니다. 사실, 제천이라는 동네는 저에게는 생면부지의 땅이었습니다. 이곳에 들어올 때 단 한 명의 지인도 없었으니 말입니다. 제천에 대해 알고 있는 정보란 고등학교 시절, 한국지리 수업 시간에 대학입시를 위해 암기했던 의림지라는 신라시대에 만들어진 저수지가 있는 곳, 충북선의 분깃점이 되는 도시, 한국 최대의 시멘트 생산지 정도, 아! 하나 더, 조선 시대에 유배지가 될 정도로 오지 중의 오지라는 것이 알고 있는 지식의 전부였으니 저에게 제천은 이방인의 땅과 같았던 곳입니다.

　목사라는 신분은 아골 골짝 빈들이라도 복음을 들고 가야한다는 것에 세뇌가 되어 있었기에 계산하지 않고 들어온 이 땅에서 그럭저럭 14년이라는 세월을 흘려보내면서 주어진 시간이 되돌아오지 않는다는 것을 알기에 뭔가를 남겨야 하는 것은 아닐까 하는 조급함이 언제부터 들기 시작했습니다. 목회자로 살면서 남길 수 있는 것을 고민하면서 저에게 주어진 숙제는 책 읽기였습니다. 책은 너무 상투적인 표현이지만 배신하지 않는 유일한 동료이었기에 믿고 나를 맡겼고, 긴밀한 데이트를 즐겼습니다. 메이지대학 교수인 사이토 다카시가 독서의 소중함을 말하는 대목에서 이런 글감을 던져주었는데 가슴에 담아 놓았습니다.

"어제보다 조금이라도 나아진 모습으로 살고 싶다면, 단단한 내공을 쌓아 삶의 어떤 위기에도 흔들리고 싶지 않다면, 반드시 책을 읽어야 한다. 왜냐하면 아무리 열심히 산다고 해도 우리가 경험하고 배울 수 있는 지식과 경험은 한정되어 있어서 습관적으로 반복하는 생각과 행동에서 벗어나 비판적으로 생각하고 창의적인 결과물을 만들어내기란 쉽지 않기 때문이다. 책을 읽는다는 것은 한 사람이 깊은 내공을 쌓는 데 필요한 재료의 질과 양을 더하는 행위이다."

언젠가 불교계에서 이판승으로 존경받던 법정의 강의를 우연히 듣게 되었습니다. 그날 그가 전해준 불교적 영성에 대한 말은 실은 별로 기억에 없는데 그가 내뱉은 한 마디에서 거룩한 분노가 일었습니다. 당시 정부에서 4대강 사업을 적극적으로 홍보하고 불도저로 밀어붙이기를 하던 때였는데 그가 전언한 한 마디가 이러했습니다.

"개신교에서 믿고 의지하는 하나님의 창조의 역사는 있는 그대로 자연을 보존하는 것일 텐데 그 창조의 섭리를 계승하고 보존해야 할 기독교 지도자 출신의 통치권자가 하나님께서 창조하신 자연을 무시하고 파괴하고 있다. 그 원인은 토목 말고는 아는 게 없기 때문이다."

당시 강연에 참석했던 사람들이 치는 박수는 저에게는 불교에서 기독교를 향하여 내리치는 서슬이 시퍼런 죽비 소리처럼 들려 오금이 저렸던 아픔이 있습니다. 불교계의 사유의 거목이라는 그의 말은 결코 타

종교를 비하하거나 천박하게 매도하는 공격의 소리가 아니었습니다. 사이토 다카시의 말대로 무엇이 귀하고 아름다운 것인지를 아는 내공이었습니다. 거룩한 분노는 이렇게 시작되었습니다. 개신교 목사로서 공부하지 않는 게으름, 타성에 젖어 있는 상투성, 생각하지 않으려는 천박성과 전쟁을 벌여야 한다는 왠지 모를 사명감이었습니다.

이 글 모음은 3년 여 시간에 여행한 300여 개 정도의 글들 중에 27개를 선별한 것입니다. 현직 목사이기에 그래도 가장 잘 할 수 있는 것은 신학적인 저서들과 신앙적인 내용이 들어있는 도서들이겠지만, 생짜배기 초짜가 쉽게 가는 길을 선택해서야 발전이 있을까 싶어 다른 길을 택했습니다. 모두 세 마당으로 이루어진 서평의 내용 중에 첫 번째 마당은 인문, 사회과학의 글들 12편입니다. 자연과학에 약한 필자가 역부족이긴 하지만 그래도 함께 공유하고 싶은 글들은 인문, 사회 영역이기에 많은 통찰을 주었던 책들을 추려 보았습니다. 정리하면서 왜 이 시대에 더 더욱 인문, 사회과학에 주목하고 지원을 아끼지 말아야 하는지 절감했습니다. 두 번째 마당은 소설 부분입니다. 필자가 읽고 목양의 현장에서 귀하게 인용했던 글들 12권을 다루었는데 인문학적인 소양을 키워가는 데 적지 않은 자양분으로 저에게 적용된 글들입니다. 마지막 세 번째 마당은 청파교회를 시무하는 김기석 목사의 글 읽기 모음입니다. 김 목사의 글을 모은 이유는 설교를 하는 데 이골이 난 필자이기에 설교를 잘 듣지 않는 못된 습성을 고치기 위해 매주 세 명의 현직 목회자의 설교를 사이버 상으로 듣는데 그중의 한 명이 바로 김기석 목사이기 때문입니다. 또한 그의 설교와 글들은 필자의 성향과 크게 엇나가지 않아 공감하는 부분이 많다는 점도 그의 글을 택하게 된 동기입니다. 개혁적 모드를 갖고 한국교회의 아픔들을 진단하지만 비인격적인 모드가 아닌 가장 정중한 예의를 갖고 그 아픔들을 쓸어 담으려고 노력하며, 동시에 나름의 대안 제시를 하기 위해 몸부림치는 설교를 청파교회에 가면 듣게 됩니다. 그의 주옥같은 글 세 편을 덧붙였습니다. 김기석 목사의 아름다운 글에 누(累)가 되지 않을까하는 두려움도 있었지만 그래도 함께 공유해야 할 촌철살인들이 주(主)를 이루어 필자 혼자만 간직하기에는 너무 이기적인 것 같아 용기를 내 보았습니다. 개인적인 욕심이 있다면 그의 글에 대한 서평을 빼놓지 않고 기록하는 편이라 상당수 그의 글에 대한 목사로서의 감회를 노트해 놓았는데 기회가 되면 그의 글에 대한 감흥들만을 다룬 책을 후속으로 내놓고 싶은 마음입니다.

제천이라는 동네는 참 매력적입니다. 그 이유는 촌스럽기 때문입니다. 이런 촌스럽기 그지없는 동네에서 무명의 촌스러운 목사가 용기를 낸 글들이 독자들에게 조금이라도 공유할 수 있는 분모가 있다면 이보다 더 큰 기쁨이 또 있겠는가 싶어 첫 번째 책을 내놓습니다. 저자로서의 첫 번째 발걸음이기에 말 그대로 위험부담(?)이 있는 졸필임에도 불구하고 부족한 사람의 글을 아름다운 모습과 시선으로 격려해 주시고 귀한 책으로 엮어 주신 도서출판 동연의 김영호 사장님과 편집부에 심심한 감사의 인사를 드립니다.

더불어 부족한 사람의 기도 후원자로 든든히 서 준 제천세인교회 지체들에게 무한 감사를 드립니다. 또한 구약의 난점들을 귀찮게 질문할 때마다 싫은 내색하지 않고 고민을 해결해주고 용기를 북돋아 준 고마운 친구 한세대학교의 차준희 교수와 모교인 서울신학대학교에서 상투적, 교리적 패러다임에서 벗어나 '죽은 시인의 사회'의 존 키팅처럼 후배들을 몰아치고 있는 친구 이용호 교수가 진정성이 있는 추천사를 써주어 졸필인 책을 빛나게 해준 것에 대하여 심심한 감사의 인사를 전하고 싶습니다. 괭이부리마을에서 교회가 타인을 위해 존재할 때만 교회라는 본회퍼의 일갈대로 평생을 도시 빈민들과 함께하며 헌신한 친구 새결교회 이상선 목사는 필자의 서평집 출간에 적지 않은 수고를 아끼지 않은 고마운 친구입니다. 그의 사역에 진정성을 갖고 존경한다는 표현으로 감사를 대신 전합니다.

아무 것도 가진 것이 없는 가난한 신학생에게 인생을 걸어준 바보 같은 짓을 했지만 결혼 이후 지금까지 항상 냉철한 야당인으로 필자가 교만해지지 않도록 올곧게 세워주었고 때로는 눈물로, 때로는 엎드림으로 못난 남편의 부족함을 메워주며 영원한 지지자가 되어준 아내 심재열은 오늘 이 글을 쓰게 해준 영적 동반자입니다. 차제에 아내에게 제대로 해보지 못한 따뜻한 사랑의 언어도 전해 봅니다. 서울신학대학원에서 지성과 감성과 의지를 겸비한 사역자가 되기 위해 정진하고 있는 아들 이요한 전도사가 부족한 아비의 글을 감동으로 느껴주어 훌륭한 목회자로 서 주기를 기대해 봅니다. 끝으로 장모님이신 김상임 권사님은 노환으로 고통을 받고 계심에도 못난 사위의 목양을 위해 생명 걸고 중보해 주시는 가장 강력한 영적 응원자이십니다. 사랑한다고 전함으로 감사의 뜻을 전해드립니다.

한국교회는 필자의 영원한 짝사랑입니다. 무너져가고 있는 한국교회를 보며 그 가능성의 한계를 넘기 위해 할 수 있는 것이 엎드림이기에 그 엎드림을 책 속에 담으려고 했습니다. 이 책을 넘기는 모든 독자에게 한국교회의 회복을 위한 같은 엎드림이 있기를 두 손 모아봅니다.

제천이라는 촌 동네를 사랑하며 목회하는 사람
이강덕

차례

첫 번째 마당
인문, 사회과학과 놀기

두 번째 마당
소설과 놀기

세 번째 마당

김기석 글과 놀기

첫 번째 마당

인문, 사회과학과 놀기

일러두기

본문에 나오는 성경 구절은 개역개정판을 사용하였습니다.

완벽한 것과 절대적이라는
확신을 더 두려워하라

엘리위젤, 『삼고로드의 재판』(포이에마, 2014)을 읽고

질문 있습니다

『죽음의 수용소에서』를 쓴 빅터 프랭클처럼 아우슈비츠 수용소에 수감되었다가 극적으로 살아남은 이탈리아의 대표적인 작가인 프리모 레비가 『이것이 인간인가』에서 밝힌 소회가 이렇다.

"아우슈비츠에서의 내 경험은 내가 받았던 종교 교육 중 그나마 남아 있던 것을 거의 일소해 버리는 것과 같았다. 아우슈비츠가 있다. 그런데 신은 그곳에 있지 않았다. 이런 딜레마의 해결점은 아직 찾지 못했다. 찾고 있지만 찾지 못했다."*

아우슈비츠는 인류 근대사에 있어서 가장 비극적인 역사라고 사람

---

* 프리모 레비/이현경 옮김, 『이것이 인간인가』(서울: 돌베개, 2015), 320-321.

들이 기억하고 있겠지만, 특별히 피해 당사자들인 유대인들보다 오히려 기독교 신앙을 갖고 있는 자에게는 더 무거운 멍에로 남아 있는 골치 아픈 과제 중의 과제이다. 도대체 하나님은 아우슈비츠에서 뭘 하고 계셨는가? 그곳에서 당신의 선택된 백성들이 '최종해결책'(아우슈비츠에서 유대인들을 학살할 때 쓰던 독일들의 용어), 특별처리(가스실 살해)를 당할 때 그 일들을 보고는 계셨는가? 극단적으로 하나님은 과연 존재나 하시는 것일까? 등등의 비아냥거림에 대답해야 하는 것 말이다.* 상투적이지만 아우슈비츠의 망령이 스멀스멀 올라올 때마다 어김없이 묻는 질문에 답하는 것이 기독교적인 교리를 총동원해도 녹록하지 않은 것이 그 이유이다. 신정론적인 차원의 교리적인 내용을 운운하더라도 궁색할 때가 많은 것이 오늘 현직에서 목회를 하는 목사의 솔직한 심정이다. 일반적인 목회자들이라면 악이나 고난 그리고 기독교적인 위기에 즈음하여 기독교적인 성찰에 대한 관심은 비껴갈 수 있는 문제가 아니다.

2년 전, 진도 앞바다에서 꽃다운 우리 아이들 400여 명이 수장되었다. 총체적인 인간 탐욕의 결과였다. 그 안에는 죄 없이 죽어가야 하는 아이들이 수백 명 있었다. 인간의 탐욕으로 인하여 수장되고 있는 아이들 중에는 살아생전 하나님을 바라보고 티 없이 미래의 꿈을 안고 살아가던 하나님의 자녀들도 부지기수였다. 그들이 물이 턱 밑까지 차오를 때 하나님의 이름을 부르며 살려달라고 절규하며 고통스러워했을 것이 분명한데 하나님은 그들의 부르짖음에 묵묵부답하셨다. 도대체 하나님은 계시는 것이나 하는 것일까? 만에 하나, 계시다면 왜 당신의 백성들을 외면하신단 말인가? 20세기 최고의 기독교 변증학자라고 불리는 CS 루이스가 했던 말을 아주 오래 전에 읽었다.

---

* 위의 책, 273.

"하나님이 전능하시다는 것은 내재적으로 가능한 일이라면 무엇이든 지 하실 수 있는 능력이 있다는 뜻이지, 내재적으로 불가능한 일도 하 실 수 있다는 뜻은 아니다. 하나님은 기적을 행하시는 분이지 말도 안 되는 일을 하시는 분은 아니다. 이것은 그의 능력에 한계가 있다는 뜻 이 아니다. (중략) 상호 모순되는 일은 하나님이 만드신 가장 약한 피조 물도 할 수 없을뿐더러 하나님도 하실 수 없다."[*]

필자는 루이스의 갈파에 대하여 전적으로 동의하며 이런 해박한 해 석을 내려 준 것에 대하여 감사하다. 만에 하나, 루이스의 말대로 적용 한다면 세월호에 무리하게 적재하여 배가 침몰하게 만든 천박한 자본 주의의 오너들의 말도 안 되는 일에 하나님이 간섭하실 이유가 없음에 대하여 쌍수를 들고 인정한다. 국가라는 조직이 총체적인 부실로 인해 자국의 국민을 보호하는 데 실패한 것에 초점을 맞춘다면 하나님이 그 일에 간섭하실 이유가 없다는 데에 조금의 이의를 제기하지 않고 동의 한다. 그러나 필자 역시 이런 대학자의 설명에도 불구하고 그 배 안에 있는 아이들의 부르짖음에 대하여 외면하신 것처럼 보이는 하나님의 태도에 대해서는 묵묵부답일 수밖에 없다. 이유는 간단하다. 명쾌하지 않기 때문이다. 그래서 그런가? 오히려 에모리 대학 내의 켄들러 신학 대학원에서 교수하는 토마스 롱의 답변이 더 솔직해 보인다.

"하나님의 원수인 이것(악의 제반적인 해석, 의인의 고난, 기독교적인 위 기 등등-필자 주)은 대체 어디서 온 것인가? 여기서 우리는 겸손한 자 세로 우리의 빛이 어두움을 일부분만 비추고 있다는 사실을 인정해야

---

[*] C.S 루이스/이종태 역, 『고통의 문제』 (서울: 홍성사, 2002), 41-42.

한다. 우리는 모든 것을 볼 수 없다. 그리스도인들은 알 수 없는 것에 대해 기꺼이 인정해야 하며, 악의 근원에 관해 어느 정도 불가지론자로 남아 있어야 한다."*

그리스도인으로 신실하게 사는 자가 당하는 비참한 고난과 악의 극점에 있는 자들의 승승장구라는 이 상반된 모순 앞에 하나님께서 왜 이런 일들을 허용하셨는지에 대한 답변으로는 오히려 이것이 더 정직한 태도가 아닐까 싶어 롱의 의견에 필자 또한 기울어졌다. 궁색한 말 돌림, 어수룩한 궤변으로 루이스의 말을 인용하는 것보다 '고통의 문제'에 대하여 섣불리 단정하고 확정짓지 않는 것이 훨씬 더 지성적이지 않나 싶다. 그러나 그럼에도 불구하고 하나님의 무기력을 비추는 전술한 화두들은 신정론적인 차원에서 계속 고민하고 또 질문해야 하는 기독교적 지성의 물음이어야 한다.

딴죽 걸기가 아닙니다

엘리위젤은 바로 이 점에 천착했다. 그는 본인 스스로가 아우슈비츠에서 최악의 고통을 겪고 있을 때 하나님의 부재에 대하여 질문하고 또 질문한다. 저자는 본인이 경험했던 홀로코스트의 기억을 더듬으면서 이 희곡을 만들었다. 우크라이나 지방의 한 시골 마을인 샴고로드의 여관에 음유 시인이 세 명이 들이닥친다. 그들은 떠돌이들이었는데 이방의 땅에서 음식을 얻을 요량으로 여관 주인에게 공연을 해주겠다고 말하고, 여관주인은 하나님에 대하여 심판하는 연극을 조건으로 그들의

---

* 토마스 롱/장혜영 옮김, 『고통과 씨름하다』(서울: 새물결 플러스, 2014), 210-211.

요청을 수락한다. 연극이 시작되자 여관주인 베리쉬는 하나님을 피고석에 앉혀 신랄하게 비판하고 정죄하는 검사의 역을 맡는다. 그가 그렇게 하나님에 대하여 적대적인 것은 그가 살고 있었던 샴고로드에서 있었던 일 때문이다. 유대인들의 절기인 부림절 축제 때 경험한 다시 생각하고 싶지 않은 비극 때문이다. 하만의 흉계로 인해 떼죽음을 당할 운명에 처해 있었던 바사 땅의 유대 공동체가 에스더의 지략으로 인해 위기를 벗어나 도리어 하만에게 역전승을 거둔 것을 기뻐하는 절기인 부림절에 샴고로드에서는 반대의 비극이 일어났다. 마을 주민들 대부분이 학살당하고, 베리쉬와 그의 딸 한나만이 살아남았는데 한나는 아버지가 보는 앞에서 윤간을 당했다. 이로 인한 충격으로 그녀는 심각한 정신적 질병에 걸린 상태이다. 그날의 악몽은 무시무시했다.

> "세 채의 성경 연구소는 허물어지고 약탈당했소. 대회당은 불에 타 전소됐소. 성경은 신성모독을 당했소. 이 잔해들은 사실이 아니오? 잿더미가 사실을 밝히 드러내고 있지 않소? 그리고 그마저도 불구가 되고, 못쓰게 되고, 기쁨과 희망을 빼앗겼소"(145).

검사의 역을 맡은 베리쉬가 기억하고 있는 비극의 언덕에는 씻을 수 없는 상처가 고스란히 남아 있다. 베리쉬는 이 사건을 기화로 하나님을 향한 얼굴을 돌리고 그를 거부하는 자가 되었다. 그는 철저한 유대인이었다. 그는 믿었던 하나님에게 쓰라린 배신을 당했지만 그 배신자 하나님에게 이렇게 철저하게 응징할 것을 토로한다.

"난 유대인으로 살았고, 죽는 것도 유대인으로서 죽을 거요. 그리고 유

대인으로서 내 마지막 숨을 다해 신에게 큰소리로 시위할 거요. 그리고
끝이 가까웠으니 난 더 크게 외칠 거요. 그가 그 어느 때보다 더 유죄라
고 그에게 말할 거요!"(182-183).

위젤이 베리쉬가 했던 하나님께 대한 이 저항적인 독설을 통해 하나
님을 응징하는 기법을 사용한 것은 그가 홀로코스트의 현장에서 직접
경험했던 지우려고 해도 결코 지울 수 없는 견고한 트라우마가 본인의
기억 언저리에 있기 때문이다. 도리어 당시 신의 임재를 얼마나 간절하
게 요구했는가를 보여주는 기막힌 역설이기도 하다. 이 희곡의 후기를
쓴 세계적인 영성학 교수인 매튜 폭스는 이렇게 갈파했는데 필자는 깊
이 동감했다.

"존재와 저항, 이것들은 신의 현존의 증거이다. 아무리 그 현존이 때로
는 침묵하는 것처럼 보일지라도 말이다. 신은 신의 역사와 피조물이 살
아있는 곳까지만 이 땅에 살아계신다. 신은 인간이 존재와 저항을 모두
신의 이름으로 할 때까지만 존재하시고 저항하신다"(212).

다 그런 것은 아니지만 폐쇄적인 근본주의적 성격을 띠고 있는 상당
수의 한국교회가 천박해진 이유는 하나님에 대한 저항, 하나님께 대한
질문을 봉쇄했기 때문이다. 근본주의적인 성경 해석을 틀로 무소불휘
의 힘을 휘두르고 있다. 하나님께 대한 불온한 생각, 질문, 이견들을 용
서하지 않는다. 이런 차원에서 교회는 봉쇄 수도원이다. 지적인 사유함
은 철저하게 외면하고 또 외면시킨다. 이것은 그들만의 리그로 교회를
추락시키는 결정적이 요인이다. 노틀담 대학의 역사학 교수인 마크 A,

놀은 이렇게 복음주의 교회의 지성적 스캔들을 지적했는데 귀담아 들어야 한다.

"그리스도인답게 생각하는 지성을 추구하는 것은 궁극적인 의미이다. 왜냐하면 그것은 지성을 찾는 것이 아니라 하나님을 찾는 것이기 때문이다."*

이의를 제기하는 것은 선한 불온함이다. 이 불온함은 딴죽 걸기가 아니다. 이 불온함은 기독교를 가장 기독교답게 만드는 지성적 성찰이다. 이 지성적 성찰을 하지 못하게 하는 것이야 말로 기독교를 가볍고 영악하게 만드는 딴죽 걸기이다.

완벽하게 보이는 것을 조심하라

엘리 위젤의 천재성을 드러낸 이 희곡의 또 다른 압권은 샘의 등장이다. 샘은 하나님 재판정의 변호사이다. 이 희곡에 등장하는 인물들 전체는 하나님에 대하여 호전적이거나, 혹은 부정적인 캐릭터를 갖고 등장한다. 그런 반면, 유일하게 하나님에 대해 자진하여 변호를 하겠다고 나선 샘은 무서우리만큼 냉정한 이성으로 하나님을 변호하는 탁월한 인물이다. 여관의 여 종업원인 마리아가 이미 애정을 갖고 있었던 사람, 그러나 철저하게 그에게 버림을 받았던 경험이 있었던 마리아는 그가 하나님에 대한 변호를 맡는다고 할 때 그는 사람이 아니라 사탄이라고 소리쳤다. 하지만 샘의 변호는 괄목할만하고 사람들을 깜짝 놀라

---

* 마크 A. 놀/박세혁 옮김, 『복음주의 지성의 스캔들』 (서울: IVP, 2010), 322.

게 할 완벽한 논리로 하나님을 변호한다. 베리쉬는 하나님이 샴고로드에서의 학살을 보고만 있었던 것은 인간의 정의를 말살한 것이라고 공격하자, 샘은 베리쉬에게 하나님의 정의를 인간들의 수준으로 끌어내리지 말라고 독설한다. 하나님은 인간과 동일한 수준의 존재가 아님으로 그를 끌어내리지 말라고 변호한다.

"신의 정의를 당신 수준으로 끌어내리고 싶다는 겁니까? 당신의 수준으로 끌어올리는 게 낫지 않겠어요?"(145).

검사 베리쉬는 다시 물러서지 않고 샴고로드에서 일어났던 일에 대하여 하나님을 학대 죄, 무관심의 죄로 고발하자, 샘은 증거를 대라고 말한다. 이에 발끈한 베리쉬는 샴고로드의 모든 마을 주민들이 학살을 당하고 우리(베리쉬와 그의 딸 한나)만 살아남은 것 그것이 그 확실한 증거라고 대든다. 이 장면에서 변호인의 변호는 필자도 속을 뻔했던 기막힌 변론으로 기억에 남아 있다.

"오, 전 그 사건들에 대하여 이의가 없습니다. 하지만 존경하는 재판장님, 저는 그것들이 우리 앞의 사건들과 매우 무관하다고 생각합니다. 저는 피가 흐르고 삶이 짓밟힌 것을 부정하고 싶지 않습니다만, 이런 질문을 던지고 싶습니다. 이 모든 것이 누구의 책임일까요? 결국 제게는 이 상황이 참 단순해 보입니다. 남자와 여자, 아이들이 다른 사람에게 집단학살을 당한 거지요. 그들의 신(하늘 아버지)을 왜 끌어들이고 연루시키는 겁니까? (중략) 인간이 서로를 죽일 때, 신은 어디에서 찾을 수 있을까요? 당신은 그분을 살인자 사이에서 봅니다. 하지만 저는 그분을 희생자들 사이에서 찾습니다"(146-147).

필자가 속을 뻰했던 이 장면은 아마도 이 희곡에서 명장면으로 기억에 남을 것 같다. 왜? 하나님의 신적 속성을 교묘하게 추락시키는 발언이기 때문이다. 샘의 발언에는 하나님의 능력이 부인되고 있다. 하나님의 전능성은 온데간데없이 사라지고, 나약한 존재로서의 하나님이라는 것을 샘은 유도한다. 그의 논리는 빈틈이 없어 보이지만 하나님의 신적권위를 난도질하고 있다. 희곡의 전반에서 샘은 하나님을 완벽하게 변호한다. 그에게 있어서 피고석에 앉아 있는 하나님은 정의로우시며, 공의로우시고, 실수하지 않으시는 존재로 부각된다. 이것이 위젤의 고집이었다. 그러나 샘은 이런 완벽한 논리의 하나님 변호를 맡았지만 희곡의 맨 마지막 장면에서 그의 정체를 드러내는 반전을 보여준다.

"날 성자, 의인으로 착각했나? 나를? 어떻게 그렇게 아둔할 수가 있지? 어떻게 그렇게 어리석을 수가 있나? 알기만 했더라면. 너희들이 알기만 했더라면…"(188).

위젤은 이렇게 지문을 통해 이 희곡의 막을 내린다.

"사탄이 웃고 있다. 그가 신호를 주듯이 팔을 치켜든다. 바로 그 순간 마지막 촛불이 꺼지고 문이 열린다. 동시에 귀가 터질 듯한 살기등등한 함성이 몰려든다"(188).

청파교회를 시무하는 김기석 목사가 쓴 글에서 눈에 확 들어오는 구절을 발견한 적이 있었다.

"언젠가부터 수졸(守拙)이란 단어를 참 좋아하게 되었습니다. 졸(拙)
한 것은 교묘한 것의 반대이니 수졸이라는 것은 조촐함을 지켜가는 것
이겠습니다."[*]

어느 책에서 읽은 내용이다.

"세상에서 가장 무서운 것은 완벽하다는 확신이다."

읽은 글 내용의 출처가 분명하지 않아 각주를 소개하지 못하지만 이
런 류의 가르침이었던 것은 분명하다. 졸에 관심을 갖는 것이 도리어
신앙이지 않을까? 완벽한 것은 오히려 위험하다는 말은 그래서 항상
필자의 가슴에 담겨 있다.

보폭을 넓히면 하나님의 임재는 더 황홀하다

위젤의 작품을 더듬다가 현직 목사로 사역하는 필자의 천박함을 보
았다. 그렇게 하지 않겠노라고 참 많이 다짐하고 또 다짐하지만 어느새
길들여져 있는 도그마틱한 내 모습 말이다. 그래서 항상 이분법적으로
혹은 흑백논리로 내 편, 네 편으로 갈라서게 만드는 일들을 현장에서
저지르는 서투름이 너무나 많다. 졸한 것은 비난하고, 화려한 것은 따
라가는 그런 류의 천박성 말이다. 목회의 연륜이 늘면서 하나님께 드리

---

[*] 김기석, 『길은 사람에게로 향한다』 (서울: 청림출판, 2007), 116.

는 기도는 '영악하지 않게 하옵소서!'인데 더 영악해지는 내 모습이 참담하기까지 하다. 위젤의 호소가 무엇이었을까? 하나님이 당신들의 백성들이 어려움을 당할 때 왜 침묵하고 있었는가에 대한 고소였는가? 일반적인 견해들은 이쪽으로 기울고 있겠지만, 필자는 전혀 다른 모습을 제기하고 싶다. 하나님께 대한 불온함이 더 정직하고 더 하나님께 가까이 가 있는 것은 아닐까 하는 불온한 생각 말이다. 너무 수구적으로 무조건 아멘하게 한 죄가 필자를 비롯한 상당수의 가르치는 자들에게 있다.

신학교 시절, 조직신학 시간으로 기억된다. 삼위일체를 열강하시는 교수님의 진정성과는 상관이 없이 필자는 삼위는 이해가 되고 고개를 끄덕였지만 삼위가 일체가 된다는 것은 도무지 이해가 되지 않고 믿어지지 않았다. 그래서 교수님께 무례를 무릅쓰고 질문했다. 믿어지지 않음에 대해서. 하지만 돌아온 것은 참변이었다. 믿음이 없는 신학을 한다고도 했고, 심지어는 필자의 배후에는 사탄이 도사리고 있다는 무서운 말도 들었다. 그래도 양심상 고백한다. 삼위가 일체인 것은 지금도 이론적으로는 받아들이기가 쉽지 않음을. 다만 신앙의 고백이라고 하니까 물러선 것뿐이지. 필자는 어줍지 않은 서평을 마무리하면서 저자의 속내를 한 번 들추어 보고 싶은 객기를 느꼈다. 엘리 위젤이 왜 천재적 작가로 각광을 받을까? 그것은 하나님의 임재를 상투적으로 표현하지 않았기 때문은 아닐까 싶다. 저자는 보폭을 넓혔다. 저항과 불온함과 질문함으로. 그리고 그는 나름 이렇게 본인의 사고를 남겨놓은 듯하다.

"중립으로 남지 말고 보폭을 넓혀라"

거기에서 하나님의 임재를 더 깊이 체휼하게 됨을 남기고 싶었던 것은 아닐까?

이세돌이여, 졌다고 기죽지 마라.
생각은 이겼으니까

니콜라스 카, 『생각하지 않는 사람들』(청림출판, 2014년)을 읽고

이런 소리는 듣지 말아야 할 텐데

'The shallows' 즉 '천박한 사람들', '얄팍한 사람들' 이라는 원제가 제일 먼저 눈에 들어와 책을 선정했다. 근래 들어 목양의 현장에서 개인적으로 서평을 쓰고 있는 나는 물론이거니와 교회 공동체의 지체들 역시 오늘 21세기를 살아가면서 치열하게 싸워야 대상을 이런 자들로 지적했기 때문에 조금은 더 지적인 이해를 가져보기 위해서였다. 아니나 다를까 세계적인 IT 미래 학자이자 인터넷의 아버지로 불리는 니콜라스 카(Nicholas Carr)는 'The shallows'들의 치명상은 무뇌(無腦)가 되도록 만들어가는 인터넷에 노출되어 있는 현대인들의 생각하지 않는 삶이라는 정의를 내리고 있다. 그래서 무뇌를 가진 자가 나락으로 떨어지는 것과 천박해지는 것을 동일선상에 놓고 고발하고 있다. 카의 이런 접근이 오늘 목사로 살아가는 필자에게 왜 달달하게 다가왔을까를 책을 읽는 내내 고민하게 되었는데 그 답은 현대 그리스도인들이 혹시 '천

박한 사람들'이 되고 있는 것은 아닐까 하는, 도둑이 제발 저리는 까닭은 아닐까 싶어 못내 씁쓸했다.

작금 기독교를 가리켜 없어져야 할 집단이라고 극언을 서슴지 않는 자들이 공격하는 이유 중에 하나는 교회의 폐쇄성에 대한 거부감이다. 그들이 지적하고 있는 폐쇄성은 곧바로 배타성, 비이성적 집단 등등으로 외연이 확장되어 기독교는 마치 상종하지 못할 집단이라고 성토하고 있다. 물론 필자는 그들의 공격에 동의하지는 않지만 그럼에도 불구하고 그들의 독설에 귀를 기울이는 것이 있다. 그것은 기독교가 결코 이성을 무시하는 종교가 아님에도 불구하고 세상의 여타 영역의 사람들에게는 교회가 비이성적으로 자기들만의 리그에 빠져 있는 집단이라는 지적이다. 필자가 이렇게 기독교에 대하여 공격하는 자들에 대하여 부분적으로나마 동의를 표하는 근거 중에 두드러진 답을 하나 제시하라면 카의 책의 원제처럼 언제부터인지 기독교가 치열하게 생각하고 사유하는 것을 천박하게 여기는 종교로 전락하고 있다는 우려를 인정하기 때문이다. 유대인 철학자이자 신학자인 조너선 색스는 일찍이 근본주의에 대하여 이렇게 우려를 표한 적이 있었다.

"근본주의는 제국주의와 마찬가지로 하나의 생활방식을 다원적 세계에 강요하려는 시도이다. 그것은 우리 시대의 바벨탑이다."*

조너선의 이야기는 작금의 근본주의적인 기독교에 대한 따끔한 일침뿐만 아니라 기독교라는 말만 나오면 생리적으로 거부감을 표하는 비 기독교인들의 확신에 찬 비토도 싸잡아서 우려하는 성토이다. 둘 다

---

* 조너선 색스/임재서 역, 『차이의 존중』 (서울: 말.글빛냄, 2012), 329-330.

에게는 생각하지 않고 판단하려는 교만함이 있다는 공통점이 있기 때문이다. 그러나 조너선의 일갈에 동의를 표하지만 어쩔 수 없이 관심의 대상이 교회 공동체이다 보니 수구적이고 근본적인 기독교인들에 대하여 더 많은 채찍 때림으로 들리는 것은 어쩔 수가 없는 직업의식인가 보다. 기독교가 왜 비이성적인 종교이고, 왜 천박한 종교이며, 배타적인 종교라는 소리를 들어야 하는가? 아프다. 기독교는 결코 비이성적 종교가 아니라고 필자는 믿기 때문이다.

영적인 것이 이성적인 것이라니!

언젠가 섬기는 교회에서 로마서를 강해를 위해 원문을 보다가 짜릿한 감동을 받았던 구절이 있었다. 바울이 로마에 있었던 그리스도 공동체의 형제들에게 보낸 편지 중에 교리적인 강령을 해박하게 논거한 뒤, 로마교회의 지체들에게 신앙적 바른 삶을 권고하는 첫 장인 로마서 12장 1절에서 밝힌 단어 때문이다.

"그러므로 형제들아 내가 하나님의 모든 자비하심으로 너희를 권하노니 너희 몸을 하나님이 기뻐하시는 거룩한 산 제물로 드리라 이는 너희가 드릴 영적 예배니라"

'영적'이라고 번역된 단어 '로기켄'의 어원이 이성을 의미하는 '로기코스'임을 알았기 때문이었다. 기독교 신앙의 영성이 이성적인 사유함을 전제하는 것이라는 바울의 증언이 필자에게는 기독교 신앙이 왜 천박하면 안 되는 것인지를 확약해 주는 보증서처럼 여겨졌다. 교리적인 논쟁의 필드가 아니라 가장 보편적인 개신교 영성은 중세 가톨릭이 걸었던 히어라키(hierarchy)에 대한 전복을 기초로 한 영성이다. 그래서 이 영성은 성육신하신 예수 그리스도께서 인간에게 주신 로고스를 레마로 연결하여 사유하고 또 사유함으로 얻어진 지성적 결론이 오직 의인은 믿음으로 말미암아 구원을 받는다는 이신칭의로 도출된 영성이었다. 그러나 유감스럽게도 오늘 우리 교회가 이런 깊은 사유함을 포기하고 있는 것 같아 필자는 카의 도발적인 원제가 바로 오늘 우리 기독교와 그리스도인들을 향한 선전포고로 들려 아프고 섬뜩했다. 물론 카의 시선은 교회를 향한 것은 아니었지만 도둑이 제 발 저린 그런 머쓱함이 강하게 나를 때렸다. 카는 책의 시작을 알리면서 이렇게 논타(論打)했다.

"나의 뇌는 굶주려 있다. 뇌는 인터넷이 제공하는 방식으로 정보가 제공되기를 바랐고, 더 많은 정보가 주어질수록 더 허기를 느끼게 된 것이다. 나는 컴퓨터를 사용하지 않을 때조차도 이메일을 확인하고, 링크를 클릭하고, 구글에서 무언가를 검색하고 싶어 했다. 나는 누군가와 연결되고 싶어 했고, 마이크로소프트 워드는 내게 살과 피와 같은 워드프로세스가 되었고, 인터넷은 나를 초고속 데이터 처리기기와 같은 물건으로 바꾸어 놓았다. 나는 마치 인간의 모습을 한 할(이슬람 신비주의자들인 수피교도들의 용어로 수피가 신을 향해 여행할 때 가끔씩 떠오르는 영적인 마음의 상태-필자 주)처럼 변해가고 있었다. 나는 이전의 뇌를 잃어버린 것이다"(36).

이것이 어찌 카만의 이야기일까? 여기에서 예외가 되는 현대인들이 과연 얼마나 될까? 그는 조금 더 다음과 같이 이야기를 확장한다.

"인터넷 사이트와 서비스에 익숙해지고 의존하게 되면서 나의 습관과
일상생활의 많은 부분이 변하고 있는 것도 정상은 아니었다. 나의 뇌가
기능하는 방식이 바뀐 듯했고, 나는 한 가지 일에 몇 분 이상을 집중하
지 못하는 무능력함을 걱정하기 시작했다. 처음에는 중년에 들어서면
서 머리가 무뎌져 일어나는 현상이라고 생각했다. 하지만 나의 뇌가 단
순히 일시적으로 표류하는 정도가 아님을 깨달았다"(35).

노-브레인(no-brain)은 록 밴드 이름이 아니다

필자가 카의 이 고해성사 같은 고백에 주목하는 이유는 단순하다.
그는 세계적으로 인정받는 미래학자이다. 그는 전 세계적으로 IT 계통
에서 선구자라는 호칭을 받고 있는 소위 인기 강사이며 잘 나가는 지식
인이다. 그런 그가 자기 삶의 도구인 IT의 모든 영역과 관련된 하드웨
어적인 것은 물론 소프트웨어적인 일체의 것들을 대상으로 그것들이
인간으로 하여금 생각하지 않도록 하여 무뇌로 만들어가는 무서운 무
기라고 치부하고 있는 것은 아이러니하지만 충격적이다. 저자는 인간
의 뇌가 유연성이 있는 것임에 동의한다. 그는 영국의 유명한 생물학자
J.Z YOUNG의 말을 인용하며 이렇게 인간 뇌를 소개한다.

"인간의 뇌 세포는 사용할수록 말 그대로 더 커지고 발전하며, 사용하
지 않을수록 줄어들거나 사라져 버린다. 따라서 모든 행동은 신경조직
에 영구적인 흔적을 남긴다고 볼 수 있다"(42).

이미 학창시절 생물시간에 많이 들었고 배웠던 래퍼토리이다. 그런

데 실상 이 인지된 생물학적 뇌에 대한 성질을 얼마나 유용하게 개인에게 적용하여 활용하고 있는가를 질문해 본다면 상당수의 사람들에게 좋은 점수를 주지 못하는 것은 재론의 여지가 없다. 설상가상으로 아주 자연적 상태에서도 인간의 뇌는 사용되지 않거나 폐기되고 있는 것이 현실인데 뇌의 구조 중에 전두엽을 통해서 기능해야 할 뇌의 활동이 IT 기기들로 인하여 동작 그만 상태가 되어 더 더욱 인간의 뇌가 무력해지고 있음을 고발한 저자의 갈파는 충분히 주목할 만하다. 근래 방송에 많이 나오는 록 밴드 중에 노-브레인이 있는데 말 그대로 무뇌자(無腦者)는 록 밴드의 이름이 아니라 생각하지 않는 IT의 노예들이지 않을까 싶은 마음이 굳어져 간다.

도서관에서 자판 두드리는 소리가 들린다

또 하나, 저자가 인터넷에 의해 지배되고 잠식된 또 하나의 기형적 형태가 책 읽기와 글쓰기에 대한 퇴행을 유발한다고 고발한 것은 주목할 만하다. 인간에게 문자가 주어진 이래, 사람의 뇌구조가 점진적인 진화를 거듭할 수 있었다는 보고들은 자연과학이나 사회과학에서 공통으로 개진하는 일 중에 하나이다. 문자가 글쓰기라는 인간 소통의 결정적인 도구로 사용되었다는 것은 부인할 수 없는 사실이다. 저자는 먼 조상들의 구어 세계는 너무 허접하여 어쩔 수 없는 '감정적인 몰입'이라는 결과를 도출할 수밖에 없었던 한계가 있었기에 상당히 피상적인 수준이었을 것이라고 문화비평가 마샬 맥루한의 말을 인용하고 있다. 이 말은 역으로 말한다면 오늘의 언어 수준은 고대 문화와는 비교할 수 없을 정도의 탁월성을 갖고 있다는 말과 부합하는 것이기도 하다. 바로 이 점에서 저자는 상당한 부담감과 위기감을 표출한다. 왜냐하면 저자는 인터넷을 통한 일체의 소통이 지배하고 있는 오늘의 상황이 이런 점에서 인간으로 하여금 가장 인간다운 인성들을 발전시켜 나아가도록 만드는 글쓰기, 글 읽기를 고사(枯死)시키는 원흉과도 같은 괴물로 평가하고 있기 때문이다. 미디어 사상가로 유명한 월터 옹은 『구술 문화와 문자문화』에서 글쓰기에 대한 중요성을 이렇게 갈파한 적이 있다.

> "글쓰기 능력은 매우 중요하며 인간 잠재력의 보다 완벽하고 내적인 실현을 위해 진정 핵심적인 것이다"(91).

구텐베르크의 활자 기술이 발명된 이후, 글쓰기가 글 읽기로 승화되었다는 점에서 이견을 표할 사람은 없다. 이 점을 적극적으로 지지한 소설가이자 역사가인 제임스 캐럴은 "조용히 독서하는 행동은 지식을 얻은 자가 지식에 대하여 책임을 진다는 자의식의 표시이자 수단이다"(104)라고 말할 정도로 인간의 지적 성취의 가장 중요한 수단이 글 읽기임을 밝히고 있다. 필자는 케럴의 지적에 역시 이견을 달지 않는다. 그러나 그의 표현이 제반 평이하다싶을 정도의 갈파라고 생각하기에 부연하고 싶은 것이 있다. 인간이 자기가 취하지 못한 또 다른 지성의 세계, 언어, 문화, 종교 등등 수없이 이어지는 영역에서 지적 요소들을 자기의 것으로 만드는 가장 적극적 형태의 행위는 분명히 글 읽기이다. 그러하기에 어떤 의미에서 인간을 발전시켜 나아가는 최고의 핵심적 가치는 독서라고 믿어 의심치 않는다. 저자 역시 이점을 인정한다. 그러기에 인터넷에 잠식당한 오늘날의 인간의 뇌에 대하여 심히 두려워한다. 그의 말을 인용해 본다.

"독자들은 이야기에서 각각의 다른 새로운 상황과 마주칠 때마다 정신
적인 자극을 받는다. 글에서 행동과 감각에 관한 상세한 부분을 파악해
과거의 경험에서 얻는 개인적 지식과 결합한다"(113).

이 말은 인간의 뇌는 독서라는 행위를 통해 점차 섬세해지는 지적인
활동을 한다는 말이 된다. 이것을 원천적으로 막아버리는 행위는 인간
의 뇌를 기계화시키는 경우이다. 이 기계화는 인터넷의 세계에서 이미
완성되었다. 이 관점에서 인터넷이 우리의 뇌를 혹사시킨다는 저자의
지적은 옳다. 뇌가 혹사를 당하면 산만해 진다. 자연 과학자들 중에 정
신적인 질병을 연구하는 학자들 중 일부는 뇌를 혹사하게 될 경우 자칫
ADHD 즉 '주의력 결핍증' 이라는 정신적인 치료를 요하는 장애로 발전
될 수 있다고 경고한 바도 있다. 인터넷 웹서핑의 치명상의 원인은 멀티
태스킹이다. 멀티태스킹을 더 많이 할수록 덜 신중해지고 문제에 대하
여 덜 생각하고 덜 판단하게 된다. 사람들은 독창적인 사고로 도전하기
보다는 관습적인 생각과 해결책에 의존하려는 가능성이 매우 큼을 저
자는 우려한다. 재론하지만 이런 화두를 던지며 인터넷 세상을 즐기는
자들이 생각하지 않는 무뇌로 굳어질 가능성을 타진하고 경고하는 당
사자가 IT 업계의 대가인 저자라는 점이 더 더욱 아이러니하기에 흥미
진진하다. 그래서 저자가 이렇게 내뱉은 말은 더 의미가 있게 들린다.

"현대의 도서관에서 가장 두드러지는 소리는 책장을 넘기는 소리가 아
니라 자판을 두드리는 소리다"(148).

이세돌이 져도 난 이세돌 팬이 되고 싶다

마지막으로 저자는 세계적인 IT 전문 기업인 구글을 언급한다. 상당히 많은 분량을 할애하여 구글의 선전(善戰)을 이론적으로 전개한다. 동시에 지금도 막강한 제국을 형성하여 타의 추종을 불허하고 있는 구글 제국의 사이버 점령 시나리오는 앞으로 더 무시무시한 방법으로 전개될 것을 저자는 홍보 아닌 홍보의 성격으로 설명한다. 저자의 이론 전개를 따라가다 보면 섬뜩해진다. 내가 원하든 원하지 않든지 그것은 중요하지 않다. 이미 수많은 나의 삶의 부분 부분을 잠식해 버린 구글은 거부할 수 없는 나의 주군이 된 것 같다고 저자는 인정한다. 니콜라스 카는 그럼에도 불구하고 가장 인간적인 결론을 맺고 있다. 본인 스스로가 IT 계의 전문가이면서도 기계적인 피조물에게 굴복하고 있는 인간의 자존감 무너짐 현상을 경고하고 있는 그의 지적 기여와 헌신에 현직 목사로 뜨거운 그리고 진심어린 경의를 표하고 싶다. 저자는 책의 말미에 성경을 하나 인용한다.

"그들의 우상들은 은과 금이요 사람이 손으로 만든 것이라 입이 있어도 말하지 못하며 눈이 있어도 보지 못하며 귀가 있어도 듣지 못하며 코가 있어도 냄새 맡지 못하며 손이 있어도 만지지 못하며 발이 있어도 걷지 못하며 목구멍이 있어도 작은 소리조차 내지 못하느니라 우상들을 만드는 자들과 그것을 의지하는 자들이 다 그와 같으리로다"(304, 시편 115:4-8).

불과 며칠 전, 전 세계의 이목이 대한민국으로 쏠렸다. 중앙처리 장치(CPU) 1202와 이세돌 구단과의 세기적인 바둑 대결 때문이다. 이 글을 쓰고 있는 현재 이세돌 9단은 인공지능 프로그램인 알파고와 바둑 대결을 벌인 결과 1:3으로 처져 있다. 이세돌 구단이 내리 3패를 당한 뒤, 인간 영역에서는 적지 않은 우울 모드가 잠식했지만 이어 기적 같은 1승을 거두자 전 세계적으로 다시 인간 승리에 대하여 기뻐 뛰고 있다. 아직은 인간의 생각하는 뇌가 인공지능에게 무참히 참패를 당하지만은 않는다는 심리 표출이다. 그러나 이번 대국을 보면서 장밋빛 청사진으로 인간의 승리를 축할 수 없는 이유는 그럼에도 불구하고 컴퓨토피아의 세계가 점점 더 인간의 바벨탑 속으로 깊이 들어와 인간의 생각하지 않는 뇌가 더 굳어질 것이라는 두려움 때문이다. 이렇게 말하는 데 조금 데면데면하다. 필자도 상당한 시간을 인터넷과 SNS의 세계에 잠식된 삶을 살고 있는 사람이기 때문이다. 어떤 의미로 이 책의 서평을 쓸 수 있는 자격이 있는가를 논한다면 자신이 없다. 감히 어불성설인 듯 보여 겸연쩍다. 그러나 낯이 간지럽기는 하지만 객토하자면 이 외침만은 반복하며 경계하려고 한다.

"사유와 성찰 그리고 고민은 온라인상이 아닌 오프라인 상에서 하리라."

쉽지 않은 전쟁이지만 무뇌가 되지 않기 위해서. 인터넷의 아버지인 저자가 이 글을 쓴다는 것은 결코 쉽지 않았을 터인데 그래도 인간 니콜라스가 또 다른 동지인 인간을 위해 자신의 속내를 오롯이 드러내 준 용기에 뜨거운 박수를 보낸다. 이세돌 9단의 남은 1국의 선전을 필자는 기대한다. 왜? 인간은 생각하고 또 사유하는 유일한 하나님의 걸작이니까. 진다고 해도 나는 이세돌 팬으로 남을 것이다. 왜? 나는 생각하는 인간이니까.

쓰러진 풀은 결코 죽은 것이 아니다. 숨고르기를 하는 것이지

알비 삭스, 『블루 드레스』(일월서각, 2012년)를 읽고

아무리 그래도

어느 책에서 읽은 것 같다. 정치인들이 물에 빠져 죽으면 그 장소에 있던 물고기들이 그곳을 떠난다고. 이유는 그곳에 냄새가 너무 지독하기 때문이란다. 듣는 이가 정치인이라면 풍자치고는 너무 기분 나쁠 말이다. 반응이 어떨까 궁금해진다. 고개를 떨굴 것인가? 아니면 명예훼손으로 고발한다고 난리법석을 떨며 변죽을 울릴 것인가? 정치에 대한 혐오는 어제, 오늘의 일이 아니다. 역사가 있었던 곳에서는 항상 회자되던 말거리, 논쟁거리였다. 제20대 국회의원 선거에서 제3당을 확고히 하는데 성공한 정치인 한 사람을 알고 있다. 사업가 시절에 지지했던, 과거에 멘토 같이 여겼던 그가 정치에 깊숙이 발을 들여놓은 성공한 국회의원이 되었다. 하지만 그에 대한 지지를 아프게 철회하면서 남긴 변이 필자의 심비에 남아 있다.

"정치판에 들어서지 않았으면 참 괜찮았을 사람인데. 시궁창에서 빛나 봤자 시궁창이지 뭐….”

정치를 보는 시각이 이런 데도 정치인들은 정치에 목을 건다.

"나는 왜 정치를 하는가? 정치는 현실에 발을 딛고 열린 가슴으로 숭고한 가치를 추구하는 것입니다. 진흙에서 연꽃을 피우듯, 아무리 욕을 먹어도 결국 세상을 바꾸는 것은 정치라는 신념 하나로 저는 정치를 해왔습니다. 평소 같았으면 진작 던졌을 원내대표 자리를 끝내 던지지 않았던 것은 제가 지키고 싶었던 가치가 있었기 때문입니다. 그것은 법과 원칙, 그리고 정의입니다. 저의 정치 생명을 걸고, '대한민국은 민주공화국'임을 천명한 우리 헌법 1조 1항의 지엄한 가치를 지키고 싶었습니다."

작년, 이 땅의 여당 대표가 현실 권력의 타의적인 압박에 의해 자리에서 쫓겨나는 때에 그가 내뱉었던 불화살이다. 그의 변을 듣다가 불현듯 몇 년 전, 〈변호인〉이라는 영화에서 역대 대통령이었던 한 역사의 주인공이 부정과 편법과 불의의 이 땅에서 분노하며 외쳤던 그 한 마디가 다시 상기되었다. 그의 토함은 아직도 필자의 가슴을 울리고 귓가에 공명되어 울리고 있다.

"대한민국의 주권은 국민에게 있고, 모든 권력은 국민으로부터 나온다"(대한민국 헌법 1조 2항).

양심적인 몇몇 정치인들에 의해 깊이 토해내어진 이 헌법적 가치가 진짜로 이 땅에 있는가를 질문하면 되돌아오는 것은 깊은 자괴감일 때가 참 많다. 살아 있는 권력에 의해 무시되고 있는데도 대한민국의 정체성은 감히 도전하기가 쉽지 않기 때문이다. 그것이 피땀으로 세운 이 나라의 작금의 현실이다. 이렇게 헌법적 가치가 무시되고 유린되는 현실에서 남아 있는 법치의 보루가 있다면 그것은 아마도 헌법재판소일 것이라는 상식은 웬만한 지성을 갖고 있는 자라면 모두가 동의할 것이다. 그런데 이 나라의 헌법 재판소의 상황이 어떤가? 한 국가의 이념은 정권을 잡고 있는 권력의 이데올로기적인 성향에 따라 요동한다. 필자는 개인적으로 이 점에 대하여 긍정적인 편이다. 보수와 진보의 균형이라는 말을 쓰면 너무 촌스러운가? 그래도 할 수 없다. 민주주의라는 것이 그런 추의 높낮이로 인해 발전해 나아가는 것이니까. 이런 차원으로 접근할 때 헌법재판소도 예외일 수는 없다. 헌법재판관의 이념적 성향에 따라 헌법재판소의 판결 과정 역시 시비가 엇갈릴 것이 자명하기 때문이다. 그러나 아무리 그래도, 헌법재판소가 헌법 1조 1항과 2항에 대한 기본적인 가치 추구에 있어서는 흔들리지 말아야 하는 것은 기본이다. 그러나 내가 살고 있는 이 땅의 현실에서 필자는 아무리 양보하고 보아도 헌법재판소의 일련의 결정문들은 너무 천편일률적으로 흐르고 있는 것 같아 매우 유감스럽다. 그것이 우측이든 아니면 좌측이든 말이다.

우분투 (UBUNTU)

알비 삭스는 남아프리카 공화국의 초대 헌법재판소장을 역임한 법조인이다. 그는 남아프리카 공화국이 1948년부터 1994년까지 가장 극

악무도하게 펼쳤던, 지구상에서 가장 비인간적인 구조였던 인종차별 정책인 아파르트헤이트 철폐를 위해 싸웠던 투사였다. 그는 이 일로 인해 조국인 남아공에서 추방되었고, 조국의 인종차별 철폐를 위해 모잠비크에서 망명 생활을 하던 중에 차량 폭탄 테러를 당하여 한 쪽 눈과 한 쪽 팔을 잃게 되는 비운도 맞이했다. 그러나 삭스는 그 사건을 통해 법조계에 있었던 하이 컬러로서의 잘 나가는 인생에 대한 유토피아적인 이중성을 완전히 극복하고, 분명한 진보적 지식인으로 거듭나 본인의 평생을 걸었던 남아공의 민주주의를 조국에 정착시키는 데에 결정적인 역할을 한 선구자적인 인물로서 지금도 남아 있다. 그는 1994년 남아공이 실시한 최초의 민주적인 선거에서 넬슨 만델라가 대통령으로 당선된 뒤에 남아공의 민주적 헌법을 최초로 기안했다. 더불어 최초의 헌법 재판소의 재판관으로 임명되어 도무지 민주화를 이루지 못할 나라가 남아공이라는 전 세계의 기우를 보란 듯이 비웃으며 참 귀한 남아공의 헌법을 만들어 모범적인 민주공화국의 체제를 갖추는데 결정적인 역할을 감당했다. 그가 만든 남아공 최초의 민주적 헌법은 UBUNTU 정신을 기초로 하였다. 아프리카의 고유한 정신이기도 한 '우분투'는 'I am because you are'의 상생 정신이다. 알비 삭스는 생명을 잃을 뻔했던 테러를 당했음에도 불구하고 남아공 민주 헌법을 기초할 때 이 정신을 토대로 하였다. 그는 진실화해위원회를 발족하여 테러를 가한 부류에 있었던 아파르트헤이트 시절의 권력자들을 국가적인 미래를 위해 용서하여 상생을 도모했다. 더불어 조국의 안정적인 민주 사회 건설을 위해 그들을 품었다. 한일장신대의 차정식 교수와 함께 청파 교회 김기석 목사가 '예수, 사랑 먼저 행하고 먼저 베풀어라'는 옴니버스 형식의 인문학 교과서에 기고한 글에서 다음과 같이 예수를 평가했다.

"끌어안을 때 팔이 엿가락처럼 늘어나는 사람"[*]

삭스의 정신이 바로 이런 정신이 아니었나 싶다. 그는 이러한 우분투 정신으로 많은 식자층의 사람들이 절대로 온전한 민주 국가 형성을 이룰 수 없는 나라 중 하나라고 진단했던 것을 뒤집어엎고, 오늘날 남아공을 가장 열린 민주사회로 만들어 내는데 일익을 감당했다.

公益(공익)인가? 靈益(영익)인가?

'블루 드레스'는 바로 이런 국가로 남아공이 나아가는 데에 수없이 마주쳤던 갈등에 대한 헌법적 보고서이다. 인종 차별이 극심했던 역사를 갖고 있었기에 태생적으로 가난한 삶을 살아야 했던 흑인들의 주거권, 인권, 행복추구권 등등의 인간의 가장 근본적인 권리를 동등하게 제공하기 위해 최선을 다했던 저자의 발군의 실력이 눈에 보인다. 특히 '호프만 사건'으로 불리는 에이즈 환자들에 대한 편협된 시각을 올바르게 판결한 재판은 무척이나 의미 있게 다가온다. 에이즈에 걸렸다는 이유만으로 채용을 하지 않은 항공사에게 그를 채용하라고 명령함으로서 인간에 대한 불공정한 차별에 경고장을 던지는 계기가 되었다. 이 판시는 환경적인 무지와 건강에 대한 일천함으로 인해 무차별적 불이익을 당하고 있는 소외된 자들의 인권을 법적으로 보장해 주는 기회가 되었다. 필자는 이렇게 국가적인 차원에서 소외된 자들을 배려하고 돌보도록 만든 남아공의 헌법적인 지지가 오늘 한국사회에서 자행되고 있는 소외된 자들에 대한 소리 없는 폭력을 반하여 볼 때 부럽고 또 부럽지

---

[*] 차정식·김기석 공저, 『예수사랑, 먼저 행하고 베풀어라』 (서울:21세기 북스, 2015), 49.

않을 수 없다. 필자가 직업적 의식이나 사명감 때문에 언급하지 않을 수 없는 또 하나의 판례는 '래스터 패리언' 집단의 종교적 소송이다. 그들은 성찬의 한 방법으로 마리화나를 피운다. 그러나 국가적으로 마리화나를 사용하는 것을 막고 있기에 이것은 종교 탄압의 성격이 큼으로 종교 탄압을 철회하라는 헌법 소원이었다. 그러나 결론적으로 말하면 그들의 요구는 기각되었다. 이유는 간단한다. 정치와 종교는 분명히 분리되어 있다는 것이 민주국가의 범례 때문이다. 국가는 종교라는 이름으로 자행되는 일들 중에 인간의 존엄성과 공생의 철학을 무너뜨리는 일체의 행위들에 대하여 통제할 수 있어야 한다고 보았던 헌법 소원에 대한 판시는 목사인 필자가 주목하여 보지 않을 수 없었던 대목이다. 필자도 일견 동의한다. 그러나 이 판시에서 유의하고 또 주목한 대목은 이것이다. 예를 들자면 국가의 물리력이 전제된 교회 재정에 대한 통제권이다. 교회 공동체에 대한 세금 문제가 예민하게 대두되고 있다. 개인적으로 목회자의 납세에 대한 국가적인 요구에 대하여 필자는 긍정적이다. 마땅히 국민의 한 사람으로서 납세의 의무를 해야 한다는 것에 이의가 없다. 그러나 국가가 물리력으로 교회의 재정 장부를 통제하는 것에 대해서는 해석의 차원이 다르다. 교회 공동체에 소속되어 있는 멤버들의 기부금 상황은 개인적인 사생활에 대한 문제이다. 이것은 교회가 교회 멤버십을 갖고 있는 지체들을 위해 반드시 지켜주어야 할 사생활에 대한 영역이다. 이것을 공격하는 일들이 국가적으로 종용될 때 목회자로서 어떻게 대처할 것인가를 필자는 책을 통해 다시 한 번 점검했다. 국가법과 종교법에 대한 충돌 시에 오늘의 목사로 어떤 선택을 할 것인가? 그 질문에 답한다면 성직자적인 태도로 세속의 관점에 굴할 수 없다는 영적 판단의 기초가 나에게 절실함을 각인하는 것으로 자답하였다. 공익을 위해 영익(靈益)을 포기하는 것이 목사의 도인가? 아마도 현직에 있는 동안 끊임없이 사유하고 또 사유해야 할 중요한 테제임에 틀림이 없는 듯하다. '블루 드레스'는 이외에도 인간의 기본권에 해당되는 주거권, 토지권, 종교적 차원에서의 평등권 등등에 대하여 헌법이 말하는 최대의 공약수를 도출하기 위해 노력한 남아공 헌법 재판소의 모습을 볼 수 있다는 점에서 감동을 준다. 왜냐하면 인간의 존엄성과 공생의 정신을 향한 몸부림을 볼 수 있기 때문이다. 그런 점에서 이 책은 법조계에서 일하는 사람들은 물론이거니와, 이 땅이 힘 있는 자와 없는 자로 갈라져 있는 현실을 극복하기를 원하는 사람이라면 한 번은 꼭 섭렵해야 할 양질의 책이기에 추천해 본다.

블루 드레스를 입자

이 책 표지에 그려져 있는 삽화는 '블루 드레스'이다. 남아공의 예술가인 주디스 메이슨이 자유를 위해 투쟁하다가 옥고를 치르고 고문으로 사망한 필라 은드완드웨와 헤럴드 세폴라의 용기를 기리기 위해 1985년 2월에 제작한 작품이다. 두 명의 여성들은 인종차별정책과 맞서 싸우다가 보안경찰에 체포되어 고문을 당했다. 특히 필라는 고문을 당하는 동안 벌거벗긴 채로 수치를 당했다. 필라는 여성으로서 최소한의 존엄을 지키기 위해 파란 비닐봉지로 바지를 만들어 입었다. 결국 그녀는 살해를 당했고 비밀 보안 경찰은 그녀의 시신을 은폐하기 위해 지뢰를 폭파시켜 시신을 와해시키려는 만행까지 저질렀다. 이 사실은 민주화가 이루어진 뒤에 백일하에 드러났는데 이 일을 안 주디스 메이슨이 그녀의 영혼을 기리기 위해 만들어 놓은 드레스가 오늘날 남아공은 물론 전 세계 민주주의의 정신처럼 여겨지는 상징물이고 지금은 남아공 헌법 재판소에 전시되어 있는 블루 드레스이다.

필자도 블루 드레스를 입고 싶다. 할 수만 있다면 내가 사역하고 있고 섬기고 있는 교회의 지체들에게도 블루 드레스를 입히고 싶다. 그런데 실상은 주일이 되면 클러지 셔츠를 입고, 로브를 입는다. 가장 그럴듯한 복장으로 변장한다. 거룩의 극치를 보여준다. 강대상 밑에 있는 자들을 향하여 은연중에 나는 너희들과 다른 위치에 있는 존재임을 강제한다. 내 안에 정의와 공의는 사라진지 오래인 데도 말이다. 그래서 그런가, 필자는 가능하면 빨리 은퇴를 하고 싶다. 로브를 벗고 블루 드레스를 입고 싶기 때문이다. 신학교 동기 중에 현직 목회를 접고 도색공으로 변신한 친구가 있다. 가끔 독서 나눔 때문에 그와의 만남을 가질 때 그가 일하는 것이 부럽다. 필자는 자신이 없어 하지도 못하는 겁쟁이이지만 친구는 그 일을 또 다른 성직으로 여겨 성실하게 일하고 있다. 친구가 입은 도색공의 볼품없는 일복에서 왜 거룩함이 느껴질까? 나이브하게 삶으로 투쟁하고 있는 그의 정직한 목양 의식 때문은 아닐까 싶다. 화려함을 벗고 싶다. 가식적인 종교성을 벗고 싶다. 3년 동안이나 벗은 몸으로 남 유대의 다가올 현실을 예언한 이사야의 진정성이 철이 없는 소리 같지만 부럽다. 어떤 경우에 교회가 블루 드레스를 벗기는 것 같아 뜨악할 때가 있다. 입히지는 못할망정 벗길 때가 있어서 말이다.

목사로서 살아온 지난 세월 동안 필자는 특히 교회 정치권력에 굴종하지 않으려고 몸부림쳤다. 세속적인 마인드와 타협하지 않으려고 노력했다. 그것은 구도하는 목사로서 살아가는 자의 당연한 의무요 걸음이라고 믿었기 때문이다. 상식이 비상식이 되고, 비상식이 상식이 되는 어처구니없는 시대를 살고 있지만 정의는 반드시 이긴다는 진리를 전

했던 예언자 미가와 아모스가 선포했던 그대로 정의와 공의가 강물처럼, 하수처럼 흘러내리는 하나님의 나라가 오늘 나의 삶의 자리에서 이루어지기를 소망하고 기대하는 것이 나만의 객기가 아니기를 이 책과 여행하며 결의했다. 우리나라에 알비 삭스 같은 존재가 있다면 얼마나 좋을까를 소회하면서.

'내 그럴 줄 알았다. 이렇게
우물쭈물하다가'의 버전-업

한병철, 『시간의 향기』 (문학과 지성사, 2013년)를 읽고

개신교 목사로 사역하면서 가톨릭의 종교성과 예전에 대하여 호의적으로 말하면 회색주의자라고 비난 받기 일쑤이다. 색깔을 분명히 밝히고, 정체를 분명히 하라는 압박이다. 물론, 가톨릭의 예전과 교리적인 내용을 무분별하게 용인하거나 전체를 긍정적 모드로 수용하는 것은 아니지만 아무리 그래도 그들의 예전적인 요소들을 보면 못내 부러운 것이 있다. 정적(靜的)인 요소들이다. 물론 필자가 지금 논하고 있는 '정적'이라는 단어는 미국의 대표적인 크리스천 블로거인 트레빈 왁스가 일그러진 복음(Counterfeit Gospel)이라고 일축한 정적주의(quietism)의 개념으로의 '정적'을 말하는 것은 아니다.* 다만 가톨릭의 예전 등에 나타난 부러운 정적인 요소들은 가장 단순하게 표현하자면 '시끄럽지 않음', '빠르지 않음'이다. 나는 가끔 내가 살고 있는 제천에 소재해 있는 가톨릭 성지인 '베론 성지'를 일부러 찾는다. 분주함에

---

* 트레빈 왁스/김태곤 옮김, 『일그러진 복음』 (서울: 생명의 말씀사, 2012), 151-174.

시달린 육체의 곤함을 고즈넉하게, 너무 고요한 베론 성지에 찾아가 힐링을 받고 싶은 것이 두드러진 이유이지만 그곳을 찾는 가장 중요한 이유는 그곳에 가면 시간이 멈춘 것 같은 황홀함이 있기 때문이다. 특히 순교자 최양업 신부를 기념하여 세운 성당 안에 들어가면 시간의 멈춤은 절정에 다다른 것 같은 착각에 빠진다. 가장 한국적인 얼을 담은 것처럼 보이는 성화, 성물, 그리고 성당 안의 고요함이 그렇게 압도한다. 미사가 있는 어느 시간과 운 좋게 맞닥뜨리면 미사 단에 타오르고 있는 촛불과 스테인드글라스에서 비추는 빛이 사람을 침묵의 자리로 초청한다. 그 시간은 참 경이롭고 아름답다. 개신교적인 예배에서 찾아볼 수 없는 신비로움이고 하나님의 거룩함을 느끼는 시간으로 착각이 들 정도 엄숙하다. 오래 전, 문화 인류학자이고 환경 운동가인 쓰지 신이치가 자기의 책에서 이렇게 말한 것을 읽었던 적이 있다.

"전기를 끄자. 전기를 끄는 일은 무엇보다 어둠을 되찾는 일을 의미한다. 그 어둠 속에서 달을 보고, 별을 보고, 반딧불을 보자. 그리고 촛불을 켜보자."[*]

일반적으로 '어둠'이라는 단어에 대해서 경기(驚氣)하며 적대시하는 것이 개신교인들이기에 신이치의 말을 수용하는 것에 대하여 거부감을 갖겠지만 필자는 그의 말에 동의했다. 어둠이라는 개념을 복잡하게 교리적인 차원으로 해석하려고 들이대지 않고 단순히 하나님이 창조하신 빛과 어둠의 양 측면에서 인간에게 쉼을 주는 창조적 상태로 이해했기 때문이다. 다시 말해 어둠이라는 공간 안에서 자행되는 일체의

---

[*] 쓰지 신이치/김향 옮김, 『슬로 라이프』 (서울: 디자인하우스, 2010), 296.

탐욕적인 행위에 대한 지지가 아니라 어둠을 되찾자는 신이치의 일성(一聲)을 쉼과 느림으로의 회귀라고 이해했다는 말이다. 언젠가 리젠트 칼리지의 영성신학자인 미르바 던이 '안식'을 의미하는 히브리어 '메누하'를 단지 육체적인 쉼을 말하는 단어로만 해석하지 않고 '나의 전 존재의 진정한 쉼'이라고 해석한 것*을 아주 의미 있게 받아들인 적이 있었다. 인간의 전 존재의 쉼이 진정한 안식이라면 인간이 그렇게 진정한 쉼을 영위할 수 있는 공간은 혹시 어둠이라는 것을 아닐까 하는 생뚱맞은 추측을 필자는 진지하게 해 본 적이 있다. 사정이 이렇다 보니 그것이 상징이고 신비적인 활동이라고 폄훼를 한다고 하더라도 가끔은 어둠의 영역에 혼자 있으면서 촛불을 킬 때 하나님의 심오한 임재를 개인적으로 많이 느끼곤 한다. 필자는 그 현장에서 놀라운 하나님의 임재를 경험하는 데 그것은 바로 시간이 나를 위하여 멈추어 준 것 같은 감동이다.

"빠름 빠름 빠름"

이 외침은 상업적 광고라는 것이 태생적으로 분명 한시적이라는 한계를 갖고 있어서 이제는 많이 식상한 느낌이 있지만 한동안 선풍적인 인기몰이에 성공했던 우리나라 대표적인 모 브랜드의 휴대폰 광고 로고송이었다. 타 회사의 제품에 비해 은연히 비교가 안 될 정도의 빠른 속도를 갖고 있다는 것을 표현하는 경쟁력으로 한국인 습성에 기막히게 파고드는 데 성공한 광고 전략을 펴서 대박을 터트린 로고송이다. 이 광고의 중독성은 나도 모르게 IT 계통의 제품들인 컴퓨터, 휴대폰을

---

* 미르바 던/전의우 옮김, 『안식』(서울: IVP, 2009), 78.

살 때, 항상 얼마나 빠른가를 최우선의 조건으로 내세우는 것을 보면 실로 막강하다. 문제는 광고가 나의 의지와는 상관없이 무차별적으로 주입되는 공격에 속수무책이라는 점이다. 현대는 아날로그라는 수단을 역사의 한 과거로 되돌린 지 이미 오래되었다. 가장 서민적인 가전이었던 텔레비전의 송출 방식이 디지털로 완전히 바뀐 지 얼마 되지도 않은 것 같은데 이제는 그 디지털 방식의 송출까지도 속도와 선명성 경쟁에 사활을 걸고 있는 다양한 콘텐츠들이 개발되고 시행되고 있으니 참 격세지감을 느끼지 아닐 수 없다. 불과 몇십 년 전, 텔레비전 화질이 잘 나오게 하기 위해서 지붕 위에 올라가 전파를 잘 타는 쪽으로 안테나를 돌려놓으려고 안방에 있는 아들에게 소리를 질렀던 일은 전설의 고향에서나 나올 법한 이야기가 되었다. 참 좋은 세상이 도래한 것처럼 보인다. 그런데 아이러니하다. 필자는 이런 빠른 속도의 시대에 느린 것이 좋으니 말이다. 그러니 시대의 감각 면에서는 빵점이다. 완벽한 디지털 돌비 시스템이 선물해 주는 아이돌의 스테레오 음악보다 찌지직거리는 턴테이블에서 흘러나오는 안치환의 LP 레코드판 음악이 훨씬 더 좋으니 말이다. 정치도 버전 3.0의 시대가 되었는데 나는 왜 아직도 가끔은 1.0에 머물러 있는 것이 좋을까? 소녀시대, 시크릿, 2PM, 여자친구들이 부르는 가사 전달이 잘 안 되는 노래보다 이야기가 있는 70,80의 노래를 좋아하니 말이다. 왜 이런 것들에 열광할까? 나이 때문일 것이다. 부정하지 않는다. 그러나 그것만이 전부는 결코 아니다. 내가 일련의 이런 아날로그식의 것에 애착을 갖는 것은 '머무르고 싶기 때문이다.' 나의 흘러간 시간의 족적들이 멈추어지지 않는 것에 대한 반발 때문이다. 시간을 붙들어 놓고 싶은 데 도저히 그럴 수가 없다. 시간은 나의 능력으로 붙들 수 있는 대상이 아니다. 도무지 붙들 수 없는 시간을 붙들고 싶은 욕망의 표출이 아마도 과거성의 회귀라는 테제로 고착화 시키고 싶은 것이리라. 이것을 이미 알았을까? 장석주가 이렇게 말한 것은.

"나이가 드니 어둠 따위는 도무지 무섭지 않다."*

우리 교회 이름을 잘못 지었나?

재독 철학자이자 가톨릭 신학자인 한병철 교수의 『피로사회』를 읽고 받은바 도전이 있어 그가 실제로 유럽에서 『피로사회』보다 먼저 발간한 『시간의 향기』에 도전하고자 책을 집어 들었다. 읽는 내내, 철학적인 학문적 지식의 일천함으로 인해 큰 집중력을 요했지만, 반면 철학적 신학의 통찰력이 얼마나 중요하고 긴요한지를 재삼 확인하는 시간이 되었다는 점은 소득이다. 한 교수가 도전하는 이 책의 논지는 '시간의 위기'이다. 저자는 이 시대가 시간의 위기를 겪는다고 진단한다. 이 정의는 추상적인 것 같지만 실제적이다. 어떻게? 다양한 시간적인 혼란과 착오를 초래하는 반시간성으로 인해 오늘 우리들이 만나는 시간에는 질서를 부여하는 리듬이 없음을 분명히 한다. 이로 인하여 시간은 혼란에 빠진다고 갈파한다.

"시간이 리듬을 잃어버린 채 받침대도 방향도 없이 막막한 곳으로 흘러 가 버린다면, 어떤 적절한 시간도, 어떤 좋은 시간도 있을 수 없다"(21).

---

* 장석주, 『그 많은 느림은 다 어디로 갔을까』 (서울: 뿌리와이파리, 2008), 251.

이렇게 야기된 시간의 혼란으로 나타나는 부정적 결과의 가장 중요한 마중물이 '활동적 삶의 절대화'라고 저자는 말한다. '세인'*(Das Man)은 이 마중물의 중심이다. 세인은 노동이라는 절대화된 명령에 굴복하고 일하는 동물로 전락하게 되었다고 저자는 보고한다. 원인이 있으면 결과가 있듯 '활동적 삶의 절대화'는 인간으로 하여금 사색적 삶과 머무름의 능력을 상실하게 하는 비극을 초래했다고 비판한다. 이 비극은 여기에서 머물지 않고 더 비참한 세계의 상실, 시간의 상실을 인간에게 선물했다고 본 것이다(148). 저자는 안타까움으로 토설한다. 그러므로 더 늦기 전에 사색적 삶을 되살리라고. 사색하지 않는 인간, 생각의 기쁨을 포기한 인간은 너무나도 무서운 존재이다. 재야 지식인인 홍세화의 글을 읽다가 본인이 프랑스에서 살면서 발견한 놀라운 일을 하나 소개하는데 프랑스 아이들은 태어나서 제일 먼저 하는 말이 우리나라 아이들처럼 엄마가 부동의 1위이지만 2위가 아빠가 아니라 '왜?'라는 점임을 밝혔는데 참 의미 있게 받아들인 적이 있다. 인간이 인간이라는 것을 대외적으로 선포하는 것은 '왜'를 물으며 사색하는 것인데 근래는 어른이 되어도 '왜'를 묻지 않는 비사색의 시대라는 점이 슬프다. 세인으로 하여금 세인으로 사는 것에만 만족하게 한 원흉은 시간의 혼란으로 야기된 활동적 삶을 절대화시키는 것이다. 그래서 빠름이 시간의 위기라는 저자의 지적에 필자도 동의한다. 걸작 『월든』을 통해 참 많은 사람들을 깨어나게 한 헨리 데이빗 소로우는 글에서 이런 소회를 밝힌

---

* 마틴 하이데거는 존재론적 상수로 일반화하는 세인(Man)이란 사실, 그가 속한 시대라고 진단했다. 그래서 세인은 '조급성의 시대'를 특징적으로 보여주는 '영화적' 시간에 정확히 상응한다. 세인은 사태에 거의 몰두하지 못하고 시야를 넓히고서도 옆에 있는 것을 도외시한다. 세인은 채널을 돌리듯 세계를 돌아다닌다. 이를 가리켜 하이데거는 '머무르지 못하는 산만함' 또는 '머무름의 부재'라고 표현했다(본서 103-104).

적이 있었다.

"몸을 부지런히 놀리는 데서 지혜와 순결이 온다. 나태로부터는 무지와
관능이 온다. 공부하는 사람에게 관능은 마음의 게으른 습성이다."[*]

격언과도 같은 그의 말을 그냥 생각 없이 받으면 그냥 생각이 없는
말이 된다. 그러나 소로우의 이 가르침은 그가 숲에서 자연과 벗하며
새들과 노래하며, 호수와 대화하며, 시간이 머무른 공간에서 체득한 것
이기에 가벼울 리 없는 지침이다. 적어도 시간은 사유함의 공간이다.
머무름의 출발점이다. 그러므로 머무름을 잉태하지 못한 시간은 당연
히 위기이다.

필자가 섬기는 교회 이름이 세인(世認)이다. 세상이 인정하는 교회
를 만들자는 취지였다. 하나님이 인정하는 교회는 어찌 보면 세상이 인
정하는 것을 전제한다는 필자의 고집이 담보되어 있는 이름이다. 나는
우리 교회 이름이 실은 자랑스럽다. 자존감 때문이다. 한병철의 책을
읽다가 새로운 각을 발견하는 수지맞음을 경험했다.

"세인(世認)교회가 세인(世認)교회 되려면 세인(世人)이 존재해서는
안 된다"는 것을.

---

[*] 헨리 데이빗 소로우/강승영 옮김, 『월든』 (서울: 이레, 2010), 317.

시간에 향기가 없을 때 위기이다

저자는 현대인들이 추구하는 '건강'은 종교의 차원으로 승화되었다고 말하면서 인간 숭배의 가장 극점임을 말한다. 건강이 대세다. 그러다보니 제대로 죽지 않도록 하는 일체의 문명적인 시도가 팽배하다. 저자는 일련의 이런 시도는 축복이 아니라 저주라고 말한다. 그러하기에 죽음은 시간의 리듬이라는 것이다. 그런데 시간의 리듬을 잃어버리게 한다면 그 어떤 적절한 시간도 좋은 시간도 있을 수 없다. 오죽하면 "짜라투스트라는 '제 때 죽으라'고 가르쳤겠는가?"(21)라고 갈파한다. 제때 죽을 수 없다면 사람은 불시에 끝날 수밖에 없다. 죽음은 삶이 고유하게 종결될 것을 전제한다. 죽음이란 종결의 형식인 것이다. 100주년교회를 섬기는 이재철 목사의 설교 중에 토씨 하나 틀리지 않고 완벽한 문장을 만들 수는 없지만 이런 내용으로 선포한 메시지가 생각난다.

> "섬기고 있는 교회의 모 권사님은 불치의 병을 진단받고 일체의 생명을 연장시키는 의료행위를 시도하지 말 것을 자손들에게 엄히 명하신 뒤 가장 아름다운 시간과 하나님의 때에 부름을 받으셨습니다. 권사님의 그 선택은 우리들이 귀하게 받들 그리스도인으로서의 죽음에 대한 고귀한 모델입니다."

현대인들이 불-시(Un-Zeit)로 내몰리는 것은 삶이 점점 더 넓이를 잃어가고 있기 때문이다. 이로 인하여 인간의 삶이 더 유한해 지는 안타까움이 있다. 불-시로 내몰리지 않는 삶과 죽음의 여유가 절대로 필요한 이유이다.

인터넷에 들어오면 우리 현대인들은 분초를 다투는 정보의 바다에 빠진다. 혹여 이 바다에서 수영을 하지 못하면 퇴보되는 느낌이다. 탈락되는 느낌이다. 소위 말하는 왕따가 되는 느낌이다. 그래서 이런 비극(?)에 빠지지 않기 위해 눈을 붉힌다. 정보는 오늘 우리들이 섬기는 또 다른 신앙이 되었다. 그러나 한병철은 분명히 한다. 정보는 정보이지 향기가 아니라는 점을 말이다. 다시 말해 정보에는 향기가 없다는 것이다. 저자는 신화를 예로 든다. 신들의 이야기가 신화이다. 다시 말해 신들의 이야기 안에는 시간이 존재한다는 말이다. 이야기가 있기에 무에서 세계가 만들어지고 의미가 주어진다. 그 신들의 이야기는 한 폭의 그림처럼 놓여 있다. 그러나 역사적인 시간들은 일정한 시간들을 향하여 달려가는 선의 형태를 띤다. 이 선이 목적을 잃고 서사적인 긴장을 잃으면 점들로 분산된다. 그러므로 역사의 종언은 시간이 점의 시간으로 흩어짐을 의미한다. 그 흩어짐은 곧 시간의 원자화라고 말할 수 있다. 그림처럼 올이 쳐져 있는 역사의 이야기들이 정보에 의해서 밀려나고 있다. 정보는 시간이 원자화되었다는 중요한 단서이다. 불행한 것은 정보라고 일컬어지는 원자화된 시간은 향기가 없다는 것이다.

언젠가 서울에서 찾아온 친구들과 함께 제천 비봉산에 만들어진 레일 바이크를 타 본 적이 있다. 정상에 오르면 솟대들이 관광객들을 유혹한다. 각종 새의 형상을 띠고 있는 솟대인데 이상한 것은 움직임이 없다는 것이다. 솟대가 조형물이지 살아 있는 새가 아니기 때문이다. 시간의 향기는 긴장감이다. 움직이지 않는 시간은 향기가 있을 리 만무하다. 저자는 이렇게 말했다.

"우리는 근대의 가속화, 기술의 가속화, 사건과 매체의 가속화, 모든 경제적, 정치적, 성적 교환의 가속화로 인하여 엄청난 해방의 속도 속으로 던져졌고 그 속도에 의해 실재와 준거의 틀 밖으로 퉁겨져 나왔다"(47).

'활동적 삶'(vita activa)을 '사색적 삶'(vita contempativa)으로

그러나 그 반대의 이야기도 한다. 느림 또한 역사의 종언을 부추긴다는 것이다. 물질은 시간의 흐름을 늦춘다. 시간은 밀도가 더 큰 물체의 표면에서 더 천천히 흐르는 것처럼 보인다. 이런 대중과 태만한 사회적 물질은 정보가 적기 때문이 아니라 반대로 환적장이 너무 많아 넘쳐나 역사를 정지시키는 부정의 요소로 작용된다는 것이다. 속도의 과정은 결국 너무 느려서도 안 되고 빨라서도 안 된다. (중략) 시간이 과거보다 훨씬 더 빨리 간다는 인상 때문에 오늘날 사람들이 머무를 줄 모르게됨은 비극임을 분명히 한다. 시간의 지속의 경험은 이렇게 대단히 중요한 것이며 고귀한 것인데 희귀한 것이 되어버린 시대의 비극 속에서 저자는 시간에 대한 일련의 철학적 사색을 통하여 현대인들이 주목해야 할 논거를 제시한다. 그것은 '활동적 삶'(vita activa)을 사색적 삶'(vita contempativa)으로 전환하는 시도요 노력이다. 그는 시간의 위기를 초래한 조작 가능성의 세계관과 '활동적 삶'의 절대화를 비판하면서 '활동적 삶'에 대한 대안으로 '사색적 삶'을 강력하게 추천한다. 아마도 이러한 삶은 정관하는 삶이요, 무위의 삶이요, 행위를 멈추고 우리의 뜻대로 대상을 조작하고 바꾸어 버리려는 협소한 욕망을 잊어버리는 적극적인 시도요 행위이다. 그렇게 될 때 바로 그 순간에 드러나는 세계의 모습을 가만히 마주하고 받아들임으로 비로소 인간이 느낄 수 있도록 잃어버린 감각을 복원하게 될 것을 저자는 시사한다(161-181).

서평을 마치며 앞서 언급한 쓰지 신이치가 쓴『슬로 라이프』에 나오는 나무늘보를 통하여 배우는 느림의 철학이 생각났다.

"나무늘보는 영어로 sloth이다. 이 동물이 우리에게 가르쳐 주는 느긋하고 여유 있는 사고방식, 삶의 방식을 '슬로소피'(pslothophy)라고 부른다."*

"빠름 빠름 빠름"의 로고송에 이미 점령당한 'vita activa'의 시대에 살고 있는 우리들이지만 'vita contempativa'를 통하여 향기를 잃은 시간을 되찾아보기 위해 슬로소피가 되어보는 것은 어떨까 싶다. 특히 나 같은 목사들은 더 특별히 말이다.

---

* 쓰지 신이치,『슬로 라이프』, 301.

믿을 놈이 따로 있지 국가를 믿다니

레베카 솔닛, 『이 폐허를 응시하라』(도서출판 펜타그램, 2012년)를 읽고

어느 목사의 탄식

작년 교회에서 허락한 안식월에 광림 수도원에 올라 고즈넉한 시간
을 보내는 어간, 수도원에 올라온 의정부에서 목회를 하는 동역자 목사
를 만났다. 식탁 공동체를 나누는 시간, 그는 갑자기 격해진 톤으로 메
르스 이야기를 꺼냈다. 내용인즉, 정부가 초기 대응에 실패하여 이 모
양으로 나라를 만신창이로 만들었다는 것이 그의 요점이었다. 부연할
때는 세월호 이야기도 메뉴가 되었다. 아이들을 이만큼 죽여 놓고 정부
에서는 그 누구도 책임지는 자가 없다는 힐난이었다. 이야기를 계속하
던 그는 속에 있는 이야기를 여지없이 꺼내놓았다.

"전쟁이 나면 이 정부가 우리 국민들의 안전을 보장할 수 있겠습니까?
믿음이 생기지를 않아요. 믿음이."

이 이야기를 듣는데 갑자기 일전에 읽었던 미국의 대안적이고 진보

적인 저널리스트인 레베카 솔닛의 『이 폐허를 응시하라』가 떠올랐다. 그는 저서의 마지막 꼭지에서 2005년 미국의 남부에 위치해 있는 뉴올리언스에 불어 닥친 강력한 허리케인 카트리나 재앙의 뒷이야기에 담긴 미국 권력자들과 기득권을 확보한 백인들의 치졸한 속살을 여지없이 고발하며 비판했다. 그해, 미국 남부에 있는 뉴올리언스를 대형 허리케인 카트리나가 초토화시켰다. 이로 인해 수많은 사람들이 목숨과 재산을 잃었다. 자연 재앙은 인간이 막을 수 있는 것이 아니다. 문제는 뉴올리언스를 강타한 허리케인의 씁쓸한 뒷이야기이다. 미국에서 가장 흑인들이 많이 사는 곳, 이로 인해 흑인들에 대한 인종차별이 극에 달하고 미국의 신자본주의 폐해가 가장 극심한 곳, 이런 이유로 미국의 엘리트 집단에서는 범죄가 많이 일어나는 곳으로 지목하여 골치 아파하는 곳(실상이 그렇지 않음에도 불구하고)이 말로 표현할 수 없는 피해를 입었다. 항상 미국의 백인들에게 적지 않은 흉기와 폭력집단으로 돌변할 수 있는 가능성이 농후한 곳이 뉴올리언스라는 선입견으로 가득 차 있어서였을까. 말 그대로 최대의 재앙을 맞이했는데도 불구하고 사후 조치나 피해 대책에 대한 당시 부시 행정부의 정책은 상당히 미온적이었고 불성실했다. 다시 말해 뉴올리언스 시민들이 당한 불행과 재앙을 안타깝게 여기지 않았다는 말이다. 그들이 당한 불행은 열외지역이었고, 관심 밖의 지역이었기에 재앙에 따른 대책이나 보상은 이선(二線)이었다. 만에 하나 뉴욕에 그런 일이 벌어졌다면 어떠했을까? 너무나도 유감스럽게 뉴올리언스가 당한 재앙을 바라보는 부시 행정부의 시선은 아이러니하게도 미국의 여타 다른 엘리트 집단에게 뉴올리언스 시민들이 폭력집단으로 변질되는 것에 대한 두려움이었다. 이게 도대체 미국이라는 문명국에서 있을 법한 일인가? 그런데 실상이 그랬다. 어떤 의미로 보면 당시 뉴올리언스에 대한 미국 정부는 악의 정부 그 자체였다. 레베카 솔닛은 이 기막힌 악의 행태를, 뉴올리언스의 카트리나 대재앙 때 반응했던 부시의 행적을 여과 없이 독자들에게 보고하며 고발한다.

> "허리케인이 왔을 때 부시는 자신의 텍사스 크로포드에 있는 목장에서 5주간 휴가를 보내고 있었다. 그는 소식을 듣고 워싱턴으로 돌아가 직무를 수행하기로 결정하기까지 며칠간 뜸을 들였다. 돌아가는 길에 에어포스원을 뉴올리언스 상공으로 나지막하게 날게 했다. 비행기에 편안히 앉아 창문으로 고립된 도시를 바라보는 것이 전부였다"(421).

국가가 국민을 위하여 있는 것이 사실일까?

솔닛의 고발은 이런 정부에게 무엇을 기대할 수 있겠는가를 비아냥대는 에두름이다. 저자는 뉴올리언스가 자연적인 재앙으로 받은 고통은 분명히 힘들었던 아픔이었지만, 그러나 극복할 수 없을 만큼의 그리 고통스러웠던 것은 아니었음을 밝혔다. 반면, 정말로 심각한 고통은 같이 아파해야 할 같은 나라의 엘리트 집단에 의하여 이유 없이 더 큰 상처와 폭력을 당한 것이었다. 이것이야 말로 치명타였다. 뉴올리언스의 흑인 시민들 중에 수많은 사람들이 뉴올리언스의 지역 주변의 자경단(혹시나 모를 흑인들의 집단적인 폭동을 대비한다는 명목으로 만들어진 백인들의 무장단체) 단원들이 가하는 총질에 이유 없이 죽어갔다.

> "뉴올리언스 홍수 직후 젊은 아프리카계 미국인 사냥이 시작되었습니다. 내 생각에 약 18명의 아프리카계 미국 남성이 알제에서 살해되었

습니다. 정확한 수치는 모르겠지만 그것은 기본적으로 살인이었습니다. 경찰이 저지른 살인, 미처 날뛰도록 허가받은 자경단원들이 저지른 살인이었죠"(377).

글을 읽다가 마치 1980년, 우리나라 남녘의 모처에서 일어났던 살육의 모양새처럼 보여 너무 아팠다. 저자는 뉴올리언스의 비극을 여기서 마무리하지 않고 이런 국민 살해에 대하여 엄격한 법의 잣대로 약한 자를 돌보아야 할 치안을 맡은 주 방위군들의 방관을 서슴없이 토로하고 있는데, 그것은 이중의 고통을 당하고 있는 이웃들의 아픔에 눈을 감았다는 것이었다. 도리어 그들은 질서 유지, 폭력과 폭동 진압이라는 명목으로 뉴올리언스 시민들을 범죄자 취급하며 린치를 가했다. 극단적 우파 여론인 폭스는 뉴올리언스에 대하여 범죄의 소굴로 여론화시키기에 목숨을 걸었다. 이에 동조하는 일련의 권력을 가진 자들의 폭력은 정당성으로 포장되어 뉴올리언스 시민들에게 이중의 고통으로 치명타를 가했다.

"그들을 괴롭힌 것은 정부에게 버림을 받았다는 것이었다. 그 어느 때보다 취약한 때에 자신들이 동물로 취급되고 적으로 취급되는 현실이었다"(367).

뉴올리언스에 나타난 국가가 재앙을 당한 국민에게 보여준 일례들은 한 가지 중요한 의문점을 제기해 준다. '국가가 정말로 국민을 위해서 존재하는가?'의 진정성이 있는 질문 말이다. '혹시 국가는 권력자들의 신분 유지와 정권을 가지고 있는 자들만의 살맛나는 놀이터는 아닌가? 국가라는 권력 공동체에 정치적 윤리는 존재나 하는 것일까? 앞서 글을 시작하면서 국가적 위기 앞에 근시안적인 정책으로 요행수를 바라고 있는 정부를 향하여 이 정부를 믿을 수 없다고 질타했던 한 목회자의 비수가 혹시 맞는 것은 아닐까?' 등등의 제 문제 말이다. 재야 작가 유시민은 이렇게 그의 책에서 진정한 국가상을 진심을 토로했다.

> "내가 바라는 국가는 사람들 사이에 정의를 수립하는 국가이다. 국민 한 사람 한 사람을 수단이 아닌 목적으로 대하는 국가이다. 국민을 국민이기에 존중하는 국가이다. 부당한 특권과 반칙을 용납하거나 방관하지 않으며 선량한 시민 한 사람이라도 절망 속에 내버려두지 않는 국가이다. 나는 그런 국가에서 살고 싶다."*

필자도 유시민의 토로에 동의한다. 국가가 국가일 수 있는 유일한 전제는 국가가 국민을 위해 존재할 때 만이다. 어떤 미사여구를 동원해도 국민의 아픔을 외면하는 국가는 국가이기 이전에 넓은 의미로 님비 집단에 불과하다. 보호해야 할 약한 국민을 위험한 단체로 낙인찍어 게토화시키는 국가는 국가일 수 없다. 그러나 뉴올리언스가 이런 상상할 수 없는 폭력에도 불구하고 다시 일어설 수 있었던 이유는 국가권력이 아닌 시민사회의 부활 때문이었다고 솔닛은 전한다.

> "시민사회는 시민들의 병렬적이고 상호 보완적인 방식으로 공적 삶과 공공의 재산의 관리, 공적 결정에 참여하는 사회다. 그런 사회에서 국가와 국가 구조의 기능은 입법, 국방, 안보, 정의의 집행처럼 다른 누구

---

* 유시민, 『국가란 무엇인가』 (서울: 돌베개, 2011), 284.

도 수행할 수 없는 것들로 제한된다"(221-222).

체코 민주화의 절대적인 역할을 감당한 하벨이 말한 이 정신과 말이 뉴올리언스를 건져 올렸다. 이 말은 미국의 엘리트 집단은 뉴올리언스가 폭력집단으로 변질되기를 바라고 있었는데, 뉴올리언스의 시민 정신과 그들을 지지하는 시민단체의 공공적 질서 유지로 인해 그들의 바람과 저의를 보기 좋게 무력화시켰다는 말이 된다.

국가가 못하면

필자는 본서에서 오늘 세월호 사건과 메르스 사태로 집단적 코마의 상태로 빠져 있는 대한민국호를 보았다. 대한민국의 힘은 어디에 있는가? 국가인가? 별로 신뢰가 안 간다. 오히려 시민사회이지 않을까? 수도원에서 만난 목회자의 일침대로 나는 엘리트 집단에서 가공할 만한 위선과 비리를 저지르고도 그 누구나 책임지는 일을 한 사람을 본 적이 없다. 그것이 좌파 정부이든, 우파 정부이든 막론하고 말이다. 레베카 솔닛은 『이 폐허를 응시하라』에서 전 세계적으로 일어난 각종 재앙의 기저는 절망과 참담함과 포기라는 것으로 도배되지 않음을 강력하게 시사한다. 도리어 그 절망의 한복판에는 연대와 사랑의 공동체의 헌신과 삶의 기적들이 다시 피어올랐음을 보고한다. 1906년 샌프란시스코를 강타한 지진으로 인하여 잿더미가 된 재앙의 한복판에서 시민들이 자발적으로 질서를 일구고, 서로 돕고 상호 협조하여 절망을 희망으로 바꾸는데 주도적인 역할을 한 시민 단체인 미스바 카페의 문구는 이렇다.

"자연이 한 번 손을 대면 전 세계가 친구가 된다"(439).

솔닛은 이 작품의 원제를 이렇게 지었다. "A paradise built in hell." "지옥에 세워진 천국"으로 말이다. 무엇을 의미하는지 아는가? 저자는 샌프란시스코 대지진의 재앙으로부터 시작하여 1917년에 일어난 캐나다 핼리팩스 항구에서의 대폭발 재앙, 1985년의 멕시코시티의 대지진, 2001년 9.11 테러로 이어지는 끔찍한 재앙들을 소개하면서 대단히 중요한 활동을 소개한다. 그것은 국가가 감당하지 못한 사후 처리를 시민들의 자발적인 연합으로 기적처럼 극복해냈다는 보고이다. 무질서하고 무정부적인 혼란을 틈타 약탈, 살인, 방화 등등의 걷잡을 수 없는 통제 불능의 일들이 일어날 것으로 예상했지만 열거한 재앙들 중에 그 어느 것 하나도 소개한 일례의 무질서는 발견되지 않았다. 도리어 성숙한 시민 의식으로 정부가 뒷짐 지고 아무 것도 행하지 않을 때 그들은 위기를 기회로 삼아 위대한 연대와 협력으로 재앙을 이겨냈음을 보고한다. 샌프란시스코의 재앙 때 한 젊은 여성이 다른 평안한 지역에 있었던 친구에게 보내는 편지를 저자는 소개한다.

"이곳에서는 모두들 누구에게나 말을 걸어. 덕분에 소개 없이도 아는 사람이 수백 명은 늘었지. 대부분의 재난에서 경계가 무너지면서 타인들이 서로에게 말을 걸고 경험을 공유할 때 사람들이 해방감을 느끼는 것처럼, 누구와 이야기를 하고 누구를 알고 지내야 하는지 규율에 얽매여 있었던 그런 규칙을 제거하고 진정한 해방감을 느꼈다"(56-57).

국가가 하지 못하면 국민이 그 일을 한다는 원칙을 폐허 속에서 찾을 수 있다는 저자의 통찰이 가슴에 와 닿는다. 그래서 그랬나? 영화 〈변호인〉에서 송광호가 외쳤던 그 열변의 대사에 가슴 뜨거웠던 것이.

"대한민국의 주권은 국민에게 있고 모든 권력은 국민으로부터 나온다."

유익균을 전염시키는 사람

필자는 글을 읽으면서 또 하나의 숨겨진 감동을 보았다. 솔닛이 의도적으로 기술한 것 같지는 않지만 필자로서는 직업의식 때문에 그 감동이 크게 보였다. 재앙의 현장에 투입된 시민 사회의 주역들 중 예외없이 기독교인들이 있었다는 점이다. 예외가 없었다. 미국이라는 거대한 자본주의의 괴물 앞에서 아주 작아 보이는 힘이 있었다. 그리스도인들의 힘이다. 카트리나 재앙 앞에서 모든 것을 잃은 마을 주민들에게 집을 개방한다는 광고를 낸 사람들의 이야기가 등장한다. 그들은 모두가 그리스도인들이었다. 발암 물질인 포름알데히드가 홍수로 인해 끊임없이 방출되는 곳에서 아픔을 당한 자들을 떠나지 않고 보호해 주던 자들도 그리스도인들이었다. '깊은 산속 옹달샘'을 통하여 삶에 지친 영혼들에게 생수 같은 글을 통해 위로해 주는 작가 고도원의 글을 읽었다.

"가을마다 이토록 낙엽이 많이 떨어져 썩어가는 데 산은 왜 늘 향기롭지? 질문에 답을 찾았다. 낙엽에는 수분이 없다. 완전히 말라서 떨어지는 것이다. 0.1밀리그램이라도 수분이 남아 있으면 그 수분이 완전히 마를 때까지 나뭇가지에 매달려 기다린다. 그러다가 완전히 마른 상태가 되어야 떨어진다. 그렇게 떨어진 낙엽은 배추처럼 썩는 것이 아니라 숲속에 가득한 유익균에 의해 발효되는 것이다."*

글을 읽다가 낙엽 같은 그리스도인을 한참 생각했다. 누굴까? 수많
은 사람들에게 유익균을 줄 수 있는 그리스도인은 누굴까? 집중하다가
이렇게 결론을 내린 적이 있었다. '자기를 완전히 비우는 그리스도인,
0.1밀리그램이라도 자라는 수분을 남기지 않는 그리스도인.' 그런데
이상한 생각이 들었다. 이 귀한 존재는 교회 건물 안에 있지 않고 삶의
현장에 있다는 생각 말이다. 마치 솔닛이 조명한 폐허 속에 있었던 그리
스도인들처럼.

나름 책읽기의 기쁨을 신앙적인 차원에서 주는 기회를 오랜만에 만
났다. 글을 읽다가 너무 큰 꿈을 미리 꾸는 그래서 소위 말하는 김칫국
부터 먼저 마시는 우스운 꼴이 될지는 모르겠지만 그럼에도 불구하고
이 땅에 기독교가 무차별적으로 공격받고 있는 상황에서 오늘 대한민
국호와 교회 공동체 안에 불어 닥친 재앙과 위기는 도리어 기독교인이
다시 일어서는 오뚝이 같은 저력을 보여줄 수 있는 기회가 아닌가 싶어
심쿵했다. 그리스도인들이 그리스도인답게 사는 것을 증명할 수 있는
최후의 보루는 교회 내부의 건물 속이 아닌 우리 그리스도인들의 삶의
현장임을 부인하는 자는 건강한 신앙과 신학을 갖고 있지 못한 자임에
틀림이 없다. 내가 나의 삶의 정황에서 어떤 삶을 살고 있는가 하는 것
이 하나님의 뜻에 합당하다면 바로 거기가 다시 한 번, 교회와 그리스도
인들이 일어서는 통로가 될 것이라는 무겁지만 긍정적인 소망을 체휼
했다는 점에서 레베카 솔닛은 나에게 많은 것을 가르쳐 주었다. 지옥에
서 천국을 만들어내는 기적이 그리스도인들의 몫임을 느끼며 교회 공

* 고도원, 『혼이 담긴 시선으로』(서울: 꿈꾸는책방, 2015), 228.

동체가 이 일을 빼앗기지 않기를 간절히 소망한다.

키리에 엘레이손!

억울하지만 억울하지 않다고 생각하는
교회 오빠 근성을 버려라

송호근, 『그들은 소리 내 울지 않는다』(도서출판 이와우, 2013년)를 읽고

'자이언티'가 대박을 터뜨린 우울한(?) 시대

우리 집에는/매일 나 홀로 있었지/아버지는 택시 드라이버/어디냐고 여쭤보면 항상/양화대교/아침이면 머리맡에 놓인/별사탕에 라면 땅에/새벽마다 퇴근하신 아버지/주머니를 기다리던/어린 날의 나를 기억하네/엄마 아빠 두 누나/나는 막둥이, 귀염둥이/그 날의 나를 기억하네/기억하네/행복하자/우리 행복하자/아프지 말고 아프지 말고/행복하자 행복하자/아프지 말고 그래 그래/내가 돈을 버네, 돈을 다 버네/엄마 백 원만 했었는데/우리 엄마 아빠, 또 강아지도/이젠 나를 바라보네/전화가 오네, 내 어머니네/뚜루루루 아들 잘 지내니/어디냐고 물어보는 말에/나 양화대교 양화대교/엄마 행복하자/아프지 말고 좀 아프지 말고/행복하자 행복하자/아프지 말고 그래 그래/그 때는 나 어릴 때는/아무것도 몰랐네/그 다리 위를 건너가는 기분을/어디시냐고 어디냐고/여쭤보면 아버지는 항상/양화대교, 양화대교/이제 나는 서있

네 그 다리 위에/

'자이언티'라는 예명을 가진 가수가 부른 '양화대교'라는 노래의 가사다. 그냥 평범한 것 같은 이 노래가 젊은이들에게는 물론 예상치 못하게 중년들에게까지 인기를 얻었다. 이로 인하여 많은 사람들이 부르고 찾고 듣는 바람에 '자이언티'라는 가수는 가난한 시절을 토대로 한 이 노래의 음원 수입만으로도 억대의 수입을 올리는 그래서 요즈음 말로 대박을 터뜨렸다는 온라인상의 글을 본 적이 있다. 이 노래는 대중가요의 장르상 비주류(?)에 속하는 그루브 음악이기에 대중적인 인기도가 상대적으로 불리한데도 불구하고 많은 대중들에게 사랑을 받는 기염을 토했다는 것은 음악 외적인 요소가 있기 때문이 아닐까 하는 추측을 가능하게 한다. 맞다. 필자도 그리 생각하는 데 동의한다. 자이언티의 이 노래가 예상외의 선전을 한 것은 음악 자체의 몰입도나 대중성 때문이 아니라 '양화대교'라는 노랫말에 얽혀 있는 한국적 정서 때문인 듯해 보인다. 이 노래는 가수의 실화를 소재로 만든 곡이라고 한다. 아버지는 택시 운전사이다. 다 그렇게 생각하는 것은 아니지만, 또 작금의 택시 운전에 종사하는 분들을 결코 폄훼하려고 하는 것도 아님을 전제하면서도 세간이 회자되는 말 중에 하나를 소개한다면 택시 운전은 막장이라는 말이 있다. 이 말은 택시 운전이라는 직업이 얼마나 힘들고 어려운 일인지를 에두르는 말일 것이다. 가수의 아버지가 바로 이 일에 종사했다. '자이언티'가 1989년생이라는데 그렇다면 우리나라 나이로 28세, 계산해 보면 택시 운전에 종사하는 그의 아버지는 약 50대 연배임을 가늠하게 된다. 무슨 서평에 남의 가족사를 주민등록 조사하는 것처럼 하느냐고 타박할 독자도 있겠지만 이유가 있다. 50대의 연령이라면 그는 분명 한강의 기적을 이루는 데에 일등공신의 역할을 한 베이비부머*(55) 세대라는 것을 드러내고 싶었기 때문이다. 한국전쟁 직후인 1955년부터 가족계획정책이 시행된 1963년까지 태어난 베이비부머 세대들은 윗세대 선배들처럼 보릿고개와 같은 심각한 가난을 경험한 시대는 아니었지만, 조국의 경제발전이라는 대의명분 앞에서 허리띠를 졸라매고 각종 악조건 속에서도 장밋빛 미래를 바라보며 지극히 헌신하고 희생했던 세대임에는 틀림없다. 저자는 당시의 암울했던 기상도를 이렇게 논술했다.

"두루 알다시피 당시는 한국 현대사에서 가장 숨 가쁜 시간대였다. 일상생활의 리듬이 빨라졌고, 개인 공간과 사생활이 왜소하게 위축되었고, 형사와 정부요원들이 눈을 부릅뜨고 거리를 감시했고, 무장한 군인들은 거리에 자주 배치되었다. 정치가 국력 신장과 경제 성장을 내세워 개인의 자유를 속속 거둬들였다. 경제는 눈에 뜨게 나아졌지만, 소비외 이탈은 허락되지 않았다. 개성 창출과 나름의 취향은 일사분란한 질서 속으로 자취를 감춰야 했다. 베이비부머는 교복 세대였다. 자신의 몸과 취향, 언어들을 가진 색깔들은 교복에 감싸이고 대량 생산을 향한 극대화에 행진해야 했다. 가정의 의례준칙이 공포되어 부유층의 과소비 허례를 불법화했고, 직장과 학교에서는 군대식 구령에 맞추어 국민건강체조로 아침을 시작해야 했다. 학교와 기업을 포함하여 모든 기관

---

* 송호근, 『그들은 소리 내 울지 않는다』(서울: 도서출판 이와우, 2013), 7-8.
베이비부머는 1955-1963년 사이에 태어난 전후 세대로 전국에 약 715만 명이 존재한다. 이들을 가리켜 가교세대(bridging generation)라고 말한다. 두 가지 의미에서 그렇다. 첫째는 부모 세대와 자식 세대의 모든 부양 책임을 스스로 짊어지면서도 '농업 세대와 IT 세대' 사이의 다리를 놓았다는 것과 둘째는 근대와 현대 사이의 가교를 놓았다는 뜻에서이다.

에 훈육 담당 사복 군인이 배치되었다. 어딜 가나 큰 글자로 쓰인 증산, 수출, 건설 구호가 여행자와 행인들의 뇌리를 파고들었고, 어둡고 후미진 골목 담벼락 적힌 반공방첩이란 네 글자가 공산당에 대한 공포를 자아냈다. 고백하건데, 대학을 다녔던 필자도 그 시대가 한국 근현대사에서 어떤 의미가 있는지, 역사 발전이 어디쯤에 위치하는지를 잘 몰랐다"(190).

저자가 이 글에 담은 내용 중에 맨 마지막 말이 오롯이 필자에게 다가왔다. 그렇게 어둡고 침침하고 살벌했던 시기에는 그 절망이 무엇을 의미하는지에 대하여 무감각했다는 말이. 왜 일까? 아마도 소 팔고, 땅 팔고, 집 팔아 서울에서 대학을 다니는 아들이 한 명 성공하면 집안이 핀다는 부모님들의 기대감과 베이비부머의 한 사람으로 태어났기에 그런 것을 생각할 만큼 여유가 없었을 것이다. 오히려 수동적으로 이념과 사상과 민주화는 있는 자들의 탄식 정도로 치부하였기 때문은 아니었을까 싶다. 성석제가 『투명인간』에서 등장시킨 집안의 대들보 백수에게 기대를 걸었던 개운리 사람들처럼 말이다. 기실, 국가의 국민우둔화 정책은 정권 유지를 위한 금상첨화와 같은 미끼가 아닐 수 없다. 필자도 이 기막힌 정책에 노예로 살았던 우민이었다.

십일 칠 유신은 김유신과 같아서!

필자는 군사 독재 시절, 조국의 근대화를 위하여 일주일 두 번 분식을 먹는 것은 몸에 좋은 것이라는 말에 속아(?) 애꿎은 분식을 우겨 넣었다. 학교 점심시간에 보리를 첨가했는지 검사를 받으면서 나라에 애국하는 일은 잡곡을 섞어 먹는 일이라고 확신하여 더 많은 잡곡을 넣은 뒤에 나라 사랑에 자랑스러워했던 아이였다.

"십일 칠 유신은 김유신과 같아서 삼국통일 되듯이 남북 통일되지요."

소위 말하는 유신 찬양가를 목청껏 소리 높여 부르며 유신 헌법이 마치 대한민국의 최고의 법인 줄 알고 달려왔던 어찌 보면 참 순진했던 그러나 군사 독재 정권에 의해 무자비한 심리적 폭력을 당했던 아이였다. 그러나 이 모든 일들은 북한과 싸워 이기는 유일한 애국으로 여겼기에 개인의 인권 유린 정도야 얼마든지 감수할 수 있다고 생각한 충실한 국가관의 사람이었다. 이것이 어찌 필자만의 소회이리요! 설상가상으로 이 시대의 사람들은 사회학에서 소위 말하는 낀 세대의 부류이기도 하다. 저자는 글에서 자신이 포함된 베이비부머들의 나쁜 버릇을 이렇게 지적했다.

"부모에게 의지하지 않겠다고 하면서도 자식들에게는 다 해줘야 한다
는 무모한 의무감이 있다. 어찌 보면 주제넘은 욕심이다"(44).

낀 세대의 심리적, 정서적 비극이다. 필자는 이것을 나쁜 버릇이라고 지적했지만 필자도 주제넘은 욕심으로 살아왔고 또 앞으로도 그렇게 살 것 같다. 그래서 저자의 지적에 고개를 끄덕이지만 돌이키기는 어려울 것 같다. 어찌 보면 이미 학습된 자아관이 분명한 베이비부머들은 그것이 자기에게 주어진 운명이라는 족쇄를 스스로 차기를 자처하고 있는 것은 아닐까 하는 생각까지 든다.

목양터도 베이비부머들에게는

이제 저자의 이야기가 아닌 필자의 이야기로 잠시 넋두리를 해보자. 대한민국 현대사의 길목에서 가장 아픈 사건이 있었던 1980년에 그렇게도 원했던 영문학과에 입학했다. 영문학 교수가 되리라는 청운의 꿈을 안고 상아탑 입성에 성공했다. 그렇게 시작된 꿈에 부푼 대학 생활은 물안개처럼 곧 사라졌다. 4월이 되자 학교에서 명령이 떨어졌다. 학교에 나오지 말라는 것이다. 신군부의 정권 찬탈 시나리오의 서곡 때문이었다. 벌써 36년이 된 오래된 추억이지만 나는 분명히 기억한다. 4월부터 9월 초까지, 기대했던 대학 1학년의 낭만은 그렇게 빼앗겼던 것을. 그래도 필자의 아픔은 뒤돌아보면 애교 수준이었다. 그해 봄의 자락에, 남녘에서는 국민이 나라를 지키라고 낸 돈을 가지고 이 땅에 다시는 있어서는 안 되는 정치군인들이 총부리를 국민에게 겨누어 피비린내를 진동하게 했던 참극이 일어났던 것에 비하면 말이다. 베이비부머의 상징적인 존재였던 1961년생 필자의 청춘도 그렇게 시작이 우울했다. 그러나 이것은 베이비부머(1955-1963년생) 세대의 미래의 일상을 보여주는 서곡이라고나 할까. 치열한 입시 전쟁을 뚫고 대학 입성에 성공했지만 필자는 신군부독재의 암울한 시기를 눈으로 목격하면서도 아무것도 할 수 없는 무기력함에 잠잠함이라는 비겁함을 택하고 그렇게 젊은 날을 소비했다. 신앙이라는 테두리 안에서 나름 위로를 받던 필자는 주군과의 인격적인 만남을 경험한 뒤 신학대학교로 도피처를 옮겼다. 그러나 신학교에서조차도 돌을 던지며 데모를 하는 동기생들을 보면서 당시 극히 은혜로웠고(?) 보수적 관점을 갖고 있었던 필자는 적지 않은 실망감을 갖고 군으로 도피처를 삼았다. 그 곳에서 숨 쉴 시간을 가졌지만 그것도 잠깐, 군에서 제대를 한 뒤 신학대학교를 졸업하고 목회자로 거듭나 현장으로 파송되었을 때의 끔찍함은 지금도 소름이 끼칠 정도였다. 일반 사회보다 더 치명적인 갑을의 관계로 형성된 교회 구조가 그랬다. 인간이 최소한으로 갖추어야 할 최소한의 경제적 보장을 사명이라는 이름에 헌납하는 것이 당연한 일인 양 받아들이는 구조가 또 그랬다. 아니 어쩌면 그것이 하나님을 따르는 제자로서의 마땅한 도리라고 부축이며 사역하게 하는 현실도 무서웠다. 기실, 일련의 구조적 모순들은 신앙의 모습으로 포장되었지만 그것은 겉모습일 뿐 목회의 현장에서 생존과 싸워야 하는 현실 때문에 무너져 버린 목양의 거창한 삶이 베이비부머인 필자에게는 현장에서 제일 먼저 직면한 자괴감이었다. 베이비부머의 사람들은 세속이나, 성직의 일을 감당하는 목양터나 별반 다름이 없이 그렇게 무조건적인 헌신과 희생을 강요당하는 세월을 견뎌왔는데 유감스러운 것은 목양의 현장에서 그런 삶은 26년 전이나 지금이나 여전히 현재진행중이라는 점이다.

여기서 이러시면 안 됩니다

한국교회의 저명한 모 목회자가 사회관계망 서비스에 올린 글을 보면서 왠지 서글퍼졌다. 그는 한국교회의 건강한 교회상을 만드는데 혁혁한 공이 있다고 여론에서 인정하는 목회의 선배이다. 그가 SNS 상에 올린 글은 '본인이 섬기는 교회에는 정년 후, 원로 목사 제도가 없기에 사역을 마치고 나오는 교회에 부담을 주지 않기 위해 현직에 있는 동안 최대한의 저축을 하려고 한다'는 내용이다. 목사가 말년에 추해지는 이유는 욕심 때문이기에 그런 욕심을 사전에 방지하기 위함은 임기동안

할 수 있는 한 최대의 저축을 감당하여 교회에 누를 끼치지 않는 것이라고 역설했다. 필자는 그 선배가 한국교회에 미친 지대한 선한 영향력에 박수를 보내는 후배이다. 더불어 그 선배가 태동시킨 '바른교회아카데미'라는 한국교회에 바른 방향성을 제시하는 포럼의 태동 멤버이기도 하다. 이 말은 그 선배가 제시한 한국교회가 나아가야 할 방향성을 어느 정도 인정했다는 말이기도 하다. 그러나 그가 말한 목회자가 사역하는 동안에 최선을 다해 물질을 저축해야한다는 역설이 못내 안타깝고 씁쓸하다. 필자 역시 목회를 하는 어간, 별반 물질적인 어려움이 없는 안정된 사역지에서 일을 했던 목회자 중에 하나이다. 그러나 내가 그런 환경에서 목회를 하게 된 것은 소위 말하는 하나님의 은혜가 아니라 순전히 운(?)이 좋아서이다. 목회자가 이렇게 말하면 신령하지 못한 자가 되는 돌팔매질을 당해도 할 수 없다. 사실이니까. 한국교회의 상당수의 목회자들은 소위 말하는 성공한 대형교회의 목회자들보다 훨씬 더 뛰어난 영성, 지성, 감성들을 갖추고 있음에도 불구하고 단지 사회현상적인 체계로 인해, 혹은 자본주의의 아주 특정적인 상황에 의해 그냥 그렇게 어렵게 목회하며 생존을 걱정하고 있다. 그들은 원로 목사가 되어 교회에 부담을 주지 않기 위해 사역의 임기 중에 사례를 저축하여 노후를 준비해야 한다는 목회자의 일설이 다른 별의 이야기로 들릴 수 있는 아픔이 있는 동역자들이다. 그러기에 잘 나갔던(?) 선배의 말 한 마디에 그들은 또 다른 비수를 맞게 된 자들이다. 그들의 아픔을 싸매어주어도 시원치 않을 판인데 그들의 아물지 않은 상처에 소금을 뿌리는 듯한 언어 남발은 어떤 의미로 보면 무서운 폭력이다. 언어는 대중성이 있고, 선동적이라 더 조심해야 한다. 한 개그맨이 방송에서 퍼뜨린 유행어가 갑자기 생각났다.

"손님, 여기서 이러시면 안 됩니다."

갑자기 패러디를 하고 싶은 마음이 들었다.

"선배님, 여기서 이러시면 되겠습니까?"

몇 년 전, 한동대에서 언어학을 가르쳤던 언어학자인 윤상현 교수의 글을 읽고 메모해 둔 것이 있다.

> "나의 인식 너머, 나의 주관 바깥에 '없음'으로가 아니라 '있음'으로 엄연히 존재하는 객관의 실재들-내가 '있다'고 선언해서 존재하는 것이 아니라 먼저 '있음'으로 존재하고 그 존재를 인식한 개념이 '있다'라는 언어로 표상되는 것이지, 설혹 내가 인식의 끈을 놓쳐버려 그만 '없다'고 선언할지라도 그 존재는 나의 주관적 인식의 세계에서만 비존재일 뿐 사실은 엄연히 존재하는 소위 말하는 형이상학적인 객관성을 지니고 있다. 그러므로 실제적 진실은 이 객관성에 대한 인식과 닿아 있는 것이다."*

필자는 이 글을 읽으면서 어디에선가 읽었던 라인홀드 니버의 글감이 떠올랐다.

"단순한 도덕적 판단의 필연적 결과는 독선이다."

---

* 김준형 · 윤상현 공저, 『언어의 배반』 (서울: 뜨인돌, 2013), 212-213.

베이비부머들은 세속이나, 교회 영역이나 상처가 많은 세대이기에 어떤 의미로 보면 같은 동질성을 갖고 달려가야 하는 연대감이 더 필요한 위로가 절실한 세대이다. 그것은 잘 나가는 한 그룹에 의해서 초 뿌려져서는 안 되는 공생의 삶이어야 하지 않을까 싶다.

한 번 소리 내 울어보자

저자가 쓴 베이비부머들의 인생 보고서인『그들은 소리 내 울지 않는다』는 베이비부머들의 눈물 나는 보고서이다. 경우에 따라서는 피눈물도 보인다. 책의 말미에서 송 교수가 인용한 사이먼과 가펑클의 불후의 명작인 '험한 세상 다리가 되어'의 가사처럼 세대론적 측면에서 고령화된 부모들을 끝까지 책임져야 하며 자식들 부양 책임까지 고스란히 안고 있는 이 시대의 마지막 부류다. 우리 베이비부머들이 운명론적으로 그렇게 살 수 밖에 없는 처지의 장본인들로 남아 있다는 말이 왠지 극히 부담스러운 표현이지만 또 한편으로는 정감이 가는 것은 도대체 어떤 이유에서 일까? '노후 대비에 전혀 무방비인 우리 베이비부머들은 남은 시간을 어떻게 준비해야 할 것인가? 자기 인생이 아닌 떠밀려온 쥐어 짜이는 인생(squeezed life)을 산 우리 베이비부머들의 진정한 위로는 무엇인가?'를 한 번쯤은 피드백하고 싶다면 송 교수의 책을 읽으시라. 물론 또렷한 대안을 이 책에서 주지 못한다. 그러나 위로가 된다. 그러기에 섭렵해 보심이 어떨까? 나름 무거운 책이지만 읽고 나서 나는 개인적으로 위로를 받았기에 조금은 가벼워졌다. 물론 사람마다 느낌과 감흥은 다르겠지만 말이다. 저자는 지금이라도 독립하라고 하지만 독립선언이 우리 베이비부머들의 생리 속에 실제로 가능한 것인지는 물음표이다. 왜 그럴까? 아직 필자에게 9년이라는 정년이 남아 있기에 배짱을 부리는 것일까? 필자가 섬기는 교회의 정년은 65세이기에. 이렇게 억울한 줄 알았으면 얼마 전 태동한, 죽을 때까지 정년을 보장하고 있는 모 교단으로 들어갈 것 그랬나보다. 하지만 필자는 태생 자체가 거기와는 맞지 않아서 유감이다. 저자는 베이비부머들은 소리 내 울지 않았다고 갈파했는데 서평을 마무리하면서 반골기질이 살아난다.

소리 내 울어보자. 베이비부머들이여!

두 형제로 인해 전염된
지독한 열등감 바이러스 공포

김대식·김두식, 『공부 논쟁』(창비, 2014년)을 읽고

국민은 어떤 경우 참 단순하다. 대세를 따르기 때문이다. 국가권력은 대세를 잡으면 국민들을 통치하기가 그래서 쉽다. 아, 물론 근대사적인 시기에 그랬다는 것이다. 그런데 근래에도 이런 위상들은 있었다. 명비어천가!, 박비어천가! 등등이 증거이다. 역사는 성공한 자의 궤도로 가지 않고 언제나 바른 것을 향해 달려가는 데도 말이다. 이 일은 주후 4세기, 로마 제국에서도 있었다. 이렇게 말을 만들면 과유불급일까?

"콘스탄티우스 어천가!"

시오미 나나미는 콘스탄티우스의 기독교 공인에 대하여 오늘의 기독교인들이 추앙하는 바대로 콘스탄티우스 어천가의 심정으로 말하지 않는다. 도리어 상당히 냉정하고 싸늘하다. 그녀는 콘스탄티우스의 기독교공인의 불을 놓았던 밀라노 칙령을 해석하면서 이렇게 논평했다.

"밀라노 칙령을 한 번만 읽어보아도 분명히 알 수 있듯이 콘스탄티우스
가 기독교로 개종했다는 뜻을 밝힌 것은 결코 아니다. 또한 이 칙령으
로 기독교가 다른 종교에 비해 우대를 받게 된 것도 아니다. 로마 제국
에 사는 모든 사람들에게 완전한 종교의 자유를 인정하고 그것을 공표
한 칙령이었을 뿐이다."*

그도 그럴 것이 밀라노 칙령의 전문을 살피면 대략적인 내용에 사두
정치 체제에서 로마라는 대 제국을 통치하는 정제(政帝)가 기독교에 대
하여 호의적이었던 리키니우스와 콘스탄티우스라는 두 명으로 축약된
상태에서 두 사람이 정치적인 협치를 위해 내린 결단이 들어 있기 때문
이다. 이 점은 기독교인들이 콘스탄티우스 어천가를 부르는 것이 어찌
보면 경박한 일일 수 있다는 조심스러움이 내포되어 있는 근거이다. 필
자는 이 정도의 교회사적인 지식으로 기독교 공인의 총론을 알고 있다.
그러던 중, 너무 솔직하게 정통 기독교 교단이 가르치고 있는 콘스탄티
우스의 기독교 공인의 화두에 날카로운 돌을 던진 평신도를 우연히 책
에서 만났다.

"황제는 다만 제위를 향한 편의적 발판으로 교회 제단을 이용했을 뿐
이다."**

필자는 로마제국이 기독교를 국교화(國敎化)하는 대사건을 통해 이
일의 한복판에 서 있었던 콘스탄티우스 대제의 숨은 야망을 에둘러 비

---

* 시오미 나나미/김석희 옮김, 『로마인 이야기 13 (부제: 최후의 노력)』 (서울: 한길사,
  2012), 247.
** 김두식, 『교회 속의 세상, 세상 속의 교회』 (서울: 홍성사, 2010), 120.

판한 역사가 에드워드 기번의 이 이야기를 본인의 책에서 소개한 김두식 교수(경북대학교 법학 전문대학원 교수)를 만났다. 그가 쓴『교회 속의 세상, 세상 속의 교회』에서. 그는 이 한 가지 사실만으로도 역사의 주류적인 해석보다는 그 뒤에 감추어진 비주류적인 실상에 더 많은 관심을 갖고 있었던 학자라는 생각이 들었다. 그가 이렇게 성공한 자들의 역사관보다 바른 역사관에 따랐던 자들에게 천착하려는 시도는 필자인 내가 그에게 호감을 갖게 한 이유였다. 그래서 그랬나! 신학을 하지 않은 기독교 지성으로 필자의 영역에 대해서도 거침없는 비수를 던졌는데 놀라웠지만 왠지 통쾌했다.

> "'예수의 십자가'보다 더 중요한 것은 '십자가 위의 예수'이다. 특히나 예수와 분리된 십자가 그 자체는 아무런 의미가 없는 하나님의 형틀에 불과하다."*

이 책을 읽을 때까지만 해도 필자는 김두식 교수를 잘 몰랐다. 그럼에도 불구하고 책을 읽는 내내 평신도인 그가 알고 있는 놀라운 교회사적인 역사의식 그리고 교회 현장에서 금기시 되는 말을 포함하여 목사가 들어야 할 그리고 목사가 반드시 해야 할 말까지 거침없이 독설하는 것을 보면서 많은 도전과 긴장감을 가졌던 기억이 생생하다.

건강한 보수에 기뻐하다

이렇게 그의 글을 만나고 그에 대하여 관심을 가졌기에 가끔 온라인

---

* 위의 책, 125.

상에서 그가 쓴『불편해도 괜찮아』,『욕망해도 괜찮아』등등의 책들을 웹 서핑을 하는 가운데 만나면 주저하지 않고 구하여 읽기 시작했다. 그의 글을 섭렵하면서 어느 경우에는 아슬아슬한 경우도 없지 않아 있었지만 특별히 서평입네 하고 글을 쓰고 있는 나 같은 목사들이 경청해야 할 진보적인 도전들을 때때로 직간접적으로 공급받게 해주는 그에게 감사했다. 그러던 중, 그의 뜻밖의 책을 또 만났다. 그의 형인 서울대 물리학과 교수 김대식 박사와 함께 대화체 형식으로 나눈 글모음인 『공부 논쟁』이 바로 그 주인공이다. 이 책을 다 읽고 난 뒤에 책 말미에 항상 적어 놓는 글인 완독 사족을 필자는 이렇게 기록했다.

"처음으로 보수주의적 관점을 갖고 있는 학자에게 호감을 느꼈다. 근래 들어 상식 이하의 망발을 늘어놓는 '듣보잡'같은 비인격적인 골통 보수가 아닌 아주 상식적인 수준에서 그러나 상당히 날카로운 지성을 근거로 한 보수적 학자가 갖고 있는 나름대로의 분명한 철학적, 과학적 고집을 배웠다. 중요한 것은 그런데도 불쾌하지 않았다는 점이다. 이 일로 인하여 보수주의자들이 가지고 있는 편향된 스펙트럼도 나름 상당히 인정할 부분이 있다는 생각을 하게 된 좋은 시간을 보냈다. 더불어 공저자인 형제가 주고받는 분야별 지적 통찰력을 보수와 진보의 관점에서 공히 접함으로 오늘의 시대에 첨예한 사회적 이슈들에 대하여 균형 잡힌 시각을 배울 수 있어서 감사했다. 또 좋은 책 한 권을 내 것을 만들었다. 감사한 밤이다. 우리 교회 학생, 청년들에게 꼭 읽혀야지. 2014년 5월 26일 오후 10시 20분"

형 김대식 박사는 서울대 물리과를 졸업한 뒤에 미국으로 유학을 떠나 버클리에서 물리학 박사를 취득하고 지금은 모교인 서울대학교 물리학과 교수로 재직하면서 나노광학을 연구하는 전형적인 대한민국 엘리트 군에 속한 0.1% 부류이다. 누가 보더라도 그는 기득권자이다. 대한민국에서 최고로 인정받는 명예를 가진 자이다. 그 기득권의 맛이 있어서 그런가? 당연한 일인지는 모르겠지만 그는 보수적인 색채의 학자이다. 그는 책에서 대담의 상대이자 진보적 색채를 갖고 지금 현장에서 역동적으로 활동하는 동생이 속한 진보주의자들을 맹공한다. 그가 진보주의자들을 공격하고 있는 가장 중요한 이유는 진보주의자들이 양보하지 않는 엘리트주의 때문이다. 형 김대식 교수는 진보적 엘리트 주의자들이 가지고 있는 가난에 대한 지론 즉 가난에 대한 차별은 인종주의적 차별보다 더 악질적이라고 일갈한다. 이런 면에서 보수적인 그에게서 아이러니하게도 진보적인 냄새가 난다. 그는 동생인 김두식 교수가 대변하고 있는 진보주의자들에게 칼을 댄다.

> "강남에 사는 소위 말하는 강남 좌파들과 목동에 사는 진보 교수들은 행복주택 그리고 보금자리 주택이 자기들 지역에 들어온다고 하니까 침묵했잖아. 그런 님비, 차별 앞에서 침묵하는 그런 자들이 갖고 있는 진보 엘리트 의식주의자들 나는 그런 자들을 믿지 않아요. 그런 자들을 절대로 찍지 않아요"(20-21).

물론 필자는 반론을 제기할 수 있다. 이런 종류의 치사한 존재들을 선별한다면 보수주의자들은 트럭으로 실어 올 수 있다고 말이다. 그럼에도 불구하고 김대식 박사의 이런 포문에 대하여 필자는 나름 수긍했다. 이유는 진보적인 대열에 있는 자들 중에 이런 이율배반은 더 무거운 경종을 주는 일탈인 것이 분명하기 때문이다. 그는 지속해서 이렇게 비판을 가한다.

"진보가 가진 계몽주의적인 태도의 배후에 자리 잡고 있는 엘리트주의
가 있다"(25).

이에 반해 진보적인 지식인인 김두식 교수는 형의 발언에 대하여 이렇게 반론한다. 형이 보는 관점의 진보적인 사람들의 부정적인 면들을 이해하지 못하는 것은 아니지만 도리어 과거 독재 정권 하에서 이만한 민주적 구도를 만드는 데에 한 몫을 감당한 영역이 바로 진보주의자들이었다고. 이런 이유를 전제로 동생은 한 꼭짓점을 그리고 있다.

"정보의 왜곡이나 독점을 통해 더 위험한 상황이 만들어지고 있는데
그걸 지적하는 것은 지식인의 의무예요. 군사 독재 정권 시절부터 꾸준
히 이런 목소리를 내고 있는 분들이 있지요"(24).

이렇게 그들의 논쟁은 시작되었다. 형은 진보든 보수든 자기들의 색깔만이 옳다고 거품을 내뿜는 그런 사회 즉 획일화된 사회가 독재국가라는 생각에서 한 발도 뒤로 물러서지 않는다. 물론 그런 획일화의 고집은 진보적 사상을 갖고 있는 엘리트 집단이 더 견고함을 주장하면서 말이다. 필자는 이 부분에서는 듣는 것에 더 집중한 편이다. 천박해 보이지 않는 보수적 지성이 자기 목소리를 내는 것에 왠지 처음으로 희열을 느꼈기 때문이다.

기독교는 무식한 종교(?)

　형 김대식은 현직 서울대 물리학과 교수이다. 그는 설전(舌戰)에서 대한민국 이공계 교수들이 처해 있는 정치적인 조직과 구도에 대한 안타까움을 표한다. 예를 들자면 네이처나 사이언스 같은 세계적인 학술 논문집에 연구 논문을 발표하는 것이 정말로 중요한 학자들의 의무요 몫인데 학문적인 업적을 인정받기 위해 나의 집을 짓는 연구의 과제에 집중하는 것이 아니라 외국적인 인프라를 토대로 무언가 연구 결과를 만들려고 하는 자연과학자들의 학문적인 종속주의에 대하여 비판한다. 그러다 보니 황우석 사건과 같은 일들이 반복된다고 지적한다. 전적으로 동의한다. '지성적 종속'이라는 말을 들어본 적이 있는가? 필자는 목사다. 목사를 가리켜 세인들은 이성을 무시하는 반이성주의자들이라고 공격한다. 그들이 그렇게 공격한다고 하더라도 나는 그들의 공격에 동의할 수 없다. 목양의 현장에서 말씀과 부대끼며 살았던 26년 동안 신앙을 근거로 하여 이성을 무시한 적이 없었기 때문이다. 도리어 참된 기독교는 이성을 존중하는 종교임을 개인적으로 사유해 왔다. 언젠가 섬기는 교회에서 로마서를 강해할 때 12장을 연구하면서 벼락 치는 소리로 들었던 구절이 있었다. 바울은 기독교인들이 알아야 할 기본적인 교리 해석을 1-11장까지 내놓은 뒤, 그 교리를 중심으로 살아야 하는 현장 지침을 12-16장까지 발표했다. 그 시작을 알리는 12장 1절을 이렇게 기록했다.

"그러므로 형제들아 내가 하나님의 모든 자비하심으로 너희를 권하노니 너희 몸을 하나님이 기뻐하시는 거룩한 산 제물로 드리라 이는 너희가 드릴 영적 예배니라"

이 구절을 해석하기 위해 열람했던 스테파누스 헬라어 성경에서 '영적'이라는 단어를 보면서 소스라치게 놀랐던 기억이 생생하다. 'λογικὴν' (로기켄)이었다. 주지하다시피 이 단어의 원형 형용사 'λογικός' (로기코스)는 '이성과 관련된, 이성과 연관되어 있는, 이성적인'이라는 의미의 단어이다. 영어 성경 중에 현대인들이 많이 보는 웹스터 성경은 '영적 예배'를 'reasonable service'(합리적인 예배, 이성적인 예배)라고 번역했는데 무릎을 쳤다. 하나님 말씀의 현현인 로고스는 이성을 무시하지 않는다. 이성을 뛰어넘는 신비적 요소들은 종교적인 핵심이다. 이성을 뛰어넘는다는 의미는 이성을 무시한다는 개념이 아니다. 이런 일설을 필자의 주관성이 담보되어 있는 주장으로 독자들이 여기면 논쟁의 자리가 만들어지기에 이 대목은 이 정도로 마무리하지만 분명한 것은 기독교는 초월성을 합리적인 요소를 배제하는 수단으로 삼는 천박한 종교가 아니다. 신영복 선생의 담론을 읽다가 그가 말한 한 촌철살인을 가슴에 담았다.

"다른 사람의 의견을 승인하고 존중하는 정서를 키워야 한다. 그것이 바로 머리에서 가슴까지의 여행이다. 그 여행은 참으로 먼 여정이다."*

선생의 지성적 성찰을 만나면서 나에게는 이런 사유가 있었다.

'종교의 초월성은 가슴이다. 그런 그 가슴에 도착하는 데에는 반드시 이성이라는 머리로부터 출발한다.'

---

* 신영복, 『담론』(서울: 돌베개, 2015), 230.

목사가 추천한 책

필자는 이 책을 시무하는 교회 학생들에게 추천도서로 발표했다. 심지어 주일에는 장년들에게 먼저 책을 사서 읽고 자녀들에게 주라고 광고까지 했다. 그 이유가 3장에 있다. 두 형제가 어떻게 그렇게 공부를 잘 하는 수재들이 되었는가를 진술하게 적시하고 있기 때문이다. 결론을 말한다. 서울대학을 졸업한 형 대식은 머리가 나빴다. 본인은 이렇게 말한다. "동생도 알다시피 나는 머리가 아주 나쁘잖아요." 흔히들 학력고사 전체 수석한 사람들이 말하듯이 '교과서만 봤어요'라고 하며 놀리는 말이 아니다. 그는 분명히 말하고 있다. "반에서 20등이 꿈이었다"(86)고. 그랬던 그가 전국 수석을 할 정도 뛰어난 성적을 거둔 이유를 다음과 같이 에둘러 말한다. "공부를 해야 하겠다는 동기부여가 공부를 잘하게 한 일등공신이다"라고. 물론 그는 어려서 다양한 책을 접했다. 유명한 작가들의 책들은 전부 그리고 나중에는 읽을 책이 없어서 무협지와 심지어는 『김성주의 침실』이라는 성인 만화까지. 독서의 내공은 공부를 잘 하도록 만드는 길이다. 형이 말한 자기의 공부 인생을 요약하면 대체적으로 이렇게 말할 수 있다.

"악동으로 학교를 다니면서 반에서 가장 밑바닥도 해보고 1등도 해보았는데 전교 1등을 하려는 마음이 생기고 결국은 그렇게 1등이 되니까 모든 부분에서 용서가 되는 것을 알았지. 술을 먹어도, 담배를 피워도 선생님들이 용서를 해주고 만사가 오케이인 것을 알았지. 그런 호의를 경험하다보니 그것은 나의 방어기제가 되었고 그 분명한 동기(나쁘든 좋든 상관이 없음)로 넘사벽(넘을 수 없는 4차원의 세계: 다른 사람들이 넘을 수 없는 그냥 일등)의 수준에 이르니까 공부가 그렇게 된 거지"(97).

그렇다. 동기부여가 관건이다. 필자는 김대식 교수의 이 대목을 읽다가 두 가지 생각을 하게 되었다. 물론 전교 1등은 그냥 만들어지지 않는다. 본인의 입으로는 자신이 머리가 나쁘다고 했지만 분명 그는 이런 일반인들이 생각하는 정도의 수준을 뛰어넘는 지적인 능력이 있었다는 것을 전제한다. 그러나 그보다 더 중요한 것은 1등을 해 본 뒤 그 1등의 맛을 본 자로서 분명히 1등에 있어야 하는 동기부여를 자기에게 스스로 고취시켰다는 용기가 있었다는 것이 또 다른 그림으로 다가왔다. 사람에게 있어서 동기부여는 자기가 하는 일에 대한 승과 패를 가르는 최고의 요소이다. 그의 솔직한 추억의 고백 속에서 필자는 날마다 목회라는 하나님의 미션에 대한 동기부여를 하고 있는가? 곱씹는 순간을 가져보았다.

우리 것은 좋은 것이야!

두 형제는 책에서 또 하나의 도전을 필자에게 주었다. 왜 대한민국은 노벨상을 받지 못하고 있는 민족인가에 대한 접근이었다. 결론적으로 말한다. 외국 유학파가 장악한 대학가와 지성적 그룹이 한국적 지성의 그룹으로 변화되지 않는 한 이 비극은 계속될 것이라는 그들의 진단이다. 김대식 박사는 버클리 유학파 출신이다. 그럼에도 불구하고 그는 이 대목에서 열변을 토한다. 일본이라는 나라가 아시아권에서 가장 많은 노벨상 수상자가 나올 수 있었던 것은 국내 박사들 간의 동종교배 즉 풀어 말하면 일본적인 냄새가 나는 집요한 지성적 그룹들의 연합적인 노력의 결과라고 진단한 점을. 많은 것을 생각하게 한 대목이다.

"한국 사람이 노벨상을 받는 것이 중요한 것이 아닙니다. 정작 중요한 것은 한국 박사가 노벨상을 받는 것이에요"(133).

그럼에도 불구하고 나 같은 교수들은 물론, 하이클래스에 있는 직종의 사람들이 자녀들을 외국으로 보내 박사를 따게 하는 학문적인 사대적 근성으로 뭉쳐 있는 기러기 부모군(父母群)들이 산재해 있는 한 노벨상을 따는 것은 의미가 없는 것이라는 그의 갈파는 목사인 필자에게 무겁게 다가왔다. 왜? 독창성, 창의성 제로의 목회자군들이 많이 보이는 것은 부인하지 못하는 아픔이다. 설교 표절, 가짜 박사들이 제일 많은 직종이 목사라고 하는 데 무슨 말이 더 필요하겠는가? 주일 강단에 박사 가운을 입고 단 위에 올라가는 목사들을 보면서 3류 개그콘서트보다도 못한 천박함을 보이고 있는 한국교회의 자화상은 슬프다. 형제 저자는 사대주의적인 학문적인 종속을 기뻐하는 대한민국 대학의 현 상황을 하버드 대학교 한국 분교이고 또 교수들은 그 학교에 임용된 교수들이라고까지 비아냥댄다. 씁쓸한 마음 금할 길이 없는 비수다.

이 형제의 한국 교육에 대한 칼날은 책의 후반부로 갈수록 더 살벌하고 거침이 없어 보였다. 그동안 우리나라 사람들이 갖고 있는 꿈과 같은 신기루 중에 하나인 한 명이 만 명을 먹여 살 수 있다는 '장원급제 DNA'는 이제 척결되어야 한다고 논설한다. 대신 사회가 정말로 공부하는 국가적인 분위기로 가려면 '장인 DNA' 정신을 가진 자가 공부를 하도록 하는 분위가 되어야 함을 역설한다. 또 그런 자들이 배출되도록 하기 위해서는 특수한 계층을 돈과 자본주의적인 투자 방식으로 급도

하고 있는 특목고, 과학고 폐지에 대한 강력한 드라이버가 필요하다는 진단한다. 뜨거운 박수를 보내고 싶다. 특히 형은 특목고, 과학고에 입학한 아이들을 진심으로 염려한다. 수재로 만들고 싶어 보낸 그들이 일찍이 번-아웃되어 학계에서 혹은 지성계에서 사라지는 비극들을 너무 많이 보아 왔기 때문에 하루 빨리 이런 악한 제도는 반드시 척결되어야 한다는 역설은 공감하기에 충분하다. 우리 것을 포기한 학문과 방법론은 아무리 그것이 학문적 질이 높다하더라도 차용된 것이지 내 것이 아니라는 그들의 권고가 귀를 열게 한다. 이 형제는 때로는 첨예하게, 그러나 진보와 보수의 틀을 뛰어 넘어 같은 공감대로 특별히 공부와 관련된 영역에 대한 의견을 개진해 주었다. 둘은 우리 것을 찾기 위해 이런 대안을 제시한다. 창의성을 키우는 나라와 교육 그리고 제대로 공부하는 학교가 되기 위해 다음을 생각하자는 것이었다.

* 장원급제 DNA 틀에서 장인 DNA 틀로 패러다임 쉬프트를.
* 한국에서 박사 학위를 받은 사람이 노벨상에 도전하는 나라로.
* 과학고나 특목고 같은 편법적인 테두리 안에서의 교육이 아니라 더 평등한 제도 안에서의 우수한 인재를 양성하는 틀로(269-270).

두 사람의 대담은 우리 조국의 교육을 재조명해 주었다. 많은 것을 생각하고 성찰하는 시간이었다. 이들의 진단이 우리나라 교육에 진일보하는 도움으로 전진되기를 기대해 본다. 필자는 두 형제의 글을 통해 많은 도전을 받았다. 글을 읽으면서 한 번도 그런 적이 없었는데 지성적 보수주의자인 형 김대식 박사에게 더 많은 도전을 받으며 그를 진단하려고 노력했고 성찰했다. 결과, 많은 부문에서 이런 건강한 보수적 학자들이 많이 배출되어 나왔으면 좋겠다는 소회를 밝혀본다.

그러나 그럼에도 불구하고

그러나 그럼에도 불구하고 목사로 사역하는 필자는 신앙적인 사족을 건드리지 않을 수 없다. 목사라는 직업적인 모드로 말이다. 두 형제는 아버지가 장로인 가정에서 자라난 공통분모가 있는데 아쉽게도 과학자로 명성을 높이고 있는 형 김대식 교수는 신앙을 떠났다. 이런 일들은 자연과학에 입문한 자들이 선택하는 코스워크 같아서 내심 씁쓸하다. 설상가상으로 냉철한 이성적 판단과 건강한 보수적 지성을 가고 있는 형 김대식 교수가 신앙을 떠난 이유를 책에서 소개하는데 사실은 읽다가 순간 지성과 영성의 교집합을 아우르려고 노력해 왔던 필자는 약간의 코마 상태에 들어가는 느낌을 받았다. 재론하지만 이들 형제는 아버지가 장로였기에 어려서부터 교회에 다닌 전력의 소유자이다. 그런 형제가 신앙적 차원에서 서로 다른 각을 세운 것을 보면 신앙은 분명히 개인적인 영성에 의해 좌우되는 것임에 틀림이 없다고 생각하게 되었다. 아내를 따라 그냥 무늬만 교회를 나가는 무늬만 그리스도인이라고 스스로 말하는 김대식 교수가 이 책에서 본인이 무늬만 그리스도인이 된 이유를 다음과 같이 밝히고 있다.

"나는 내세가 없다고 본다. 왜냐하면 간단하다. 사자한테 쫓겨 도망가는 물소를 생각해 보세요. 물소는 내세가 없다는 것을 아는 거야. 죽으면 끝이라고 생각하니까 죽을 힘을 다해 도망가는 거야. 예외가 없어요. 그걸 보면 내세는 없는 거야. 동물적인 나한테는 그게 너무 단순하고 확실해. 남에게 강요하지는 않지만 나에게 확실한 거예요"(104).

그의 이 고백을 읽다가 만감이 교차했다. 우리나라 최고 학부를 졸업한 수재, 그리고 지금도 최고 학부에서 최첨단의 나노광학을 연구하는 학자가 내린 내세가 없다는 최종적인 결론이 너무 허무하다는 생각을 하게 했기 때문이다. 필자가 왜 허무한가? 그가 내세가 없다고 단적으로 확신한 것은 그가 그렇게 중요시 여기는 이성적인 판단이 아니라 물리학자가 가지고 있는 느낌과 그만이 가지고 있는 상상력 때문이라고 진단했기 때문이다. 이 글을 읽다가 C.S. 루이스가 쓴 걸작인『순전한 기독교』에서 읽은 글이 생각났다.

"우리가 일반적으로 나의 믿음을 무너뜨리는 것이 이성이라고 생각하는데 결코 그렇지 않습니다. 오히려 정반대로 내 믿음을 무너뜨리는 것은 저의 상상력과 감정입니다."*

필자로서 형에게 한 가지 묻고 싶은 것이 생겨났다. 왜 신앙의 내용이 이성적이지 않고 상상력을 동원한 산물인가를 말이다. 하나님을 그가 줄곧 주장해 왔던 이성적 평가가 아닌 상상력의 산물로 평가한다는 것이 얼마나 위험하고 무서운 일인가를 알았으면 좋겠다는 생각 말이다. 나의 감정의 느낌으로 하나님을 판단한다는 것이 또 다른 지성적 교만은 아닐까 싶어서. 서평을 마치면서 형에게 프랑스가 낳은 걸출한 기독교 지성인 자크 엘륄의 고언을 하나 전하고 싶다.

---

* C.S. 루이스,『순전한 기독교』(서울: 홍성사, 2010), 219.

"우리는 하나님의 섭리와 인간에게 요청되는 행동 사이의 관계를 인간은 독자적으로 자기에게 부과된 몫의 일을 하고 하나님께서는 나머지의 일을 행하신다고 믿어서는 안 된다. 실제로는 인간이 그리스도인으로서 해야 할 일을 행하고 하나님께서 그 일에 의미, 가치, 효과, 비중, 진리, 정의, 생명 등을 제공해 주심을 알아야 한다. 하나님께서 인간의 일을 그와 같이 가치 있는 것으로 만들어 주지 않으신다고 하더라도 인간의 일은 어느 정도 가치와 진리를 가지고 있다는 식으로 잘못 생각해서는 안 된다. 하나님께서 함께 하시지 않는 가치 있는 일이란 존재하지 않는다. 그것은 죽은 것이며 무의미한 것에 불과하다."*

이성마저도 하나님께 붙들리지 않을 때 상상력에 의존하는 것으로 하나님의 존재 유무를 판단하게 되는 유치함은 인간이라면 그 누구도 예외 없이 갖게 되며 그것은 인간이 천박해지는 지름길임을 필자는 믿기 때문이다. 책의 마지막 부분에서 형이 농담한다.

"엘비스 프레슬리의 사인은 지독한 변비였다고 한다. 나는 아직 그럴 염려는 없다"(286).

필자가 그에게 남기고 싶은 말이 있다. "우리들에게 있어서 최고로 무서운 변비는 영혼의 변비"라고.

그럼에도 불구하고 많은 것을 배우게 해주고, 느끼게 해주고, 시각을 넓혀준 형제에게 감사를 전하고 싶다.

---

* 자크 엘륄/이문장 옮김, 『세상 속의 그리스도인』(서울: 대장간, 2008), 120-121.

정답만을 말하는데 은혜가 안 되는 기적

혜민, 『멈추면 비로소 보이는 것들』(쌤앤파커스, 2012년)을 읽고

목사가 스님의 책을 읽는다는 것은 이전 같으면 감히 상상도 할 수 없었던 시대가 있었다. 일종의 불온서적을 읽는 것 같은 그런 느낌이라고 할까? 이런 고조선 시대를 지나 마음껏 불교 성직자의 글을 읽을 수 있어 행복하다. 고백할 것은 개인적으로 승려들의 책을 참 많이 본 것 같다. 서재 비치용이 아니라 숙독했던 승려들의 책들이 개인 서고에 많이 보인다. 불교의 경전은 개인적인 해석의 한계와 지식의 미천함으로 인해 갖고 있는 것이 전무하지만 소위 말하는 이판 승려들에 의해 해석된 류의 책들은 그런대로 많이 접했던 것 같다. 그중에 필자의 서재에 가장 많이 꽂혀 있는 것은 법정 스님의 책들이다.

아주 오래 전, 기억이 가물가물한 것을 보면 그렇다. 법정이 강의하는 모임에 슬쩍 참석했다. 강의 도중 그가 열거한 독서 편력 목록에 따른 책들을 소개받다가 해머로 머리를 맞은 것 같은 충격에 휩싸였던 기억이 생생하다. 그리고 그 기억의 편린(片鱗)은 나에게 새로운 시작을 알리는 경종이 되었다. 오기의 종소리 말이다. 오기라고 표현했지만 어찌 보면 객기 같은 것일 수도 있다. 불교의 성직자가 보았던 책에 대하

여 목사가 그것들을 섭렵하지 않으면 되겠는가 하는 불편한 객기 겸 오기 말이다. 그러다가 제일 먼저 책으로 만난 사람이 작가 류시화였다. 그가 편집한 '나는 왜 너가 아니고 나인가?'를 시작으로 헨리 데이빗 소로우, 말로 모건, 칼린디, 이반 일리히, 사티시 쿠마르 등등 열거하기조차 힘들 정도의 참 많은 거인들을 독서로 만났다. 이들을 책을 통해 만나면서 나름 상당히 편협했던 나의 스펙트럼의 틀에 감히 말하기를 혁명적인 굴절들이 일어났다. 약간은 당황스러웠지만 그래도 그 행복감을 어떻게 표현할 수 있겠는가? 그렇게 다른 심연으로 뛰어들었던 나의 독서 여행은 최고의 순간들이 되었고, 가장 행복한 풍요로움을 선물해주었다. 그래서 그랬던가! 불교 성직자들에 대한 불편한 시각이 바뀌게 된 것이.

스님으로 살기에는 아까운 핸섬 가이(?)

법정에 길들여져 있어서 그런지 혜민의 글을 맨 처음 접할 때, 기대와 더불어 조금 과장하면 흥분됨까지 있었다. 법정보다는 훨씬 더 많이 공부한 신 지식층의 승려였기 때문이다. 더불어 잘생기기까지. 그러나 결론부터 말한다면 약간의 실망을 하게 되었는데 이렇게 말하면 조금은 두렵다. 혜민의 팬들이 혹시나 모를 벌떼 공격을 할까봐. 노파심으로 말한다면 그렇지 않기를 바란다. 실은 이 글을 쓰고 있는 필자는 혜민의 글을 비평할 수 있는 능력의 소유자가 아니니까 비담(秘談)이라 생각하고 넓은 마음으로 헤아려 주기를 바란다. 『멈추면 비로소 보이는 것들』은 구구절절 척박한 오늘의 현실과 80만원 세대의 젊은이들, 그리고 경제적인 빈곤의 시대를 살고 있는 우리 현대인들을 위로할 수 있는 메시지로 가득 담겨 있음은 재론의 여지가 없다. 40대의 젊은 불교 성직자가 보고 있는 시대의 아픔에 대한 혜안과 나름의 치유책은 그저 부럽고 놀랍다. 그가 말하고 있는 요즈음 대세 단어인 힐링해 주고 카운슬링해 주는 내용은 귀담아 들을 것이 많이 있다. 다 열거할 수는 없지만 뜻 모를 바쁨에 함몰되어 있는 오늘의 사람들에게 쉬어가자는 권고, 깨어진 관계를 위해서 반드시 선행되어야할 용서의 미학, 그 무엇보다도 나를 소중히 여기고 존중하고 아끼는 자존감의 회복을 당부하는 대목에서는 비장함 마저 엿보인다. 특히 종교를 각설하는 마지막 장에서의 서로 간의 종교 존중은 가장 기본적인 예의임을 강조하는 것까지 버릴 것이 없는 금언과도 같은 교훈을 주고 있음에 실로 그의 통찰력이 부럽고 또 부러웠다. 책의 마지막 장인 8장의 '종교가 달라 힘들어 하는 그대를 위해'에서는 고민한 흔적이 보인다. 그 결과 그가 내놓은 글들은 목사인 필자에게도 참 따뜻하고 나름 위로가 되었다.

"만약 어떤 이가 자신의 종교를 하나만 알고 있다면 사실은 그 하나도 제대로 알지 못하는 것이다"(독일의 종교학자 막스 밀러, 260).

"기도는 기도하는 대상에게 '이거 주세요', '저거 주세요'로 시작해서 '감사합니다'로 전개하다가 '당신을 닮고 싶습니다'로 승화되어서 결국에는 언어를 넘어선 온전한 있음 그 자체가 됩니다"(271).
"홍정길 목사님께서는 '목회자는 설교할 때, 교인들뿐 아니라 목회자 자신을 향해서도 설교해야 한다'라고 말씀하셨는데 참 동감하는 말입니다"(276).

읽다가 어느 것 하나 버릴 것이 없는 금언과도 교훈들을 40대의 비교적 젊은 승려가 발언했다는 데에 존경과 감동을 받게 해 준다. 마치 캘빈이 '기독교 강요'를 쓴 나이가 28세였다는 기적처럼 젊은 그가 쓴 내용은 감정적이지 않고 가볍지 않다는 데에서 필자를 놀라게 했다. 더불어 그가 말한 대로 일반 사람들이 자기가 택한 종교를 통해 마음의 평강과 안위와 사랑을 실천할 수 있기를 책을 읽는 내내 간절히 기대하고 또 기대했다.

그런데 왜 은혜는 받지 못했지?

강조했다시피 글에 담긴 혜민의 고언들은 고갱이다. 씹을수록 연한 탓에 입에 녹는다. 소화도 잘 된다. 그래서 많은 독자들이 열광한 것 같다. 여기까지는 필자도 별로 고민이 없이 저자의 글로 행복했다. 그러나 판을 깨고 싶지 않아 침묵하는 것이 옳은가를 놓고 고민도 했지만 아무리 생각을 해도 할 말은 해야겠다. 개신교 목사로 살면서 그에게 열등감을 느꼈거나 시기심이 발동한 그런 천박함으로 그에게 시비를 거는 것이었다면 필자가 본 지면을 활용하여 그의 글을 서평까지 하겠는가? 개인적으로 그의 소박한 담론들을 만나면서 필자가 숨길 수 없었던 단면이 보여 독자들에게도 공개하면서 제 평이 일천하다면 도움도 요청하고 싶고 또 이것이 바로 저자의 글을 독서한 후 소회를 밝히는 것이기에 용기를 내보고자 한다. 그의 글을 읽어 내려가면서 충분히 공감하고 이해하고 동의하는 면이 있었기에 상당 부분 감동은 되었지만 필자는 은혜를 받지는 못했다. 신학교 선배인 정용섭 목사가 기라성과 같은 한국 대형교회의 목사들의 설교를 비평하는 책에서 이동원 목사를 분석했다. 그의 설교를 모범적인 설교학의 모델과도 같은 뛰어난 교과서적 설교라고 꽤 수준 높게 평가하면서도 결정적으로 그의 설교에 은혜를 받지 못했다고 평가했던 바로 그 느낌을 필자도 혜민의 글에서 받았다. 왜 이런 느낌이 들었을까? 단순히 목사와 승려라는 건널 수 없는 갭 때문일까? 단순히 그렇게만 말하기도 불편하다. 아니 정답이 아니라는 것이 더 솔직한 표현이다. 왜냐하면 승려 혜민과 필자는 어느한 부분에서 결코 같이 갈 수 없는 차이가 있음을 발견했기 때문이다. 그것은 행복을 추구하는 방법과 불교적 용어를 빌려 설명하자면 수행의 한 과정에서 치명적인 다름이었다. 저자는 이렇게 책에서 갈파한다.

"그 누구에게도 내 인생의 결정권을 주지 마십시오. 내가 내 삶의 주인입니다. 부처님도, 예수님도, 그 어떤 성스런 스승이라도 '나 자신'부터있었기 때문에 그분들의 성스러움도 존재하는 것입니다. 누구보다도나를 더 사랑하십시오"(121).

한 발 더 나아가 그는 앞서 이렇게 쐐기를 박는 듯한 어조로 다음과같이 강조했다.

"어른들 가운데도 자기 스스로 결정하기보다 다른 누구에게 의지해서다 결정해 주었으면 하는 어린아이 같은 마음을 가진 이들이 많습니다.그래서 세상에는 그 마음을 이용하는 그릇된 종교인들이 득세하는 것입니다"(120).

정말로 그런가? 단도직입적으로 말한다. 필자는 나를 사랑할 수는 있지만 그렇다고 나를 믿는 것은 아니다. 또 나를 믿는다고 행복해지지도 않는다. 그러하기에 나를 믿고 나를 존경한다고 해서 내가 치유되는 것은 더욱 더 아니다. 왜 그럴까? 나의 고백은 혜민보다는 어거스틴의 고백에 더 가깝기 때문이다.

> "우리는 오로지 당신을 위해 지음을 받았나니 우리의 영혼은 당신 안에서 쉼을 얻기까지 평안을 모릅니다."*

나의 자아에 나를 자꾸만 대입시키면 나는 절망한다. 단 어느 한 구석이라도 진정성을 갖고 나를 만족하는 영역이 없기 때문이다. 왜? 나는 철저한 죄인이기 때문이다. 그냥 입으로 하는 목사의 상투적인 립 서비스가 결코 아니다. 그래서 필자는 혜민이 말하고 있는 이 대목을 받아들일 수가 없다.

> "내 삶의 주인은 바로 나입니다. 그 누구에게도 내 인생의 결정권을 주지 마세요."

너무 착하지 않았나? 나에게는 지독하리만큼

혜민은 본인이 주장한 이 자기 철학을 포기하지 않았다. 그가 이어 출간한 『완벽하지 않은 것들에 대한 사랑』이라는 책의 전반부에서 이번에는 이렇게 역설했다.

---

* 어거스틴/조은화 옮김, 『참회록』(서울: 생명의 말씀사, 2009), 22.

"다른 사람보다 본인에게 먼저 착한 사람이 되세요. (중략) 비행기를 타면 비상시 산소 호흡기를 먼저 보호자가 낀 다음에 아이한테 주라고 합니다. 마찬가지 나를 돌보는 것은 결코 이기적인 행동이 아니에요. 내가 행복해야 내 주변 사람도 행복하게 할 수 있으니까요."*

　혜민이 이렇게 말한 의도에 대하여 목사인 필자는 작금의 현실적인 대한민국의 기상도를 적용해 볼 때 십분 공감한다. 자존감이 떨어진 대한민국, 아무리 노력을 하고 열심히 살아도 서울에서 내 집을 마련하는 것이 불가능한 대한민국, 아무리 정직하게 살고 착하게 살아도 그 결과 나만 바보가 되는 대한민국, 여기에 살고 있는 현대인들의 심리적 박탈감을 아는 지적인 능력이 탁월한 현직 승려의 이 위로는 대한민국의 을 (乙)에 속한 자들을 당연히 열광시키고 있다. 그래서 그가 역설하고 있는 자아를 잃어버린 현대인들을 향한 격려는 너무나도 자연스러운 수순이 아닌가 싶다. 이런 기막히고 숨 막히는 현실에서 착하게만 살지 말고 자신을 돌보며, 자신을 배려하며, 자신을 인정하며 살라는 말이 얼마나 큰 위로가 되겠는가? 그러나 아무리 그가 그렇게 역설했어도, 심리적 박탈감에 노를 발하고 있는 많은 현대인들이 그의 한 마디에 열광하고 있어도 그의 따뜻한 격려 메시지에 필자는 마음이 움직이지를 않는다. 3년 전, 저자가 쓴 본 글이나, 2016년에 발간된 후자의 책이나 매일반이다. 왜 이런 생각이 그의 글에서 느껴질까? 바로 이 문제제기 때문이다. '우리가 정말로 지금까지 나를 사랑하지 않아서 이런 절망적인 상태에 도달한 것일까'라는 문제 제기 말이다. 우리가 지금까지 나를 사랑하는 것을 제쳐두고 이타적인 삶을 살았기에 항상 나는 피해를 당

---

* 혜민, 『완벽하지 않은 것들에 대한 사랑』(서울: 수오서재, 2016), 19-25

하고 왕따를 당하는 손해를 보았는가의 문제 제기 말이다. 저자는 너무 착하게만 살지 말라고 역설했는데 필자가 묻고 싶은 것은 우리는 정말로 착하게만 살았는가 하는 것이다. 나는 정작 나를 돌보지 않고 남을 먼저 생각하는 삶을 살았는가 하는 것이다. 리젠트 칼리지의 찰스 링마교수는 자신의 『자크 엘륄 묵상집』에서 엘륄이 말했던 촌철살인을 소개하고 있는데 눈에 띄는 것이 있어 소개한다.

> "인간은 자신의 힘만으로는 선을 행할 수 없다고 말할 때 이는 인간이 하나님이 없이는 하나님의 뜻을 행할 수 없다는 의미이다."[*]

필자는 찰스 링마가 소개한 엘륄의 이 말에 무거운 책임감을 느낀다. 왜냐하면 기막힌 속내를 보았기 때문이다. 필자에게 너무 근본주의적으로 고루한 고집이 자리 잡고 있어서 그런지 나는 나를 사랑하는 것조차도 하나님이 없이는 불가능하다고 믿고 있다. 그렇다면 하나님의 부재 중에 내가 착하게 살았다는 것은 극단적으로 고찰하면 건방짐이 아닐까? 하나님 부재의 의식으로 어떻게 나를 착한 나로 만들 수 있단 말일까? 어불성설이다. 그렇다면 결론이 자명하다. 나는 착하게 살려고 했던 것이 아니라 이미 착한 존재라고 착각하며 살아왔다는 것 말이다. 이것처럼 무서운 자기 도발이 또 어디에 있는가? 그런데도 저자는 자신에게 착해지자고 강제한다. 그래서 갑자기 그의 언변에 소름이 끼쳐지는 두려움이 번진다.

---

[*] 찰스 링마/윤매영 옮김, 『행동하는 신앙인을 위한 자끄 엘륄 묵상집』 (서울: 조이선교회, 2009), 365.

어거스틴으로 돌아갈 수만 있다면

인간이 하나님 없이 자기를 스스로 통제할 수 있는 능력이 있을까? 단언하지만 인간이 인간 스스로를 통제할 수 있는 능력이 없다. 20세기 최고의 기독교 변증론자인 C.S. 루이스는 이탈리아의 조반니 칼라브리아 신부에게 보낸 편지에 이런 본인의 신앙 고백을 담았다.

> "오랫동안 저는 죄 용서를 믿는다고 생각했습니다. 그러나 갑자기(성마가 축일에) 죄 용서의 진리가 제 마음에 너무 밝게 나타나면서 이전에는 (그렇게 많은 고해를 하고 사면 선언을 받았으면서도) 용서를 전심으로 믿은 적이 없다는 것을 깨달았습니다. 골수에 사무쳐 손에 잡힐 듯한, 사도가 실상이라고 불렀던 믿음과 지성의 단순한 승인은 정말로 너무 다릅니다."[*]

옥스퍼드 대학 출신의 최고의 지성이 하나님께로 돌아오게 된 결정적인 동기 중에 하나는 '나'라는 존재가 영적인 면에 있어서 아무 것도 할 수 있는 것이 없는 무능력한 존재라는 사실을 깨달았기 때문이라는 것과 자신이 가지고 있었던 지성적인 믿음이 사도들이 가지고 있었던 믿음과는 너무나도 다르다는 것을 인정하면서 '나'라는 존재의 불완전성을 깨달았다는 것이다. 그것을 진솔하게 고백한 이 대목에서 필자는 루이스의 진정성 있는 용기에 박수를 보냈던 기억이 있다. 혜민은 주옥같은 아름답고 따뜻한 글로 지쳐 있는 현대인들에게 힐링 메시지를 선포했다. 노파심이다. 그의 말로 많은 사람들이 용기를 얻기를 기대한

---

[*] C.S. 루이스/홍종락 옮김, 『당신의 벗 루이스』(서울: 홍성사, 2013), 317.

다. 그러나 필자는 법정이 가지고 있었던 불교적인 영성에 도리어 존경을 표했던 추억이 있어서 그런지 저자에게 또 한 번 그런 기대감을 가졌던 것을 후회했다. 필자는 서평을 끝내며 어거스틴을 다시 음미한다.

"우리는 오로지 당신을 위해 지음을 받았나니 우리의 영혼은 당신 안에서 쉼을 얻기까지 평안을 모릅니다."

나는 내 영혼이 주 안에서 쉼을 얻고 싶다. 잠깐, 『멈추면 비로소 보이는 것들』은 그럼에도 불구하고 기독교적인 분별력을 갖고 읽으면 기독교인으로서 많은 것을 생각하게 하고 공부하도록 도전하게 하는 좋은 책임에는 틀림이 없다. 마음의 합장을 혜민에게 보낸다.

사람만이 희망이라는 명제에 동의하고 반항하기

박노해, 『사람만이 희망이다』(느린걸음, 2015년)를 읽고

오래 전, 감리교 신학대학 교수를 역임한 김득중 교수의 칼럼집인 『무엇이 삶을 아름답게 하는가』에서 이런 글을 읽은 적이 있다. 제2차 세계대전 시기에 프랑스의 아주 한적한 농촌에서 평범한 삶을 살던 농부가 레지스탕스로 오해되어 독일의 비밀경찰에 체포되는 바람에 졸지에 형장의 이슬로 사라지게 되는 신세가 되었다. 너무 억울한 농부는 이렇게 절규했다.

"나는 아무 것도 하지 않았다. 나는 유대인이 아니다. 나는 레지스탕스가 아니다. 그런데 왜 내가 이렇게 억울하게 죽임을 당해야 한단 말인가?"[*]

그러자 옆에서 같이 체포된 진짜 레지스탕스 요원이 농부를 보며 냉소적으로 이렇게 힐난했다.

---

[*] 김득중, 『무엇이 삶을 아름답게 하는가』 (서울: 삼민사, 1991), 51.

"당신이 아무 것도 하지 않았다는 것, 그것이 잘못이다. 당신이 아무 것도 하지 않았다는 그것만으로도 당신은 죽어 마땅하다. 전쟁은 5년이나 계속되었다. 수백만 명의 사람들이 무참하게 피를 흘렸고 수많은 도시들이 파괴되어 버렸다. 조국과 민족이 멸망 직전에 놓여 있었다. 그런데 당신은 도대체 왜 아무 일도 하지 않았단 말인가?"*

필자는 박노해 시인의 '사람만이 희망이다'라는 글을 읽다가 갑자기 까마득하게 오래 전에 읽었던 김 교수의 이 글이 떠올랐다.

'아무 것도 안 한 죄'

가만히 생각해 보면 이것보다 더 무서운 죄가 어디에 있으랴! 어느 날, 성서 독서 일과로 오바댜를 읽다가 뇌성처럼 들렸던 말씀이 있었다.

"네가 네 형제 야곱에게 행한 포학으로 말미암아 부끄러움을 당하고 영원히 멸절되리라 네가 멀리 섰던 날 곧 이방인이 그의 재물을 빼앗아 가며 외국인이 그의 성문에 들어가서 예루살렘을 얻기 위하여 제비 뽑던 날에 너도 그들 중 한 사람 같았느니라"(오바댜 1:10-11).

형제의 나라가 이방의 손에 의해 망해가는 데 뒷짐 지고 방관하며 아무 것도 하지 않은 그 무관심의 죄를 반드시 다시 되 갚을 것이라는 말씀을 묵상하면서 방관의 죄, 무관심의 죄를 무겁게 보시는 하나님의 마음을 살폈던 기억이 있다.

---

* 위의 글, 52.

변화가 아닌 변질이 두렵다

저자는 80-90년 시대에 순결한 열정을 갖고 함께 나라를 위해 고민했던 동지들이 있었기에 행복했다고 술회한다. 허나 유럽 공산주의의 붕괴 이후 이 땅에서 펼쳐진 작금의 변질과 무관심이 저자를 괴롭히고 고독하게 한다고 고백한다. 이 고백은 고백이라기보다 막혀 있는 담과 같은 현실적 절망이기에 더욱 저자는 탄식한다. 함께했던 동지들은 그때나 지금이나 따뜻한 사람들이다. 그들은 마음에 아직도 첫 마음의 열정이 있다. 그러나 저자가 고독한 이유는 동지들의 현재적 삶이 그들을 행동하지 않게 한다는 이율배반에 젖어 있음을 보아야 한다는 이유 때문임을 강하게 시사한다.

"친구들은 여전히 따뜻하게 날 반기지만 변함없이 첫 마음을 힘주어 말하지만 삶이 없습니다. 평등의 삶이 없습니다"(248).

4.19세대들이 그랬다. 386세대들이 그 뒤를 이었다. 민주화 세대의 넥타이 부대가 또 그랬다. 본인들의 기득권들이 많아지자 수구적으로 변하는 행태들이 초록이 동색이다. 동지들은 이제 역사 앞에서 행한 것이 아무 것도 없는 부끄러운 초상이 되었는데도 요동하지 않는다. 한때 같이 울고 웃었고 조국의 민주화를 위해 띠를 띠었던 자들이 이제는 민주화를 말하면 얼굴색이 붉어진다. 시대가 많이 변했다는 것을 빌미로 같이 피를 많이 흘렸음에도 이제는 그런 역사의식을 말하면 불순한 자로 색안경을 끼고 보는 자들로 변질되었다. 4대강을 비토하면 좌익이다. 세월호 이야기를 건네면 경계의 눈초리가 무섭다. 사정이 이렇기

에 저자인 박노해를 인용하고 그를 서평하고 그를 인정하면 영락없이 독약을 먹는 것과 진배없다. 시대가 바뀌었어도, SNS에서 현직 대통령을 자유롭게 비판하는 시대가 되었어도, 저자는 지금도 평범한(필자 이렇게 말하는 것은 순전히 오늘의 삶에 나 또한 길들여져 있기 때문이다) 사람들에게는 불온의 씨앗을 갖고 있는 사람으로 인식되기에 접근하기가 녹록하지 않은 인물로 낙점되어 있다. 특히 필자 같은 목사가 박노해를 논하면 사상이 불온한 왼쪽으로 완전히 기울어 버린 삐딱한 목사로 도배질 당하는 그런 말도 안 되는 논리가 지금도 있다. 저자는 전라도 출신이다. 그래서 그런지 전라도 출신인 저자가 이 책에서 말한 담백한 고백의 아픔이 필자를 울게 한다.

> "우리 사회에서 전라도 출신이라는 건 상공업 중심지가 아닌 농촌 출신이라는 뜻이 아닙니다. 서울의 반대말이 아닌 것입니다. 불온하다는 뜻입니다. 뭔가 한이 맺히고 천민적이고 저항의 피가 흐르고 있어 그 앞에선 학력도 능력도 인품도 소용없는 차별대우의 상징, 연변이나 북한 동포처럼 내부 식민지 출신이라는 것입니다"(122-123).

이렇게 아픔을 토로하고 있는 그의 술회가 인천 출신인 필자에게 왜 절절하게 다가올까? 이유는 실상이 저자의 지적이 맞기 때문이 아닐까 싶다. 이렇게 불온한 사람, 그리고 전라도 사람인 저자의 글을 필자는 읽으면서 너무 행복했다. 왜? 사람들이 아직도 접근하기가 쉽지 않아하는 저자의 글을 읽으면서 세상의 그 어떤 시인들의 시와는 분명히 차별된 '사람답게 살기'에 대한 따뜻한 몸부림이 보여 귀하고 또 귀하게 느껴졌기 때문이다. 이번에 접한 『사람만이 희망이다』에서 받은 감동이 그래서 더욱 크다. 그가 글에서 노래한 감동의 자국들은 너무나 잔잔하고 격이 높다.

"역사는 무서운 것입니다. 당신의 사정이 어떠하든 역사는 우리의 죽음 이후까지를 시퍼렇게 기록합니다. 오늘 현실의 승리자가 되었다고 함부로 살지 마십시오. 오늘 현실의 패배자가 되었다고 함부로 걷지 마십시오. 역사는 무서운 것입니다. 우리가 앞으로 어떻게 살다가 죽는가가 더 중요합니다. 처음이 나중을 결정하는 것이 아니라 나중이 처음을 결정한다는 것을 잊지 마십시오"(136-137).

신학교 선배 중에 한 명이 1980년 신군부 독재의 정권 찬탈 시나리오가 척척 맞아떨어져 가는 캄캄함의 시대에 당시 국보위 비상대책위원회의 위원장을 위한 조찬기도회에 참석하여 그를 지극히 높여 찬양하는 기도를 드렸다. 역사는 당시, 그를 무엇이라고 평하지 않았다. 허나 역사는 무서운 것이라는 저자의 일갈은 적확했다. 문민정부가 들어서면서 성공한 쿠데타의 서슬이 시퍼렇던 그들을 단죄하자 당시 그 조찬기도회에 참석한 기라성과도 같은 선배들이 비난의 몰매를 맞아 일부는 참회한다는 성명서를 궁색하게 내놓는 해프닝도 있었다. 1980년에 읽으면 남영동으로 잡혀 들어갔던 불온서적의 저자인 E.H 카는 이렇게 갈파했다.

"모든 사실이 역사적 사실인 것은 아니다. 역사적 사실과 비역사적 사실 사이의 구별이 엄격하지 않기 때문이다. 그러나 어떠한 사실이라도 그것의 적절성과 중요성이 밝혀지면 역사적 사실의 지위로 승진할 수 있다.'"

조찬기도회가 열릴 때 그 장소와 그 시간에 있었던 자들은 승자들의 독식구조 속에 환희의 노래를 부르는 자들이었기에 그것이 주류 역사가 될 것이라고 교만에 젖어 있었을 것이 자명하다. 그러나 불과 30년도 안 되는 시간의 역사는 그때의 역사는 비역사적인 허구였고, 당시 비역사적 허구로 주류의 사람들에 의해 비토 되었던 사실들이 역사의 진실이라고 부각시키고 도리어 역사적 주류의 이야깃거리들이 되게 하였다. 그렇다. 그래서 역사는 무서운 것이라는 저자의 말에 동의한다. 오늘의 승리자가 되었다고 함부로 살지 말라는 저자의 경고를 필자는 가슴에 담았다. 이렇게 역사는 역전된다는 것을 시인 고은은 너무 잘 알고 있었기에 역사의 역전을 이렇게 한 줄로 노래했다.

"지난여름 탱크가 지나간 자리에 올가을 구절초가 피어났네."*

고난을 싫어하는 교회

필자가 이 땅에서 26년 동안 목사로 살면서 느껴왔던 진실한 사람으로 살아가는 정수는 신학대학에서 배운 교리와 신학이 아니라 삶의 현장에서 배운 것이 있다. 역사 앞에서 정직해야 한다는 것이었다. 나의 주군인 예수께서 그렇게 사셨기 때문이다. 근래 한국교회의 미래를 바라보면 역사 앞에서 정직하지 못했던 그 대가를 받는 것 같아 아프고 시리다. 더욱 더 아픈 것은 아직도 한국교회가 역사 앞에서 솔직하지 못한 삶을 인정하지 않고 있다는 점이다. 필자는 교회를 사랑한다. 왜

---

* E.H. 카/김택현 옮김, 『역사란 무엇인가』 (서울: 까치, 2014), 156.
* 고은, 『순간의 꽃』 (서울: 문학동네, 2014), 99.

냐하면 교회를 통한 하나님의 공의가 이루어지는 것만이 진정한 공의의 실천이라고 믿기 때문이다. 그래서 세속적 성공과 패배에 대한 호불호를 평가하는 일들을 하지 않으려고 몸부림치는 편이다. 그 평가는 참으로 헛헛한 것이기 때문이다. 그래서 오히려 고난을 느끼는 교회로 사역의 장을 만들어가려고 나름 노력한다. 이런 점에서 이 땅에 존재하는 가시적 교회에 대하여 참으로 부정적인 시각을 갖고 있는 저자가 다음과 같이 말한 것은 영적으로 일맥상통이지 않을까 싶다.

"고난은 싸워 이기라고 주어진 것이 아닙니다. 역경은 딛고 일어서라고 있는 것이 아닙니다. 좌절은 뛰어넘으라고 던져진 것이 아닙니다. 맑은 눈을 뜨라고!"(141)

적어도 저자의 갈파처럼 교회가 맑아지는 방법은 고난을 두려워하는 것이 아니라 그리스도의 남은 고난에 동참하는 것이 아닐까 싶다. 가시적 교회를 짓는데 목숨을 거는 것이 아니라 그리스도께서 이 땅에서 당하신 고난의 참된 의미를 깨닫고 동참할 때만 교회의 교회다움을 실현할 수 있지 않을까 싶어 저자의 말에 동의했다. 저자는 목사로 사는 나를 또 한 번 부끄럽게 한다. 불교가 이 땅에서 성성한 이유는 청정수행하는 출가승들이 살아있기 때문이라고 갈파한 대목에서 머리를 숙였다. 정답이기 때문이다. 교권을 위해 각목을 휘두르는 사판승들이나 불교적 영성을 돈벌이 수단으로 전락시킨 치졸한 사이비 중들이 아닌 오직 삶의 근본 목적인 영적 진보를 위해 투신하고 있는 눈 푸른 스님들이 있기 때문이라고 설파한 저자의 대목에서 나는 부끄러웠다. 이 땅의 목사로 살아간다는 것은 주군이신 예수 그리스도께서 먼저 행하신 자기

부인을 나도 감당하겠다는 발걸음이었는데 날이 갈수록 달이 갈수록 자기부인의 사역에 대해 두터워진 나의 목양의 무감각이 부끄럽다. 저자는 감각이 무뎌지고 있는 필자를 가르쳐준 반면교사의 선생이다. 그가 나를 가르쳐 준다는 한 가지 사실만으로도 나는 느린걸음 출판사에 그리고 저자에게 감사하지 않을 수 없다.

삽질은 이제 제발 그만!

저자는 평화, 생태, 환경, 평등 등등의 단어에 천착한다. 특히 사회주의 붕괴 이후에 이 스펙트럼에 초점을 맞춘 것은 또 다른 진보가 아닌가 싶다.

"문맹은 동정 받아야 마땅하고 컴맹은 도움 받아 마땅하나 환맹(環盲)은 지탄받아 마땅합니다"(227 용서받지 못한 자).

필자는 정치적인 면에서 내가 동의하는 정당을 지지할 권리가 있는 대한민국 국민이다. 하지만 나는 이 땅에서 성직의 일을 감당하는 목사이기에 정치적인 발언과 성향을 밝히지 않는다. 그것은 여러 회중들을 대하는 자로서 예의라고 믿기 때문이다. 아무리 그래도 4대강 사업은 너무나 화가 난다. 이유도 정치적인 측면이 아니라 하나님의 창조 질서 그대로를 온전히 파괴한 가공할만한 범죄를 저지른 것이라고 믿기 때문이다. 환맹은 그래서 지탄 받아야 한다. 저자는 환맹을 이렇게 진단한다.

"인간의 토대를 파괴하는 자, 아이들의 미래를 훔쳐다 쓰는 자, 오늘을 풍요롭고 편리하게 살기 위해 자신이 딛고 선 발밑을 허무는 자는 결코 용서 받지 못할 자입니다"(227).

전 국토를 콘크리트로 만든 죄로 인해 망가진 산하를 후대의 후손들에게 물려줄 것을 생각하면 머리를 들 수 없다. 도대체 그들에게는 뇌가 있는 것일까? 원론적으로 동의한다. 이 땅에서 이제는 삽질 소리는 끝났으면 좋겠다. 각종 보 공사로 썩은 물이 된 4대 강물이 다시 세차게 금수강산을 굽이굽이 흘렀으면 좋겠다. 저자는 이 책의 제목을 『사람만이 희망이다』라고 했다. 그의 논제는 이렇다.

"희망찬 사람은 희망이다. 길 찾는 사람은 그 자신이 새 길이다. 참 좋은 사람은 그 자신이 이미 좋은 세상이다. 사람 속에 들어 있다. 사람에서 시작된다. 다시 사람만이 희망이다"(63)

저자의 총론을 지지한다. 서평을 마치며 목사이기에 그의 각론에 딴지를 하나 걸려고 하니 이해를 바란다. 그는 사람만이 희망이라고 했다. 그가 말하는 본질적인 의미를 필자도 알기에 동의한다. 그런데 한 가지, 저자가 별로 신뢰하지 않아 하는 부류인 목사로 살고 있는 필자가 저자에게 질문하고 싶은 것이 있다. 진정성을 담아서 말이다. 인간은 홀로 길을 찾을 수 있을까? 길을 찾을 수 없다면 그 사람이 희망이 될 수 있는 것일까? 이것을 질문하는 삶을 지난 26년 동안 살다보니 저자와는 생각이 다른 방향성이 필자에게 각인되어 있다. 어떻게? 사람만이 희망이 아니라 예수만이 희망이라고. 직업의식의 자존감으로 치부해도 괜찮다. 필자는 정말로 이 한 가지 사실에서는 물러설 수 없기에. 그래서 필자는 저자와는 달리 예수께 속해 있다. 또한 이것이 나의 삶의 이유이기도 하다. 엔도 슈사쿠가 쓴 『깊은 강』에서 주인공 오쓰가 고백한 고백의 외침이 절절한 늦은 저녁 시간이다.

"나는 예수를 떠날 수 없습니다. 그가 나를 붙들고 있기 때문입니다."[*]

---

[*] 엔도 슈사쿠/유숙자 옮김, 『깊은 강』 (서울: 민음사, 2014), 287.

세 번 웃기 위해 두 번 운 인생은
정말 아름답다

박노해, 『그러니 그대 사라지지 말아라』(느린걸음, 2010년)를 읽고

"안녕하세요. 박노해 시집 출판하는 느린걸음 출판사입니다. 올려주신 서평에 저도 다시금 '다른 길'을 들추어보게 되었네요. 이 책에 담은 저희의 마음만큼 애정 어린 서평 감사드립니다…."

느린걸음에서 발간한 박노해 시인의 사진 에세이인 『다른 길』에 대해서 개인 블로그에 필자가 글을 올려놓은 것을 느린걸음 출판부에서 아마도 웹 서핑 중에 발견한 뒤, 댓글로 남겨 놓은 글이다. 이것이 계기가 되어 함께 필자 또한 느린걸음 관계자와 교제하게 되는 좋은 시간을 갖게 되었다. 노동자의 해방이라는 의미의 이름을 쓰고 있는 작가 박노해는 이미 많은 사람들에게 전에도 그리고 지금도 유감스럽지만 불온한 사람으로 각인되어 있다. 물론 거의 10년 동안 다시 퇴보한 느낌이 없지 않지만 그래도 민주화가 나름 진보되었다고 생각하는 작금에도, 이 땅에서 그의 이름은 아마도 계속해서 그렇게 고정화되어 인식될 것 같다는 이상한 생각이 든다. 이런 이유에서 그와 함께 하는 자들 역시

B급 좌파로 딱지가 붙어 이 땅의 시선들과 함께 나아가기가 그리 녹록하지 않을 것으로 짐작된다. 그런 면에서 그의 시를 읽고 있는 필자 또한 그런 레테르가 붙을 수 있는 가능성이 농후하다. 그러나 그럼에도 불구하고 그러든지 말든지 나는 어쩔 수가 없다. 그의 시를 만나면 만날수록 민초들의 애환과 삶이 묻어 있는 사람 냄새가 나 정말 좋기 때문이다. 그를 B급 좌파 빨갱이로 여기는 사람들이 이 땅에 많이 있지만, 필자는 왠지 그에게서 이데올로기적인 냄새를 맡기 보다는 도리어 그가 보고 있는 사람다운 사람의 삶에 대한 결벽증적인 추구가 참 귀하게 보인다. 이번에 접한 『그러니 그대 사라지지 말아라』에서도 역시 그 사람 사는 냄새가 진하게 배어 있어 정이 간다. 연대기적인 기록이 아니고 주변잡화식의 나열처럼 보이는 시 배열로 인해 조금은 집중하기가 쉽지 않았지만, 역으로 격식을 따지지 않는 시인의 자유로움에서 그가 그동안 당해 왔던 삶의 굴곡들이 얼마나 처절했을까를 엿보게 되어 같은 편이 되어 주고 싶었다. 시인의 노래들을 짧은 지면에 함축하여 감흥들을 싣는다는 것은 도리어 시인의 내적인 내공들을 옅게 볼 수 있는 누를 끼칠 것 같아 조심스럽지만 몇 가지 필자의 마음을 뒤흔들었던 노래들을 소개하고자 한다.

왜 슬퍼하느냐고?

"울지 마 / 사랑한 만큼 / 슬픈 거라니까 / 울지 마 / 슬픔의 힘으로 / 가는 거니까 / 울지 마 / 네 슬픔이 터져 / 빛이 될 거야"(487, '슬픔의 힘'에서).

이 시를 읽다가 너무 행복했다. 시가 따뜻해서, 시가 엄마 같아서,

시가 은총으로 가득해서. 그래서 너무 좋았다. 삶으로 영글어진 고난과 고통의 승화를 경험한 자만이 노래할 수 있는 '슬픔의 힘'이 필자에게도 충만한 위로가 되었다. 아주 오래 전, 농촌에서 목회하면서 주옥같은 목양일기를 남겨 많은 이들에게 감동을 주었던 한희철의 글에서 이런 기막힌 시를 만난 적이 있었다. 필자는 이 글을 처음 읽었을 때 가슴 벅참으로 눈물이 핑 돌았던 기억이 생생하다.

洛書(1)
"형도 울고 싶을 때가 있어? / 응 / 언제? / 아무 때나 / 형은 언제나 웃었잖아? / 응 / 근데 언제 울고 싶단 말야? / 세 번 웃기 위해 두 번은 울었어."*

"세 번 웃기 위해 두 번은 울었어" 이 대목에서 나는 울었다. 울음이 전제되지 않은 웃음이 있는가? 없다. 존재하지 않는다. 울음 끝에 배태된 웃음이 진정한 웃음이다. 시인은 많이 운 사람이다. 시인은 많은 슬픔을 경험한 사람이다. 그러기에 그가 고백한 슬픔의 힘은 강하다. 견인의 힘이 있다. 눈물을 잃어버린 시대, 캄캄하다. 통곡하지 않는 무감각, 저주 중의 저주이다. 글쟁이 김기석의 글을 보면 우리 어머님들의 세대에 엄마의 손에 이끌려 새벽기도회에 나갔다가 그때는 무슨 의미인지 전혀 몰랐지만 기도회가 끝난 자리를 보면 예외 없이 마룻바닥에 눈물이 떨어진 자국들이 흥건했음을 반추하는 내용이 있다. 낯 놓고 기억 자도 모르던 나의 어머니들은 새벽에 그렇게 울었다. 슬픔이 곧 슬픔일수만 없는 이유는 슬픔의 눈물 뒤에 아지랑이처럼 피어오르는 환희

---

* 한희철, 『내가 선 이곳은』 (서울: 소망사, 1991), 11.

의 감격이 있기 때문이리라. 왜 슬퍼하느냐고? 말하고 싶다. 슬픔 뒤에 슬픔을 통해서만 굴절되어 볼 수 있는 희망의 노래가 있기에 슬퍼한다고.

그러나 필자는 또 다른 우울함을 한 쪽의 칸에서 본다. 아주 어려웠던 시절, 울면 그 뒤에는 반드시 웃을 수 있다는 희망이 있었던 시절이 있었는데 근래의 젊은이들을 보면 그 희망마저 꺾인 것 같아 안쓰럽다. 88만원 세대도 서러운 데 열정 페이를 운운하면서 그들의 곪은 것에 소금을 뿌리는 갑 질하는 자들이 군림하는 지금의 세태를 보면서 이마저도 옛 추억이 되는 것 같아 기성세대의 한 사람으로 미안하고 또 미안하다. 작가 장강명은 그의 소설 『한국이 싫어서』에서 주인공 계나가 한국을 떠나기로 마음먹은 것을 보고 그녀의 마음을 돌리려는 남자 친구의 권고에 답변한 독설에서 다음과 같이 피력했는데 아팠다.

"나더러 왜 조국을 사랑하지 않느냐고 하던데 조국이 나를 사랑하지 않았거든."[*]

사정이 이렇다면 이제는 그냥 슬퍼하는 게 정상인 게 아닐까! 슬퍼한다고 비난하지 말고 슬퍼하면서라도 아픔을 표현할 수 있는 삶으로의 자연적 승화가 오히려 이 시대, 아픔을 느끼는 자들에게 치유의 또 다른 접근이기에 말이다.

촌철살인들

시인의 노래 '양들의 사령관'에 나오는 한 대목이다.

---

[*] 장강명, 『한국이 싫어서』 (서울: 민음사, 2015), 190.

"얼굴 없는 숫자는 죄악이다 / 숫자가 압도한 삶은 죽음이다 / 숫자가
지배한 사회는 죽은 세상이다 / 순전히 양적인 소유의 집착은 / 정말로
중요한 삶의 질을 추락시킨다"(526).

이 시가 가슴에 남은 이유가 있다. 시를 읽다가 갑자기 "작은 교회
목사들은 목회에 실패한 자들이다. 작은 교회가 아름답다고 말하는 것
은 목회를 실패한 자들의 변명에 불과하다"고 말한 전 세계적으로 유명
한 목사의 말이 겹쳐 지나갔기 때문이다. 시인이 말하고 있는 '숫자가
압도한 삶은 죽음이라'는 시구가 왠지 삶의 Bible처럼 들리는 것은 필
자만의 환청인가? 자문을 하다가 답에 대한 고민은 딱 1초만 하고 곧바
로 그렇게 직설한 저자의 외침이 작은 교회에서 목회를 하는 필자 같은
목사에게 적지 않은 위로가 되어 공명되었기에 또 한 번 시인에게 감사
를 전하게 되었다. 어디 이뿐이겠는가? 시인은 책에서 필자의 마음을
움직이는 촌철살인들을 남겨 놓았다. "누구나 말을 잘 한다는 것은 누
구나 바른 말을 잘 한다는 것임을, (중략) 말의 힘은 삶의 힘이라는 것을
나는 민주화가 되고 나서 알아챘다"(83)를 접하면서 말 잘함이 바른 말
잘함이라는 공식임을 필자는 배웠다. 수많은 말들이 존재하는 시대인
데도 필요한 말은 별로 보이지 않는 아이러니는 어떻게 해석해야 할까?
언중유골(言中有骨)이라 했다. "당신을 위해 준비된 나에게 말은 이미
소용없습니다"*라고 이해인 수녀가 말한 대로 침묵하는 영성이 더 필
요하다는 저자의 고백을 담으며 필자도 가슴에 담았다. 저자의 생리로
볼 때 별로 친하지 않을 것 같은 종교적 시어가 눈에 띄어 소개해 보고
자 한다.

---

* 이해인, 『내 혼에 불을 놓아』(왜관: 분도 출판사, 1985), 119.

"힘 있는 자는 기도하지 않는다 / 돈 많은 자는 기도하지 않는다 / 잘나가는 자는 기도하지 않는다 / 그들은 기도하지만 기도하지 않고 / 그들은 하늘을 보지만 땅에다 대고 / 오직 땅 위에서 이루어지기를 바랄 뿐이다 (중략) 이 지상에 의지할 데 하나 없어 하늘밖에 없고 / 아무것도 가진 것이 없어 기도밖에 없는 자의 / 하늘을 향해 울부짖는 기도는 땅에서 배반당하지만 / 하늘에 통하는 기도는 그 가슴에 하늘이 깃들어 / 마침내 사랑의 힘으로 땅의 권력을 갈아내리라"(101, '기도는 나의 힘'에서).

믿어지지 않는 저자의 기도에 대한 표현이다. 이 기도가 기독교적인 기도만을 이야기한 것이 분명히 아니겠지만 필자는 아멘하고 싶다. 왜? 이 땅에서 기도 말고는 다른 아무 것도 가진 것이 없는 민초들의 기도는 땅에서는 들리지 않고 배반당하기 십상이지만 하늘에 통하는 기도가 되어 하늘에 깃들 것이라는 그의 고백이 놀랍도록 성서적으로 보였기 때문이다. 기도가 주문이나 무당의 푸닥거리가 된 교회가 여기저기에서 보인다. 기도가 자기만족의 넋두리가 된 교회들이 여기저기에 보인다. 하나님의 마음을 움직이는 기도가 아니라 하나님이 나의 마음에 맞도록 협박하는 기도가 난무하고 있는 교회들이 지천이다. 이런 차제에 필자는 저자의 기도 직설이 참 귀하다고 평가했다. 그래서 역설의 이해에 도리어 은혜가 꽂혔다. 진정한 기도는 힘이 있을 때, 그 힘을 조심할 수 있도록 드리는 기도이다. 돈이 많을 때, 그 돈으로 인해 망하지 않도록 겸손하기를 청하는 것이다. 잘 나갈 때 무너질까 두려워하는 마음으로 근신하게 하소서 하는 것이 진솔한 기도자의 태도이다. 이것을 알았던 영성신학자 리처드 포스터는 그래서 이렇게 표현했나 보다.

"기도란 소박한 마음을 갖고 하나님의 품 안에 안겨서 하나님께 사랑의 노래를 불러달라고 하는 것이다."*

"나는 도토리 두 알을 바라본다 / 너희도 필사적으로 경쟁했는가 / 내가 더 크고 빛나는 존재라고 / 땅바닥에 떨어질 때까지 싸웠는가 / 진정 무엇이 더 중요한가 / 크고 윤나는 도토리가 되는 것은 / 청설모나 멧돼지에게 중요한 일 / 삶에서 훨씬 중요한 건 참나무가 되는 것"(124, '도토리 두 알' 중에서)

이 시를 접하다가 도토리 키재기라는 상투적인 관용구가 생각났지만 더 큰 의미로 나는 어떻게 살고 있는가를 되짚었다. 본질적인 물음과 사유함이 상실되면 나 또한 도토리 키재기에 흥분하며 헛질하는 인생에서 허덕일 것이 분명하기에 무엇이 되었는가를 질문하는 삶이 아니라 어떻게 살았는가에 천착하는 방향 설정이 그 무엇보다도 더 중요함을 놓치지 않는 지혜가 고갈되지 않기를 기대해 본다. 실력이 없는 자들의 공통점이 장황함이라는 글을 본 적이 있어 두려워 정리하려고 한다. 하지만 도무지 포기할 수 없는 촌철살인들을 만져는 봐야겠다는 욕심 때문에 건드려 봄을 용서하시기 바란다. "과거를 팔아 오늘을 살지 말라(486)"고 역설하는 대목에서는 목사로 사는 나에게 오늘의 현재성에 대한 최선의 삶을 역설해 주었다. "4대강 살리기로 4대강이 살해될 때(477)"에서는 거짓 희망을 말하는 자들의 중범죄를 각인하게 해주었다. 이로 인해 목회자로서 그리고 그리스도인으로서 하나님의 위대한 선물인 자연을 어떻게 보호해야 할 것인가의 도전을 떠안겨주었다. "소녀야

---

* 리처드 포스터/송중인 옮김, 『기도』(서울: 두란노, 2010), 17.

책을 덮고 읽어라 허리 숙인 논밭의 농부들을 읽어라 저 들녘과 주름진 얼굴에서 100권의 고전을 읽어라(458)"에서는 삶에서 땀 흘림 만큼 위대한 책과 공부가 없다는 도전을 주었다. "삶을 살줄을 모른 자는 죽을 줄도 모른다(312)"에서는 '지금 그리고 현재'의 삶의 정황을 얼마나 신중하게 성찰하며 살아야 하는가를 배웠고, "누구나 옳은 말을 할 수 있을 때는 지금 삶이 말하게 할 때이다(253)"에서는 목사로 살고 있는 나는 '삶이 말할 수 있는 자인가'에 대한 깊은 고민을 하게 해 주었다. 시인이 그랬던 것처럼 그의 노래들이 격식을 갖추고 있지 않아 나 또한 적은 감동만을 열거해 보았다. 서평의 짧은 글보다 시인의 내공을 만나려면 말할 것도 없이 직접 그의 글을 만나는 수밖에는 없다. 정말 끝으로, 이 책에 담겨 있는 시인이 갈파한 산문시를 통해 받은 감동이 아주 커서 필자가 섬기고 있는 교회의 주일 낮 예배 시간에 인용한 적이 있었다. 그 한 대목의 설교 원고를 그대로 소개하면서 졸평을 마치려고 한다.

"어느 가을 아침 아잔 소리 울릴 때 / 악세히르 마을로 들어가는 묘지 앞에 / 한 나그네가 서 있었다 / 묘비에는 3.5.8… 숫자들이 새겨져 있었다 / 아마도 이 마을에 돌림병이나 큰 재난이 있어 어린아이들이 떼죽음을 당했구나 싶어 / 나그네는 급히 발길을 돌리려 했다 / 그때 마을 모스크에서 기도를 마친 한 노인이 / 천천히 걸어 나오며 말했다 / 우리 마을에서는 묘비에 나이를 새기지 않는다오 / 사람이 얼마나 오래 살았느냐가 중요한 게 아니라오 / 사는 동안 진정으로 의미 있고 사랑을 하고 / 오늘 내가 정말 살았구나 하는 잊지 못할 삶의 경험이 있을 때마다 / 사람들은 자기 집 문기둥에 금을 하나씩 긋는다오 / 그가 이 지상을 떠날 때 문기둥의 금을 세어 / 이렇게 묘비에 새겨준다오 / 여

기 묘비의 숫자가 참삶의 나이라오"(162, '삶과 나이'에서)

시를 음미하다가 멍했다. 감동의 여운이라고나 할까. 글 안에서 시인의 산 삶의 산문을 읽는 것 같은 느낌으로 가슴을 쳤다. 참되게 산 숫자의 나이를 묘비에 기록한 무슬림의 한 사람처럼 훗날 내 묘비에 하나님의 방향성에 맞게 하나님의 목적에 따라 살았던 횟수를 기록하게 된다면 과연 얼마의 숫자를 기록할 수 있을까 깊이 성찰해 보는 글이었다. 어제, 시인의 또 다른 노래 『여기에는 아무도 없는 것 같아요』(느린 걸음)를 독서의 목록으로 정해 구입 신청을 했다. 기다려지는 것은 그를 통해 얻는 감동이 아주 크기 때문이다. 다 같을 수는 없겠지만 색깔 논쟁이라는 유치찬란함에서 벗어나 그가 말하는 인간다운 삶의 질펀함에 또 다시 빠져 보기를 기대해 본다.

가난한 시절이 왜 이토록 그립고 사무치는 것일까

박노해, 『다른 길』(느림걸음, 2014년)을 읽고

"그가 고통을 당할 때 나는 그의 고통이 당연한 줄 알았다. 그냥 나는 그때 말로 사는 목회자였다. 그가 노동자들을 위해 헌신하고 싸울 때 나는 넥타이를 매고 폼 잡는 그냥 그런 사람이었다. 이제 치열한 전쟁이 끝나고『노동의 새벽』이후 그의 책을 오랜 만에 접했다. 그리고 연륜이 든 탓일까 왜 그의 언어들이 그렇게 살가울까 생각하며 그에게 감사했다. 그에게 조용히 머리를 숙인다."

2014년 2월에 출간된 박노해 시인의 사진 에세이『다른 길』을 읽고 난 책 뒷면에 필자가 기록한 사족이다. 박노해 시인은 이 책의 프롤로그에서 이렇게 말문을 연다. 시인다운 표현이지만 단지 시인이 갖고 있는 감수성으로만 치부하기에는 부족하다.

"역사상 가장 풍요롭고 똑똑하고 편리해진 시대에 스스로 할 수 있는 인간 능력을 잃어버리고 모든 것을 돈으로 살 수 밖에 없는 무력해진 세계에서, 그들은 내 안에 처음부터 있었지만 어느 순간 잃어버린 나 자신의 모습이었다"(8).

왜 感動은 똑같지?

시인도 역시 치열한 민주주의와의 전쟁을 치를 때보다 지금이 더 괴로운 것 같다는 생각이 들었나 보다. 너무 편리해진 삶의 정황 속에서 나도 모르게 스리슬쩍 타협하려는 자아의 비굴함 때문에 말이다. 저자는 그래서 나름의 돌파구를 찾기 위해 아시아 몇 나라의 여행을 통해 그 땅을 섬기고 있는 민초들을 사진에 담았고 그 사진에 담겨 있는 민초들의 아름다운 삶의 굴곡들을 전하며 스스로 치유된 느낌을 받았다. 왜냐하면 그들을 통하여 저자 자신이 이전에 치열하게 살았던 의미 있었던 자신을 찾았기 때문이다. 인도네시아, 파키스탄, 라오스, 미얀마, 인도, 티베트로 이어지는 6개국을 돌며 그는 민초들을 컷에 담았다. 그러면서 가난하지만 결코 가난하지 않은 부유함을 경험하고 있는 그 땅의 민초들을 지지하고 응원한다. 인도네시아의 감자 수확을 하는 어린 소녀들의 첫술을 고즈넉하게 전한다.

"좋을 때도 있고 나쁠 때도 있는 거죠. 풍년에는 베풀 수 있어 좋고 흉년 때는 기댈 수 있어 좋고 우리는 그저 사랑을 하고 웃음을 짓는 거죠"(21).

인도네시아의 농촌 들녘, 대한민국의 또 그 들녘은 왜 이렇게 똑같을까? 왜 이리 풍광이 넉넉하고 따뜻할까? 왜 감동은 한 그림일까? 아마도 민초들의 농익은 삶이 주제이기 때문이지 않을까 싶다. 세상에서 가장 아름다운 이야기는 사람들의 삶이다. 이견이 있을 수 없다. 이 이야기의 감동은 지역을 구분하지 않는다. 인종을 차별하지 않는다. 민초들은 시대의 주연들이고, 그들이 살아낸 삶은 각본 없는 드라마이기 때문이다. 인도네시아에서 이렇게 시작된 박노해 시인의 여행기는 감동의 서곡이었다. 인도네시아의 고산 차밭에서 잡목들을 칼로 치며 나아가는 여성 농부들의 칼놀림을 보면서 저자는 이렇게 표현한다.

"칼날이 빛나고 신성해지는 곳은 오직 논밭과 도마 위리라"(45).

당연한 말이지만 필자는 귀를 후벼 파는 교훈처럼 들었다. 총칼이 위험한 이유가 무엇일까? 사람을 살리는 데 사용되는 것이 아니라 죽이는 데 사용되기 때문이다. 칼날이 독재자의 손에 쥐어지면 그것은 비극이요, 저주이다. 히틀러가 그랬고, 무솔리니가 그랬고, 스탈린, 마르코스가 그랬으며, 차우체스코가 그랬다. 반대로 그 날카로운 칼날이 농부에게 주어지고, 어머니에게 맡겨지면 그 도구들은 사람을 살리는 이기가 된다. 수녀 시인 이해인은 사모곡을 부르는 노래에서 이렇게 읊은 적이 있었는데 칼이 엄마의 손에 들릴 때, 자녀를 살리기 위해 행하였던 사랑의 수고를 적시하는 최고의 표현으로 가슴에 담았던 기억이 있다.

"늦가을 갈잎 타는 내음의 / 마른 손바닥 / 어머니의 손으로 강이 흐르네"*

이 땅을 살아가는 모든 이들의 손이 호미와 쟁기를 잡은 농부의 손 같

---

* 이해인, 『엄마』 (서울: 샘터, 2008), 146.

으면, 칼을 잡은 엄마의 손 같으면 하나님 나라가 거기에 있지 않을까.

무엇 가지고 놀까?

"마을마다 공용지(共用地)는 아이들이 놀이터인데 그곳에는 텔레비전도 없고 인터넷도 없지만 심심하게 비워진 흙 마당에서 이리저리 궁리하며 날마다 자신들만의 새로운 놀이를 창조해낸다. 너무 재밌어진 세상에서 우리는 조금 더 심심해지자. 그래야 친구들을 부르고 내 안에 창조성이 발동할 테니"(67).

사이버에 이미 포로 된 나와 우리 아이들을 보면서 우리가 얼마나 비극적인 삶과 세대를 살아가는 지를 엿보게 되는 대목이다. 노는 놀이가 없어졌다. 어릴 때 구슬치기를 했다. 골목 안은 아스팔트 포장이 안 되어 있는 흙바닥이었다. 손톱에 흙 때가 새까맣게 끼도록 놀고 또 놀았다. 딱지치기는 골목대장의 힘 대결로 상징되었다. 딱지를 제일 많이 딴 동무는 그날 짱이었다. 등에 올라타기는 남자 아이들의 절제하기 어려운 기를 발산하는 최고의 놀이였다. '무궁화 꽃이 피었습니다'는 김진명의 장편 소설 제목이 아니었다. 공동체를 일구는 우리들만의 '난장'이었다. 필자는 가끔 어릴 때 살았던 딱지치기 골목을 일부러 갈 때가 있다. 사무치도록 그리워서. 종준이는 놀려 먹기 일순위의 마음 여린 친구였다. 명철이네 집은 부모님이 맞벌이를 하셨기에 천덕꾸러기들의 아지트였다. 기화네는 그때도 잘 사는 집이라 가끔 바나나라는 하늘이 내린 과일을 먹을 수 있었던 낙원이었다. 여자아이들의 고무줄놀이를 훼방하기 위해 고무줄을 끊는 악동의 역할을 할 때는 짜릿하기까지 했다. 더 선정적인(?) 것을 좋아하던 친구들 중에는 여자아이들의 치마를 들치고 도망가기의 달인도 있었다. 물론 그 애의 오빠에게 잡혀서 맞아 죽을 뻔했던 경험담이 있는 친구들도 있었지만 오늘 그 친구들은 필자에게 있어서는 잊을 수 없는 놀이로 맺어진 고향 같은 품이다. 이 고향 같은 친구들이 오늘은 사라졌다. 당연한 일이지만 놀이터의 상실은 이미 망각의 늪으로 빠져 들어간 지 오래다. 참 특이한 것이 보인다. 오늘, 남녀노소들이 다 같은 것을 가지고 논다는 점이다. 손바닥에 담길 정도의 조그마한 박스 같은 것을 갖고 논다. 대중들이 많이 모이는 장소에 가면 누구나 할 것 없이 그것을 가지고 논다. 더 정확하게 말하자면 우리가 그것을 가지고 노는 것이 아니라 그것이 우리들을 가지고 논다. 그것에 노예가 된 우리들은 내 시간이 없다. 왜? 그것에 봉사해야 하기 때문이다. 사정이 이렇다보니 저자의 보고는 전설의 고향에 나올 법한 사장된 말로 둔갑된 느낌이다.

사랑은 욕심 줄이기

"사랑은 나의 시간을 내어주는 것이다"(69).

인도네시아에서 농부로 살고 있는 아빠가 수확을 마치고 아이에게 의자와 목마와 새장을 만들어주며 했던 광경의 스케치이다. 사랑을 이렇게 정의한 저자는 다시 또 말한다.

"먼 훗날 한 숨 지으며 내 살아온 동안을 뒤돌아볼 때 '아, 내가 진정으로 살았구나!' 생각되는 순간은 오직 사랑으로 함께한 시간이 아니겠는가? 그 시간을 얼마나 가졌느냐가 그의 인생이 아니겠는가"(69).

가끔, 상투적으로 회자되는 말 가운데 '사랑하기에도 시간이 없다' 라는 현자의 말을 되새김질 하곤 한다. 너무 식상한 것 같지만 곱씹을수록 명언이요, 금언이다. 사랑이라는 말은 아름답다. 저자가 말한 대로 나의 시간을 내 주는 것이기 때문이리라. 나의 시간을 내주는 것은 내가 시간 속에 있을 때라는 대전제가 있다. 어느 날, 내 시간이 사라지게 될 날이 이르기 전에 마음껏 사랑하라는 현자들의 가르침은 그래서 과소평가되어서는 안 될 교훈이다. 참 고운 글과 격조 높은 교훈 주기에 최선을 다했던 고 장영희 선생은 이렇게 말한 적이 있었다.

"사랑을 버린 사람이든, 사랑에 버림을 받은 사람이든 다시 한 번 가슴 아프게 떠올리며 보석 같은 눈물을 흘릴 수 있는 사랑의 추억이 있다는 것은 커다란 축복이다."*

그렇지 않은가? 사랑을 했다는 것만으로 그 사랑의 위대함, 아픔, 아릿함의 고갱이들을 갖고 있으니 말이다. 사랑하며 함께한 시간이야말로 하나님이 인간에게 주신 최고의 선물이라는 점에 필자도 동의한다.

이제 파키스탄으로 시선을 돌려보자. 파키스탄의 고산 힌두쿠시에 살고 있는 평범한 가정의 저녁 시간, 짜이가 끓고 양가죽으로 만든 전통 풀무 마시키자로 불씨를 살려 양젖에 홍차 잎을 넣어 차를 끓여 마신다. 화롯가에는 가족들이 모여 이야기꽃이 피어난다. 이들은 가난하다. 이 모습을 본 저자는 역설한다.

---

* 장영희, 『살아온 기적, 살아갈 기적』(서울: 샘터, 2010), 47.

"탐욕의 그릇이 작아지면 삶의 누림이 커지고 우리 삶은 '이만하면 넉넉하다고'"(99).

필자가 자라난 출신 교회를 섬기던 선배 목사님은 설교를 참 못하셨다. 공부도 많이 못해서 일천하셨다. 어느 날, 설교 시간에 주기도문에 대한 말씀을 하시다가 주님이 가르쳐 주신 기도는 4복음서에 다 나오는 중요한 기도임을 여러 차례 강조하셨다. 틀린 가르침이다. 주님이 가르쳐주신 기도는 마태복음의 산상수훈에 기록되어 있고 누가에 의해서 요약체로 기록된 것이 전부이기 때문이다. 일반 평신도 청년도 알고 있는 지식을 목사님은 강제로 주입시키셨다. 교만한 필자는 목사님의 가르침이 너무 즉흥적이고 준비되어 있지 않은 형편이 없는 것으로 평가절하했다. 그러던 어느 금요일, 당시는 오후 11시부터 익일 오전 4시까지 꼬박 철야기도회를 하던 시절이었기에 필자 역시 오전 4시까지 새벽예배에 참석하고 잠시 사택에 부속되어 있는 방에서 눈을 부치는 것이 관례가 되어 그렇게 하루를 시작했다. 더불어 철야예배에 참석한 지체들은 아침에 사모님이 차려 준, 조반을 먹을 때가 종종 있었다. 그날은 아침 식사 메뉴가 여느 때와는 달리 칼국수였다. 메뉴를 앞에 놓고 목사님께서 이렇게 식사 기도하셨다.

"일용할 양식을 주시는 하나님, 성도들의 가정마다 쌀광주리에 쌀이 떨어지지 않게 하옵소서."

식사 기도를 마치고 칼국수를 먹는데 사모님이 이렇게 말씀하셨다.

"이 선생님, 오늘은 아침에 밀가루를 먹게 해서 너무 미안해요. 오늘
마침, 성미가 떨어져 밥을 지을 수가 없었어요. 다음 주 금요일에는 밥
으로 아침을 먹을 수 있도록 더 기도할게요."

당신이 섬기는 교회의 교우들의 식탁이 풍성하기를 기도하신 목사
님 가정에는 정작 쌀이 떨어져 칼국수로 아침 조반을 드셔야 하는 시대
가 불과 30년 전의 현실이었다. 선배 목사님들의 모든 형편이 이렇다고
치부할 수 있는 일은 아니지만 상당수의 목회자들이 가난에 시달렸다.
이상한 일은 가난에 찌들려 있었던 당시 선배 목사님들의 영성은 오늘
감히 필자가 따라갈 수 없는 영역이라는 점이다. 배운 것이 허접하여
성서의 박사들은 되지 못했지만, 그 가난의 시절, 경제적인 어려움을
부끄러워하거나 그것 때문에 좌절하거나, 실망한 것이 아니라 도리어
주님이 당하신 고난의 일환을 함께 경험하는 것으로 기뻐하였던 선배
들은 현실에 자족했다. 감사했다. 완벽할 수는 없지만 탐욕에서 자유로
운 목회자들이었기 때문이다. 근래 한국교회가 너무 많은 것을 가졌다.
부족함이 상대적으로 줄어들었다. 헌데 아픈 것은 더 많은 것을 가지려
고 하는 욕망이 보인다는 점이다. 오늘날, 교회가 추구해야 하는 것은
욕망 줄이기라는 사랑의 실천은 아닐까 싶다. 야고보도 말하지 않았는
가? 욕심이 잉태한 즉 죄를 낳고, 죄가 장성한 즉 사망을 낳는다고.
    마드라사는 1등을 하다가 집안이 가난하여 학교를 포기했다. 아빠
와 벼 타작을 한다. 가르치지 않아도 아빠의 몸짓을 보고 금세 리듬을
맞추어 능숙하게 해낸다.

"제일 닮고 싶은 사람은 우리 아빠예요. 제 동생들도 절 닮고 싶다고

하면 좋겠어요. 하하"(129).

학교를 그만둬도 아이는 비참해지지 않는다. 공부는 학교에서만 하는 것이 아니지 않느냐며 씨익, 앳된 얼굴에 맺힌 구슬땀을 닦는다. 좋은 학군에서 가장 좋은 과외를 시키면서 서울대학을 못 보내면 자살할 것 같은 압박을 주고 있는 이 시대의 부모들과 또 그렇게 훈련되고 만들어져 가는 것이 당연한 것인 줄 알며 길들여져 가는 이 시대의 아이들 모두가 불행한 시대를 살고 있다. 재미있지만 울고 싶은 조크가 있다. 하루에 3-4개 정도의 학원을 다니는 아이가 울면서 네 번째 학원에 가며 이렇게 소리쳤다고 한다.

"씨, 내가 크면 아빠, 엄마 꼭 학원에 다니게 할 거야"

또 엄마의 치맛바람과 극성에 시달린 끝에 서울대학을 간 아들이 입학 선물로 한 말을 실제로 전언해 들었다.

"그래, 이제, 네 소원 들어 주어서 행복하니? 미친 X야"

비극의 파노라마이다.
파키스탄의 곡창 지대인 펀자브, 소작농들의 주위에는 대지주들이 고용한 총을 들고 있는 무장 경호원들이 감시중이다.

"독점하는 자는 항상 어디서나 총구에 의지하고 독식하는 자는 언제나 불안에 떨 수밖에 없다. 정직한 쌀에는 총이 필요 없다"(131).

성경에 실릴 법한 명언이다. 나눔이 사라진 평화는 존재하지 않는다. 항상 가진 자는 지키기 위하여 힘을 소유하려고 한다. 그 힘은 또 소유에 사용된다. 악의 수레바퀴 같은 틀로의 고정화가 인간을 불안으로 이끈다. 이 불안함에서 해방되는 축은 두 가지이다. 나눔과 자족이다. 독점하려고 한 평화는 오지 않는다. 김기석 목사는 그래서 독점하려는 자들을 이렇게 수사법을 통해 비판했던 같다.

"독(獨)차지는 독(毒)을 차지하는 것이다. 남을 배려하지 않은 채 자기 몫 이상의 것에 욕심을 내면 그것은 독(毒)이 될 수밖에 없기 때문이다."*

같은 맥락에서 바울이 독점하려는 자들의 반대편에 있는 하나님의 나라를 다음과 같이 선언한 혜안은 참 적확한 것이라 평가하고 싶다.

"하나님의 나라는 먹는 것과 마시는 것이 아니요 오직 성령 안에 있는 의와 평강과 희락이라"(로마서 14:17).

민초에게는 삶의 지혜가 있다

라오스로 이동해 보자. 라오스의 민초들은 자기들이 직접 집을 짓는다. 이유는 식구가 늘어나 집을 짓기 때문이다. 부동산 투기나 부의 가치를 나타내기 위해 집을 짓지 않기 때문이다. 저자는 라오스의 가난한 민중들의 집을 고찰하고 이렇게 직시했다.

---

* 김기석, 『광야에서 길을 묻다』(서울: 꽃자리, 2015), 169.

"집이란 이렇게 사고파는 부동산의 가치가 아니라 내 삶의 무늬를 새기며 오래될수록 아름다워지는 지상의 단 하나 뿐인 기억과 소생의 장소이다"(167).

대한민국에서 식구가 늘어나 집을 짓는 사람이 과연 얼마나 될까? 부동산은 이 땅에서 부의 대표적 상징이 된지 이미 오래다. 인사 청문회에 나오는 단골손님들을 보면 부동산 늘리기 콘테스트에서 입상 경력이 있는 자들의 잘 사는 법 강의를 하는 것 같다는 착각이 들 정도이니 무슨 말이 더 필요하겠는가? 집이라는 건물이 사람이 사는 최소한의 영역 표시 정도로 인식하며 산지가 이 땅에서 과연 얼마였던가! 회상해야 기억이 날 정도로 우리는 집을 부의 상징이요 또 부를 추구하는 대표적인 수단으로 삼은 지 오래다. 이렇게 우리는 어느 새 나도 모르게 물질에 철저한 노예로 살고 있음을 알고나 있는지. 라오스의 농촌에서 목화 실 짓기를 하는 한 할머니가 돌아가셨다. 이 장면에서 저자는 라오스 사람들이 이런 일을 당할 때 쓰는 상용구를 소개한다. 멍 때리는 감동이 밀려왔다.

"인류 지혜의 서고 하나가 사라지는 것이다"(171).

그렇다. 노인들의 지혜는 견고한 서고이다. 신영복 선생은 『강의』에서 동일한 맥락의 교훈을 하나 던지며 이렇게 갈파했다.
"농본사회에 있어서 노인의 존재는 그 마을에 도서관이 하나 있는 것이나 마찬가지였어요. 노인들의 지혜와 희생이 역사의 곳곳에 묻혀 있었습니다."*

성경도 이런 내용을 지지한다. 잠언의 지혜자도 "네 선조가 세운 지계석을 옮기지 말라"(잠언 22:28)고 한 것은 이런 의미이리라. 라오스의 격언은 가슴에 담을 말이다. 오래 전 이재철 목사의 글에서 읽었던 내용이 필자를 뭉클하게 했다.

> "내 부모의 무게를 인정하고 그분의 무게를 자기의 것으로 삼는 것은, 과거와 현재와 미래를 공유하는 지혜이다. 이 땅에서 가장 위대한 스승을 내 옆에 두고서 다른 곳에서 스승을 찾는 것보다 어리석은 것은 없다."*

그의 말속에 담겨 있는 부모가 어찌 씨를 준 내 부모만을 의미하겠는가? 과거와 현재와 미래를 공유할 지혜를 갖고 있는 일체의 부모, 선조, 노인들이리라. 이것이 우리 후배들이 속에 담아야 할 이유이다. 우리나라나 라오스나 농촌 가옥에는 옥수수가 매달려 있다. 먹음직한 그 옥수수들은 모두가 한 톨의 씨앗으로 비롯되었다. 씨앗이 할 일은 두 가지이다. 자신을 팔아넘기지 않고 지키는 것, 자신의 대지에 파묻혀 썩어 내리는 것 말이다. 그렇다. 명제요 진리이다. 저자는 역설한다.

> "그대여 씨앗만은 팔지 말라"(194).

씨는 부모다. 농부가 씨앗을 파는 행위는 자식이 부모를 파는 행위와 다르지 않다. 몇 년 전, 구제역으로 축산 농가가 폭탄을 맞았을 때

---

* 신영복, 『강의』 (서울: 돌베개, 2016), 77.
* 이재철, 『청년아 울더라도 뿌려야 한다』 (서울: 홍성사, 2000), 176.

섬기는 교회에 돈사를 운영하는 지체 역시 다를 바 없어 위로하기 위해 방문했다가 그에게 들은 이야기가 속살처럼 남아 있다.

> "목사님, 자식 같은 놈들을 생매장하는 일이 무척이나 고통스럽지만 그래도 씨돼지(母豚)가 건강하면 희망은 있습니다."

필자는 그의 말이 이 시대를 경종하는 희망 같은 말로 들렸다. 씨돼지는 본(本)이다. 본을 헝클어트리면 재앙이 빨라진다. 씨앗은 팔지 말라는 격언이 무엇을 의미하는가? 그 본을 흔들지 말라는 말이다. 뿌리는 건드리지 말라는 말이다. 경력이 많은 어부들이 그물을 걸 때 어린 것들은 반드시 바다로 돌려보낸다. 이 광경을 볼 때 거룩함이 느껴진다. 민초들은 근본을 존중한다. 민초들의 이야기를 파헤치면 본을 사수하려는 지혜를 배운다. 박사학위 논문보다 더 소중한 민초들의 이야기는 국가의 영토를 초월한다.

남는 것은 사랑

이제 미얀마로 떠나자. 물 위에 떠 있는 광활한 농장 '쭌묘'는 최고 품질의 채소를 길러내는 미얀마 농산물 생산부의 심장부이다. 이 쭌묘에서도 심장부는 불전에 바치는 꽃밭이다. 미얀마에서는 아무리 가난한 집이라도 소득의 십일조 바쳐 꽃을 사고 매일 아침 불전에 올리며 기도를 드린다. 그들이 섬기는 부처에게 가장 멋진 선물을 드리는 마음이 향기롭다. 나는 주께 그런 향기를 드리고 있는가? 혹시 썩은 냄새가 진동하는 종교주의자는 아닌가? 뒤돌아본다. 아름다운 '인레' 호수에서

고기를 낚는 어부는 말한다.

"내 모든 것은 물결처럼 사라지겠지만 사랑은 남아 가슴으로 이어져
흐르겠지요"(223).

쓸어 담고 싶을 정도로 가치 있는 격언이다. 정작 이런 삶을 살아야
하는 것이 그리스도인이지 않을까 싶은데 우리는 너무 각박하다. 저자
는 미얀마 인레 호수 근처에 세워진 나무다리, 그래서 매년 홍수 때는
사라지는 다리를 건너는 민초들을 보면서 이렇게 감회를 서술했는데
접하면서 기막힌 탄성을 나 스스로가 질렀다.

"'함께 하는 혼자'로 진정한 나를 찾아 좋은 삶 쪽으로 나아가려는 사람
에게는 분명 다른 길이 있다"(244).

김기석 목사는 이 길을 '오래된 새 길'이라고 정의했는데 고독한 그
리스도인이라면 반드시 이 길을 가야하리라.

인도는 세계에서 가장 악명 높은 신분제도가 아직도 버젓이 살아 있
는 나라이다. 그러기에 인도에서 가난한 여자로 산다는 것은 카스트 위
의 카스트를 이고 사는 것과 동일하다고 평가한다. 저자는 뜨거운 한
낮의 볕에서 유채를 수확하는 여성 농민들을 보며 이렇게 직시한다.

"인도에 신이 있다면 이들 여성 농민들이 아닐까"(255).

꽃 농장 인부들이 일을 시작하기 전 짜이를 끓여 먹으며 담소한다.

"삶을 위해 일하고 웃기 위해 돈을 버는 것인데 일과 돈이 사람의 주인
노릇을 하면 되나요"(283).

촌철살인이다. 맞는 말이다. '일터'는 '돈 터'가 아니라 '삶터'가 되어
야 하지 않을까?

내 영혼이 어둠이라면

티벳 불교의 성지인 티벳을 다녀왔다. 티벳 사람들은 반드시 생애
중에 한 번 성지를 다녀오는 것을 목적으로 산다. 그들의 성지 순례는
소위 말하는 오체투지이다. 지난 6개월 동안 일당 1만 원의 건설 공사
장에서 노동자로 일하면서 힘들게 모은 돈의 절반을 시주하러 떠난 26
세의 청년 통꼬하단은 오체투지로 성지를 방문하며 이렇게 말했다.

"이제 내 영혼을 위해 순례 길을 나섰습니다. 돈은 빛나도 내 영혼이
어둠이라면 무슨 소용이 있겠습니까?"

너무 부럽고 또 부러운 불교적 영성이다. 무시무시한 권위를 보여
주는 영성이다. 어떻게 그에게 이런 영성이 존재할 수 있었을까? 삶이
신앙이었기 때문이지 않을까. 삶 자체가 신앙인 사람은 종교를 초월하
여 아름다운 영혼을 소유한 사람이 된다. 통꼬하단의 고백을 기독교적
인 신앙의 맥으로 접목해 보고 싶었다. 결과는 만족스럽지 않다. 김기
석은 이렇게 갈파하며 속을 태웠다.

"예수를 믿는다는 사람은 많지만 예수의 제자가 되려는 사람은 많지 않다. 왜냐하면 제자란 스승이 하는 일을 하는 사람인데 스승인 예수가 하신 일은 현대인들에게 그리 매력적이지 않기 때문이다."[*]

그의 일갈이 남의 이야기가 아니다. 오늘 예수 믿는 우리 모두의 이야기이다. 너무 주관화시켜 마음이 켕긴다. 필자는 기독교 목사로서 반평생을 살아왔다. 통꼬하단은 "내 영혼이 어둠이라면 무슨 소용이 있겠는가?"라고 했다. 나는 그의 영성에 비해 어떤 영성을 추구하고 갖고 살았는가를 자문하면서 부끄럽다. 책의 말미에 저자는 밥과 영혼이라는 글에서 이렇게 갈파한다.

"사람은 밥이 없이는 살 수는 없지만 영혼이 없는 밥은 아무 것도, 아무 것도 아니다"(347).

조건 없이 아멘 한다. 그리고 읊조려 본다.

"내 영혼이 은총 입어 중한 죄 짐 벗고 보니 슬픔 많은 이 세상도 천국으로 화하도다."

어떤 이들은 박노해를 아직도 색깔론으로 이해하려고 한다. 졸렬한 그들이야 하나님도 어쩔 수 없으실 것 같다. 참 오랜 만에 노동의 새벽 이후 잊고 있었던 저자를 만났다. 그리고 행복했다. 그냥 행복만으로 만족한 것이 아니라 표현할 수 없는 평강의 마음이 임했다. 목사로 이

* 김기석, 『삶이 메시지다』(서울: 포이에마, 2010), 17.

땅을 사는 자가 평범한 작가의 진정성이 있는 삶의 고백들을 들으면서 성경이 아닌 또 다른 책에서 은혜 위의 은혜를 받은 것이 너무 감사했다. 저자가 건강했으면 좋겠다.

교회가 세상에게 살려달라고 하는
이 비극을 어찌하랴

매카시, 『선셋 리미티드』(문학동네, 2015년)를 읽고

여성학자 정희진은 다음과 같이 날이 선 평론을 한 적이 있다.

"나는 미래엔 관심이 없다. 프로이드 식으로 말하면 인생은 사후(事後)
해석이다. 그때 일어난 일의 의미를 당시에 아는 사람은 없다. 나중에
'주변이 정리된 후' 즉 맥락이 생긴 후의 이야기를 만들어가는 것이다.
중요한 것은 사건이 아니라 사건에 대한 해석이며, 이는 사건 이후의
삶을 달라지게 한다."*

원론적으로 필자는 정희진의 말에 동의한다. 인생이 사후 해석이며
주변이 정리된 후, 즉 맥락이 생긴 후에 이야기를 만들어가는 것이라는
그녀의 해석 말이다. 하지만 그녀와 아주 다른 것이 하나 있다. 미래에
대한 관심이다. 그녀는 관심이 없다고 했지만 필자는 정 반대이다. 훨

---

* 정희진, 『정희진처럼 읽기』(서울: 교양인, 2014), 238.

썬 더 관심이 많다. 정희진은 이루어질 일이 아직 이루어지지 않은 것에 대하여 말할 수 없는 데 어떻게 그 미래에 대하여 관심이 있을 수 있겠는가를 항변하지만, 또 다른 의미로 말한다면 이루어진 뒤에 해석해도 늦지 않다는 논리이겠지만, 필자가 미래에 대하여 더 관심이 많다고 말한 이유는 궤변이 아니라 적나라한 자아 들추어내기를 통해 비추어볼 때 나 또한 미래를 정확하게 모르기 때문이다. 그러나 한 가지 분명한 사실은 그 미래의 도식은 하나님이 계획하신 역사라는 도식으로 흐르고 있다는 점을 기대하기 때문이다. 정희진의 말대로 미래에 일어날 일에 대한 해석은 지성인들의 몫이다. 그러나 그것은 개인적, 세속적 차원의 이야기일 때이다. 이 해석은 신앙적 스펙트럼 안에서 비추어 보면 위험하다. 아마도 수구적 신앙의 사람들은 불온하기 짝이 없다고 까지 할지 모른다. 역사의 주인이 인간이라는 말을 전제하기 때문이다. 필자는 수구적인 신앙인들의 접근에 동의하지는 않지만 역사의 해석은 인간이 하는 것이라도 그 결과는 절대적 주권자의 필요에 따라 진행되고 해석을 지지하기 때문에 정희진의 도발이 귀에는 들리지만 수긍할 수는 없다. 미래 역사에 대한 해석은 인간의 지식과 가지고 있는 도구로만 해석될 수 있는 것이 아니기 때문이다. 만에 하나 역사의 해석이 인위적인 잣대로 이루어지기를 바란다면 그것은 교만이요, 심각한 틀어짐 자체이다. 아, 물론 이렇게 말하면 무신론적인 차원에 있는 일체의 사람들이 도대체 대화가 되지 않는 무지렁이라고 비난할 것이 분명하지만 역사가 그분의 이야기(His story)인 이상, 역사의 과거, 현재, 미래는 그분이 움직임 속에서 해석하는 것이 맞다는 점에서 물러설 수 없다. 그분의 이야기임을 거부하는 자들의 이야기는 도리어 역사의 틀을 비트는 과유불급이다. 이런 차원에서 필자는 미래는 모르지만 그 미래의 역사를 해석할 주군의 일하심과 계획하심 때문에 관심 100%다. 역사의식이라고는 전혀 없는 수구 골통이라는 비난의 소리가 여기저기에서 들린다. 그래도 어쩔 수 없다.

본말전도(本末顚倒)

저자의 글을 읽고 나서 두 가지의 단어가 떠올랐다. 하나는 본말전도라는 단어와 또 다른 하나는 무릎 꿇음이었다. 저자에게 붙은 수식어는 상당하다. '미국 현대 문학을 대표하는 소설가', '서부의 셰익스피어', '헤밍웨이의 계보를 잇는 작가' 등등 화려하다. 그가 이런 칭송을 받는 배경은 오늘의 미국적인 색깔 자체가 무서우리만큼 세속적이라는 것과 무관하지 않아 보인다. 기존의 틀로 여겨졌던 기독적인 문화와 사상에 대한 반감과 무기력에 대한 거부 등이 팽배해 있는 작금의 미국적 기상도에 편승하여 작가의 글감들은 많은 미국인들을 열광시키고 있다. 언젠가 달라이 라마가 센트럴파크에서 미국의 젊은이들을 흥분하게 만들었다는 글을 읽은 적이 있었다.

"제네바에서 설교를 마친 달라이 라마는 뉴욕으로 건너갔습니다. 센트럴 파크에서 설법을 했습니다. 그 자리에 운집한 뉴욕 시민의 수는 4만 명에 달했습니다. 작년에 CNN 방송이 달라이 라마와 티베트 불교에 관한 특집을 방송한 적이 있었습니다. 그 달라이 라마는 이렇게 말했습니다. '그대 외부에 있는 창조주는 존재하지 않는다. 창주가 있다면 그대의 내적 마음이다.' 오늘날 서구인들은 그의 설법에 심취합니다. 서구인들의 과학의 진보와 물질문명의 발달로 인해 그들은 이미 신의 자리에 앉아 있습니다. 더 이상 외부의 창조주에 대해 관심이 없습니다. 그러므로 이미 신이 되어 있는 나 자신을 어떻게 조절할 수 있는가를 가르쳐 주는 달라이 라마는 오늘날의 그리스도인 것입니다."*

이재철 목사가 설교한 글에 담긴 이 글을 읽다가 참으로 공감한 내용이 있었다. '이미 신이 되어 버린 나 자신을 조절할 수 있는 방법'이 필요한 시대가 오늘이라는 관점 말이다. 전통적인 고백의 대상인 창조주가 아니라 이미 그 자리에 내가 앉아 있기에 그 앉아 있음을 정당화할 수 있는 방법들이 절실한 시대에 그 방법론들로 제시되고 있는 일체의 방법들은 무자비하게 쏟아져 내리고 있다. 무신론적 기초를 든 서구 지식인들의 공격은 예리하다. 그 앞에 서 있는 예술 평론가인 수전 손택은 일찍이 이렇게 기존 종교성에 대하여 사형 선고를 내렸다.

"현대의 진지함은 셀 수 없이 다양한 전통 속에서 존재한다. 우리가 일체의 경계를 흐려 놓은 채 이를 종교적이라고 부른다면, 옳지 못한 지적 목적만이 횡행할 뿐이다."**

이제 종교적, 종교성, 영적, 영성, 신앙적, 신앙성이라는 단어는 옳지 못한 지적 목적을 이루는 자들의 그들만의 언어가 되어 버렸다. 박물관에서나 만나야 하는 도태된 언어이기에 쓰면 안 되는 것들이 되어 버렸다. 필자의 역설처럼 들리는지 모르겠지만 본과 말이 완전히 역전된 시대에 살고 있는 것이 분명하다. 이런 의심의 눈초리는 본서를 읽고

---

* 이재철, 『비전의 사람』 (서울: 홍성사, 2001), 45-46.
** 수전 손택/이민아 옮김, 『해석에 반대한다』 (서울: 도서출판 이후, 2013), 378.

나서 더 확실해졌다.

『선셋 리미티드』의 해석은 위험하다. 무대는 뉴욕의 흑인 거주 지역인 흑인 게토의 한 공동주택 건물 안의 방이다. 그 방안에 두 사람이 있다. 흑인 한 사람과 티셔츠에 조깅 바지 그리고 운동화 차림의 백인 한 사람이다. 대학 교수인 백인은 시속 130km의 선 셋 리미티드 열차에 몸을 날려 자살을 시도한다. 예정되어 있지는 않았지만 우연히 죽음의 직전에 갔던 그 사람을 구한 자는 흑인 목사였다. 죽으려는 사람과 죽으려는 사람을 막으려는 또 한 사람의 무미건조한 것처럼 여겨지는 별로 재미 없는 이야기가 무대극 형식으로 펼쳐진다. 이 재미없어 보이는 이야기의 한 가지 정보를 제공한다면 죽으려고 했던 사람은 무신론자 지성인이고, 그 죽음을 막으려는 자는 과거에 불법을 저질러 수감 생활을 경험했던 현직 목사라는 점이다. 무신론자와 목사의 대화, 이미 스토리는 정해진 것 같은 상투적인 이야기라는 선입관이 불쑥 솟아나지 않는가? 왜 이렇게 재미없는 설정, 재미없어 보이는 스토리의 전개가 많은 사람들의 화두가 되었고, 소재가 되었을까? 시카고 일간지인 트리뷴지는 이 책을 다음과 같이 평가했다고 책 표지에 소개되었다.

"명망 높은 소설가의 찬란한 작품, 눈이 부시다. 놀랍도록 인상적이고, 강렬하고, 흥미진진하다"(책 뒤표지의 커멘트에서).

전 세계적으로 가장 거대한 크기를 갖고 있는 독서 관련 온라인 사이트인 Goodreads도 이렇게 평가했다.

"보기 드물게 재기 발랄하고 예술적인 긴장으로 가득한 작품, 아름다운 기교가 돋보이는 이 작품은 우리로 하여금 끝없이 사유하게 한다. 우리 시대에 가장 통찰력 있는 작가의 흡인력 있는 작품이다"(책 뒤표지의 커멘트에서).

극찬에 가까운 논평이다. 이 정도의 평가가 정말로 '선셋 리미티드'에 담겨 있는가? 이렇게 답하면 어떨까? 적어도 오늘의 정신적인 혼돈의 차원에서는 그럴 수 있다고. 결론을 말하면 헛헛한 일일까? 소름끼치는 무신론자 백인의 한판승이다. 무기력해 보이는 흑인 목사의 넉 다운 패이다. 시쳇말로 짜고 치는 고스톱이 아닌 이상, 이런 경우 대체적으로 사람을 구하려는 목사의 한판승이 되어야 해피엔딩이라고 평가하지 않는가? 그런데 이 작품은 그 반대이다. 그래서 기독교적인 차원에서 볼 때는 새드엔딩이다. 재론하지만 오늘의 카오스에서 코맥 매카시는 한판승을 거두었다. 많은 독자들의 기립 박수 속에서.

소름이 돋다

목숨을 끊으려고 했던 백인 교수는 시대에 지성인을 상징하는 아이콘으로 그려졌다. 그는 40년 인생 동안 약 4,000권의 책을 섭렵했다. 그는 모르는 것이 없는 지성의 대변이다. 그는 지식을 습득하면 습득할수록 무서운 허무함에 더 빠져 들어감을 호소했다.

"내가 사랑했던 것들은 아주 약했어요. 아주 부서지기 쉬웠지요. 나는 그걸 몰랐어요. 절대 파괴되지 않을 거라고 생각했지요. 한데 그렇지가 않더군요"(27).

"내가 믿었던 것들은 이제 존재하지 않아요. 존재한다고 믿는 척하는 건 바보 같은 짓이지요. 서구 문명은 결국 연기가 되어 다하우 강제수용소의 굴뚝으로 날아가 버렸는데 내가 얼이 빠져 그걸 알지 못한 겁니다. 지금은 압니다만"(29-30).

필자인 나는 백인의 이 토로에서 결국 이 세상에는 아무 것도 없다는 결론에 도달한 것을 보면서, 또 그 무엇도 의미 있는 것은 존재하지 않는다는 것을 강조하는 것을 보면서 그가 무신론자라는 것이 역설적으로 해석이 안 되었다. 기실, 이런 류의 고백은 전도자가 먼저 설파하지 않았던가?

"전도자가 이르되 헛되고 헛되며 헛되고 헛되니 모든 것이 헛되도다" (전도서 1:2)

허나 코헬렛은 이 허무주의적인 비극을 하나님의 부재로 인한 결과물로 승화시켰다는 장점이 보이기에 진보의 발걸음을 내딛었던 거보의 주인공으로 등극했다. 반면, 백인은 삶의 허무성을 이기는 것은 자살이라고 단정한다. 백인의 얼굴은 작품의 후반부에 선명하게 나타난다.

"목사님, 내 복음은 이런 것입니다. 나는 어둠을 갈망합니다. 죽음을 달라고 기도해요. 진짜 죽음을. 죽은 다음에 내가 살아서 알았던 사람들을 또 만나야 하는 거라면 도무지 어찌해야 할지를 모르겠습니다. 그건 최악의 공포가 되겠지요. 최악의 절망이. 만일 내 어머니를 다시 만나그 모든 걸 다 다시 시작해야한다면? 게다가 이번에는 고대해 마지않는 죽음이라는 전망도 없는 상태라면? 자, 그건 최악의 악몽이 될 겁니다. 그야말로 카프카지요"(131).

"나는 죽은 사람들은 죽은 사람들이기를 바라요. 영원히 그리고 그들 가운데에 하나가 되기를 바라요. 댁은 물론 그들 가운데 하나가 될 수 없겠죠. 댁이 죽은 자 가운데 하나가 될 수 없는 건 존재가 없으면 공동체도 만들 수 없기 때문입니다. 공동체가 없다. 그 생각만으로도 내 마음은 따뜻해집니다. 정적, 고독, 평화, 그 모든 것이 심장박동이 한 번만 뛰고 나면 찾아온다니!"(131).

현대적인 무신론이 얼마나 살벌한지 그리고 얼마나 논리적인지 소름이 돋는다. 메카시는 백인의 이름으로 현대인들의 지성적 결과는 무용성*임을 적나라하게 선포한다.

숨 막히게 하는 지성을 근거로 한 현대인들의 종교성에 난타를 가한다. 메카시의 무신론적인 하나님에 대한 선전포고를 마저 들어보자.

"나는 하나님의 존재를 믿지 않습니다. 그걸 이해할 수 있겠습니까? 이봐요. 주위를 좀 둘러봐요. 보이지 않나요? 고통에 찬 사람들이 악을 쓰는 소리가 하나님의 귀에는 가장 기분 좋은 소리일 게 분명합니다. (중략) 나한테 죽음을 대비하게 해주는 종교를 보여줘 봐요. 허무에 대비하게 해주는 종교를. 그럼 그 교회에는 내가 나갈지도 모르지요. 하지만 댁의 교회는 삶에만 대비하게 합니다. 꿈과 환상과 거짓에만"

---

* 나는 내 정신 상태가 어떤 염세적인 세계관의 결과라고 생각하지 않아요. 나는 이게 세계 지체라고 생각해요. 진화의 결과, 지능을 가진 생명은 어쩔 수 없이 궁극적으로 다른 무엇보다도 이것 한 가지를 깨닫게 되는데, 그것은 무용성입니다(132).

(132-133).

메카시적인 도발에 속수무책으로 당하고 있는 흑인을 향하여 드디어 그는 이렇게 마치 신현현(Theophany)과도 같은 등장과 퇴장을 한다.

"내가 무슨 교수냐고 물어봤지요? 나는 어둠의 교수입니다. 낮의 옷을 입은 밤이지요. 자, 이제 댁이 하는 모든 일이 잘 되기를 빌지만 나는 가야겠습니다"(135-136).

종교 바이러스?

몇 년 전에 철저한 무신론 과학자와 범신론적인 종교학자와 과학 문화 속에서의 한국 신학을 고민하는 신학자가 공동으로 토론한 옴니버스 형식의 글인 『종교 전쟁』을 너무 재미있게 섭렵한 적이 있었다. 그 중에 종교를 말살해 버려야 하는 정신의 바이러스라고 과학자답게 정의한 서울대 장대익 교수의 글을 기억한다.[*] 그의 글 가운데 주목할 만한 것이 자연과학적 시각으로 본 종교 분석이었다. 물론 이 분석은 장대익의 독창적인 분석은 아니었고 '만들어진 신'에서 발표한 리처드 도킨슨의 이론에 동의하며 인용해서 몰아붙인 도발이었는데 바로 종교를 '정신 바이러스'라고 정의한 것이었다. 그의 설명에 의하면 바이러스

---

[*] 장대익·신재식·김윤성 공저, 『종교전쟁』 (서울: 사이언스북, 2014), 153-154. 진화론적인 차원에서 종교를 크게 세 가지로 보며 그렇게 나누고 있다. 첫 번째는 종교는 인간 마음의 '적응'(adaptation)'으로 보는 견해이고, 두 번째는 종교가 다른 인지 적응의 '부산물'(byproduct)이라는 견해이고, 마지막 세 번째는 종교 현상을 '밈'(여기서 밈이란 도킨스가 문화를 설명하기 위해 만들어 낸 용어로 문화 전달의 단위 혹은 모방의 단위를 뜻하는 gene와 운율이 맞도록 meme라고 지음)의 역학으로 보는 견해라고 소개하였다.

는 자신을 복제하는 데 필요한 핵산과 같은 유전 물질을 제외하고는 세포로서의 특징을 갖추지 못하고 있다. 그래서 살아 있는 세포에 기생하지 않고는 대사 활동, 증식도 할 수 없어 우선 숙주 세포의 핵에 침투하여 세포의 유전 정보 사이에 자신의 유전 정보를 끼어 넣고 세포가 가진 영양분을 이용해 바이러스를 복제하도록 명령을 내려 정상 세포의 기능을 마비시켜 병들게 하는 존재라고 지칭했다. 이어 종교가 바로 정신적인 영역에서의 이런 바이러스이고 해서 많은 사람들의 정신을 병들게 하고 있다고 기염을 토했다. 이런 차원에서 종교를 정의한다면 종교는 현대 과학으로 치료를 받아야 하는 전염성이 강한 고등 미신일 뿐이라고 맹공 했다.[*] 이렇게 독설한 장대익의 이론은 리처드 도킨슨의 사상을 그대로 도입하고 있어 어떤 면에서는 초록이 동색인 것처럼 보인다.

필자의 과학적 지식은 일천한 정도가 아니라 무지한 정도이다. 숨길 이유가 없다. 그것이 그리 중요한 문제는 아닌 것 같아서 말이다. 그러나 그럼에도 불구하고 나름의 논평조차를 할 수 없을 정도로 깜깜이는 아니다. 장대익의 도발에 제일 먼저 논평하고 싶은 것이 있다. 인간의 정신이 바이러스에 감염되어 마비되고 병드는 가치로 설명할 수 있는 영역인가의 제 문제이다. 생략했지만 장대익은 과학적 통계에 의하면 기도는 전혀 의미가 없음을 강력하게 본인의 소논문에서 피력한다. 그 이유로 기도를 했다고 병든 자가 고침을 받았다는 것은 과학적으로 증명할 수 없는 것이고, 더 잘되는 경우는 더 더욱 아니고 기도해서 이루어졌다고 말하는 응답들은 이현령비현령식의 해석에 지나지 않는 자의적 감정의 확대 해석으로 폄하하여 설명했다. 그러므로 이런 일체의 종교적 행위는 인간의 정신을 병들게 하는 바이러스이기에 이제는 과학

---

[*] 위의 책, 164-165.

에 의해서 박멸되어야 함을 강하게 역설했다. 그의 과학적이고 합리적인 지성을 토대로 한 설파는 현대인들에게 상당한 긍정의 효과를 줄 수 있을 것이 자명하다. 더군다나 근래 한국이라는 공동체에서 바라다 보이는 교회 공동체의 현실을 감안할 때 개독교로 전락한 교회를 박멸하는데 이런 호재가 또 없다. 일련의 이런 독설들이 난무한 가운데에서 목사로 살고 있는 오늘의 지경에 성경이 혹은 기독교적인 핵심적인 가치들이 어쩌다가 이 지경으로 난자당하게 되었는가를 뒤돌아보면 삶이 뒷받침 되지 않았던 교회의 잘못에서 야기된 것 같아 많이 아프고 쓰리다.

효과인가? 의미인가?

그러나 궁색한 것 같지만 무신론적 과학자의 독설에 한 가지만 변론하자. 왜? 이 변론은 코매 메카시의 백인 승리에 대한 필자의 반응이기도 하기 때문이다. 필자는 코믹 메카시와 한 과학자의 난도질에 아프기는 하지만 내가 신앙하는 목적에서 한 발자국도 뒤로 물러서고 싶지 않다. 이유는 간단하다. 앞서 인용한 자들의 종교(기독교)에 대한 이해의 시선이 '효과'에 목이 매여 있는 그들의 선동에 조금도 흔들리지 않기 때문이다. 필자는 종교를 '효과'의 차원에서 선택하지 않았다. 내가 종교를 선택한 이유는 '의미' 때문이다. 무신론적인 과학적 사고에 젖어 있는 자들은 아이러니하게도 '의미'라는 개념에 대하여는 무식할 것이 분명하다. 의미를 한 번도 생각하지 않았을 것이고 아니 생각을 혹시 했어도 그 의미를 또 역시 과학적 분석의 차원으로 몰고 갈 것이 뻔하기 때문이다. 종교적인 의미란 무엇일까?

섬기는 교회에 팔순이 되신 권사님이 계신다. 당신은 젊어서 남편이

연탄가스 중독 사고를 당해 거의 정상적인 사람 구실을 하지 못하는 반평생의 삶을 경험했다. 설상가상으로 둘째 아들은 젊은 나이에 척추 사고를 당해 식물인간처럼 누워 있은 지 20년이라는 세월을 보냈다. 이윽고 투병 중이던 남편이 세상을 떠난 뒤 얼마 있다가, 큰 아들이 간경화로 세상을 먼저 떠났다. 이제 둘째 아들의 생명도 그리 오래 남지 않은 상태이다. 이런 비극이 또 어디에 있나? 목사인 필자도 권사님의 가정에서 예배를 드릴 때 위로의 메시지를 전할 여력이 별로 없다. 솔직히 말하면 목사로 살고 있는 나 역시 그의 가정에 위로를 전달하기는커녕 하나님께 항의하고 싶으니 말이다. 이런 말이 있다. 부모의 인생에 있어서 가장 큰 축복은 자식을 앞서 보내지 않는 것이다. 100% 동의한다. 소개한 권사님은 이런 맥락에서 보면 최고의 저주를 받은 셈이 된다. 이 정도면 무너지는 것이 정상이다. 그런데 막상 당신은 아프고 힘들고 또 아프지만 이겨내고 있다. 신앙의 힘이라는 의미로. 필자의 이 부연에 대하여 무신론적인 과학자들은 마땅히 이렇게 비웃듯 설명할 것이다. 정신적 바이러스에 감염된 결과라고. 그런데 이상하다. 인간의 정신 영역으로 그렇게 생물학적인 차원으로 해석하는 그들이 왜 필자는 천박해 보이는지 말이다.

엘리위젤의 역작인 『나이트』를 보면 어린 피펠이 교수형을 당할 때 아이가 가벼워 아직 숨이 넘어가지 않고 30분이 넘게 삶과 죽음의 경계를 지나는 것을 본 아우슈비츠의 한 유대인 수감자가 '하나님은 어디에 있는가?'를 질문한다. 바로 그때 엘리위젤은 자신의 몸 안에서 어떤 목소리가 다음과 같이 대답하는 소리를 들었다고 술회하는 글이 있다.

"하나님이 어디에 있냐고? 여기 교수대에 매달려 있지."*

이것 때문에 독일의 희망의 신학자 몰트만은 이렇게 영적 힌트를 받았다고 한다.

"십자가에 달리신 하나님"

'선셋 리미티드'(sunset limited) 하필이면 열차의 이름이 이렇다. 책을 덮다가 이런 감회에 젖어 보았다. 해가 저무는 것을 제한하는 방법이 있을까? 창조주 말고. 없다. 그럼에도 그 창조주가 공격당하고 있다는 것이 현대의 아이러니이다. 그러나 긍정과 소망의 힌트는 있다. 주전 4세기에 활동했을 것으로 추측하는 예언자 요엘이 선포한 대로 '욤 예호바' 즉 '그분의 역사가 시작되는 날'로 크로노스의 시간이 카이로스의 시간으로 흐르고 있기에 '효과'의 차원으로 종교를 이해함으로서 하나님을 난자하는 일들이 앞으로 더 비일비재하게 일어날 것이라고 예측하는 것은 그리 어렵지 않다. 하지만 '의미'에 목적을 두고 다다른 자들이 승리할 것임을 필자는 믿기에 절망하지만은 않는다. 그래서 그런지 오늘 따라 필자는 프란시스 맥너트 신부가 진정성을 갖고 토해 낸 그의 촌철살인이 더욱 더 위로가 된다.

"하나님도 부서진 바이올린으로는 연주하실 수 없다."*

---

* 엘리위젤/김하락 옮김, 『나이트』 (서울: 도서출판 예담, 2013), 122-123.
* 프란시스 맥너트/변진석 · 변창욱공역, 『치유』 (서울: 도서출판 무실, 1996), 91.

두 번째 마당

소설과 놀기

잊지 말아야 할 것을 잊게 하는 자들에 대하여 보낸 경고장

한강, 『소년이 온다』(창비, 2014년)를 읽고

앞서 자식을 보낸 이들

지난 달, 89세의 생을 마감하신 어머님의 유골이 담긴 봉안함을 가지고 장의차에 몸을 싣고 이미 8년 전 모셔져 있는 아버님의 납골함이 있는 이천 호국원으로 발길을 옮겼다. 가는 도중, 치매로 8년 동안이나 고통을 받고 계신 어머님의 수발을 다 들며 고생한 누이 옆에 앉아 훌쩍였다. 지방에서 목회를 한다는 핑계로 당신에게 자식다운 모습을 한 번도 보이지 못했던 불효 때문에 스스로를 자책하여 훌쩍이는 필자에게 누이가 이렇게 말했다.

> "막내야, 울지 마라. 어머니처럼 호상이 어디에 있니? 엄마 말이면 껌
> 뻑 죽는 흉내까지 내던 자식들 배웅 받으며 떠나셨고, 말년에 치매로
> 고생은 하셨지만 앞서 보낸 자식 없이 구십 평생을 사셨고, 하나님 품
> 에 안기셨으니 이처럼 복된 죽음이 또 어디에 있겠니?"

누이가 말한 '앞선 자식 없이'라는 말이 오늘 서평을 쓰는데 왜 이리 절절할까? 이 땅에 존재하는 정상적인(필자가 정상적인이라는 단어를 쓴 이유는 아주 가끔, 아니 요즈음은 빈번하게 엽기적인 비정상적 부모들이 있기에) 부모들의 소원이 있다면 아마도 그건 자식을 앞서 보내지 않는 것이리라.

필자는 한강이 쓴 본 소설을 다 읽고 난 뒤에, 36년 전 광주라는 대한민국의 영토에서 당신들이 낸 세금으로 입히고 먹이고 재워주었던 이 땅을 지키는 일부 군인들에 의해 영문도 모르고 생떼 같은 자식들을 앞서 보내야 했던 부모들이 부지기수임을 알고 있었기에 그들이 겪었던 너무나도 엄청난 고통을 통절하게 느끼며 고개를 숙이고 이렇게 사족을 남겼다.

"1980년 5월, 나는 무엇을 하고 있었지. 생각해보니 무감각과 무통(無痛)의 죄인으로 있었다. 아무 것도 하지 않은 죄인. 한강은 나에게 너무나도 부끄러웠던 그 과거의 상처에 소금을 뿌렸다. 그래서 그 상처는 식은땀 나게 더 아팠지만 한 가지의 치유를 받았다. 잊지 않겠다는 치유 말이다. 역사가와 역사적 팩트는 오늘도 대화한다. 그래서 역사는 두렵고 떨리는 것임에 틀림이 없다. 『소년이 온다』는 나에게 이것을 가르쳐 주었다."

차라리 꿈이라면 좋겠네

소설의 제목이 왜 『소년이 온다』일까? 여러 가지의 해석이 가능하겠지만 필자는 소설의 주요한 인물로 등장하고 있는 동호와 정대의 한

(限)을 풀어주기 위한 저자의 감정이입이 가장 강했기 때문이었다고 해석하고 싶다. 가장 꿈 많은 중학교 시절, 동호는 도무지 뭐가 뭔지, 왜 이런 일이 자기 고향에서 일어났는지, 자신이 지금 꿈을 꾸고 있는 것은 아닌지, 도무지 이해가 되지 않는 일을 눈으로 보고 있다. 소설은 동호의 학교 친구인 정대가 평온한 자기의 고향, 빛 고을에 완전군장을 한 군인들이 내려와 무자비하게 쏜 총에 맞아 죽는 것을 보았다고 술회한다. 너무 엄청난 일이 벌어져 그 자리를 도망한 동호는 이후 정대의 시신이 어떻게 되었는지를 몰라, 상무관으로 실려 온 또 다른 시신들 중에 친구의 시신이라도 찾기 위해 동분서주하는 것으로 시작된다. 그러나 그것은 기대일 뿐, 정대의 시체는 군인들이 유기하여 불에 태워져 매몰되었음을 가히 짐작한다. 이렇게 시작된 소설의 주인공들을 적나라하게 소개하는 과정에서 저자의 서술은 소름끼치게 사실적이다. 이게 '대한민국이라는 내 나라에서 일어난 일이 맞아?'라고 정말로 고개를 젓고 싶은 마음이 간절하지만 1980년 5월, 남도 광주에서는 무고한 시민들이 백주(白晝)에 자기가 사랑하는 조국을 지켜달라고 세금주고, 위문편지를 받게 해주었던 자들에 의해 살상을 당했다.

80학번인 필자는 휴교령으로 인해 학교에 나가지 못하는 신세였다. 다만 방송에서 '광주는 지금 폭도들로 인해 무정부 상태가 되었다, 폭동 진압을 위해 정부는 군인들을 보냈다, 광주의 이 폭동은 고정간첩의 사주를 받은 불순분자들이 저지른 공산주의 혁명이다, 이제 내란에 버금가는 이 폭동을 충성스러운 군인들이 진압하게 될 것이다, 선량한 시민들은 피해를 보지 않기 위해 집에서 나오지 말라'는 말에 세뇌되고 있었다. 그때 작가의 말대로 그렇게 정대는 죽었고, 정미도 행방불명되었다. 죄 없는 민초들은 이유 없이 죽어야 했고, 동호는 미친 아이처럼 친구를 찾았다. 광주는 그렇게 생떼 같은 아들, 딸들을 먼저 보내야 하는 부모들의 비극의 현장이 되고 있었던 것이다. 마치 헤롯에 의해 베들레헴과 주변에 있었던 두 살 아래의 남아들이 떼죽음을 당할 때의 통곡처럼, 빛 고을에도 그런 호곡이 들리고 있었던 것이다. 나는 들은 풍월이 있어 당시 상황에 대한 정부의 보도 내용을 믿지는 않았다. 그럼에도 광주에서 이 정도의 비극적인 살상이 이루어지고 있었는지 설마 했던 그 무통의 무감각 때문에, 그 일로 인해 부끄러워 심장으로 울었다. 마치 오바댜의 예언에 나오는 에돔이 남쪽 유다를 향하여 지었던 방관의 죄를 지은 공범자 같아서. 그래서 그랬나! 안치환의 노래 가락이 생각난 것이.

"차라리, 꿈이라면 꿈이라면 좋겠네!"(안치환의 〈Still I Believe〉 중에 실린 '악몽98'에서)

현재진행형이라는 아픔이 더 쓰리다

저자 한강은 참 잔인하다. 어쩌면 이토록 시리고 아픈 이야기를 포장 없이 그릴 수 있었는지, 숨기고 싶지 않았을까? 광주 시민의 전체 인구가 40만 명인데 계엄군 공수부대원들에게 80만 발의 실탄을 지급한 저 짐승보다 못한 이들의 편에 서기 위해서가 아니라, 당한 자들의 아픔이 너무 커서 말이다. 예상은 빗나갔다. 작가는 용감했다. 페이지를 넘기면 넘길수록 숨을 쉬지 못하게 하는 아픔을 소년의 참담한 1인칭 내레이션을 통해 과감 없이 발가벗기고 있으니 말이다.

"우리들의 몸에 달라붙어 썩어가던 피 묻은 옷들이 가장 먼저 타서 재가 되었어. 다음으로 머리카락과 잔털들이, 살갗들이, 근육이, 내장이 타들어갔어. 숲을 집어 삼킬 듯 불길이 치솟았어. 대낮같이 공터가 밝아졌어. 그때 알았어. 우리들을 여기 머물게 했던 게 바로 저 살갗과 머리털과 근육과 내장이었다는 것을. 몸들이 우리를 끌어당기는 인력이 빠르게 허약해지기 시작했어. 덤불숲 사이사이로 물러나 서로의 그림자를 스치고 기대며 우리들은, 우리들의 몸에서 뭉클뭉클 뿜어져 나오는 검은 연기를 타고 단숨에 허공으로 솟아올랐어"(61-62).

총에 맞아 죽은 동호의 시신과 함께 뭉쳐 있는 또 다른 시신들이 불태워지는 장면을 여과 없이 서술하고 있는 한강은 도대체 누구이기에 이렇게 솔직할 수 있었던 것일까? 경찰서로 끌려가 사상적인 불온함을 미끼로 김은숙이 맞은 일곱 대의 뺨이 고발될 때, 나는 광대뼈가 부러지는 고통을 체감했다. 더불어 1980년대 신군부 시대의 폭력이 그녀의 뺨을 한 대씩 때릴 때마다 오롯이 무감각했던 나의 혈관이 터져 핏덩이가 솟아오르는 대리적 고통을 느꼈다. 자기가 살고 있는 나라의 잔인한 물리적 힘과 공권력을 갖고 있는 자들에 의해 무자비한 고문을 당해 여성으로서의 사형선고를 받은 선주, 영화 〈남영동 1985〉에서나 볼 수 있었던 현란한 고문 기술자들의 잔치에 끌려가 망가질 대로 망가져, 결국 그 고문의 후유증으로 만신창이의 삶을 살다가 자신의 굴곡을 이기지 못하고 자살한 진수 등등의 소설 속의 등장인물들은 작가에 의해서 만들어진 소설 속의 주인공들이지만 사실은 오늘도 살아 있다. 서글픈 것은 지금도 내가 살고 있는 이 땅에 그 잔인하고 화려한 외출을 사인한 자들이 버젓이 살아 숨을 쉬고 있다는 것이다. 그들이 그러고 있는 동안

제2의 동호, 정대, 정미, 선주, 진수가 현재진행으로 고통을 받고 있는 이 현실을 어떻게 해석하고 설명해야 하는가? 『역사란 무엇인가』의 저자 E.H. 카는 이렇게 갈파하지 않았던가?

"역사가가 연구하는 과거는 죽은 과거가 아니라, 어떤 의미에서는 현재에도 여전히 살아있는 과거이다. 그러나 과거의 행동은 만일 역사가가 그것의 배후에 있었던 사유를 이해할 수 없다면 그 역사가에게는 죽은 것 즉 의미 없는 것이다."[*]

필자는 카의 통찰에 전적으로 동의한다. 엄격한 의미에서 과거의 역사 중에 죽은 역사란 존재하지 않는다. 그 역사를 죽이려는 불온한 기득권 세력들이 있을 뿐이지.

소년들을 잠들게 하자

36년 전, 빛 고을에서 일어난 기막힌 한국현대사의 핏빛 사건이 역사가들에 의해서 재조명되고, 또 재조명되는 일들이 사리지지 않도록 하는 것은 이 시대의 지성인들의 최소한의 양심이요, 일인 듯하다. 만에 하나 그때의 일들을 왠지 지금의 정권처럼 자꾸만 희석시키려는 의도들이 있을 때 그 권력의 의도에 굴복한다면 그것은 지성적 성찰을 양보한다는 뜻이며, 지금도 피눈물을 흘리고 있는 자들에 대한 최소한의 예의를 무시해 버리는 것과 다를 바 없다.

"인간 행위의 변화는 그의 개인적 통찰력의 결과"[**]라고 한 오스트

---

[*] E.H. 카/김택현 옮김, 『역사란 무엇인가?』 (서울: 까치, 2014), 37-38.

리아 신학자 이반 일리히의 말은 36년 전에 이 땅의 남녘에서 인간백정들이 벌인 가공할만한 비인간적 행위의 극치를 왜 잊어서는 안 되는지를 보여주는 또 다른 지성적 근거이다. 한강은 이 일에 앞장섰다. 작가는 2009년 용산의 한 망루에 올라가 있었던 사람들이 다시 불타는 것을 보면서 소설에 기록한 일들을 다시 한 번 보는 것 같아 이렇게 자탄했다.

"저건 광주잖아!"

아직도 이 땅에는 소년들이 수없이 오고 있다. 그들이 오는 모습은 섬뜩하다. 이유는 왜 소년들이 자꾸만 오게 하는지를 오늘 나에게 묻는 것 같아서. 더 두려운 것은 그 질문에 대답할 수 있는 것이 딱히 없다는 것이다. 저자가 그의 작품 『채식주의자』로 근래에 세계 3대 문학상 중에 하나인 맨부커상 후보자가 되었다는 좋은 소식을 들었다. 만에 하나 저자가 이 상을 탄다면 그 상을 혹시 망월동에 있는 제2, 제3, 제4의 정대 묘비 앞에 올리지 않을까 싶다. 두 번 읽고 싶지 않은 책, 그러나 여유가 있으면 다시 촉촉한 눈으로 읽게 되는 『소년이 온다』를 80년, 광주에 파견되어 총질한 그들과 그들의 총질을 당당하게 사인한 이 땅에 호흡이 있어 숨 쉬고 있는 자들이 꼭 한 번 읽기를 추천한다. 그리고 그것을 읽는 독자들은 꼭 한 번 질문해 보시라. 소년들을 잠들게 하는 날이 과연 올까를. 유감스러운 것은 텔레비전에 나오는 사람들의 얼굴들을 보면 당분간 소년들이 계속 잠들지 못할 것 같다.

** 박홍규, 『이반 일리히, 소박한 자율의 삶』 (서울: 텍스트, 2011), 37.

꼰대를 싫어하면서 꼰대처럼 살아가고 있는 슬픈 자화상

장강명, 『한국이 싫어서』(민음사, 2015년)를 읽고

잔머리를 굴려야 하는 세상

20대 중반의 계나는 가난한 집에서 태어나 우여곡절 끝에 대학을 졸업하고 저축은행에 취직을 해서 직장생활을 하는 평범해 보이는 여성이다. 그러나 그녀는 직장을 때려치우고 그동안 번 돈을 가지고 호주로 이민을 계획한다. 이민을 계획한 이유는 딱 한 가지이다. 한국이 싫어서, 다른 표현으로 하면 '여기서는 못 살겠어서'이다. 한국을 탈출하여 호주로 날아가 여러 가지의 악조건 속에서 모 대학원에서 회계학 석사를 취득한다. 더불어 꿈에도 그리던 시민권까지 취득한다. 귀소본능이라 했다. 호주법상 시민권을 취득하는데 반드시 필요한 것은 시민권을 받는 해에 3개월 이상 타국에 거주한 이력이 없는 자라는 조항이 있어 계나는 한국에서 자기를 짝사랑하던 남자 친구와 2개월 동안 동거를 해 보며 한국에서의 삶을 마지막으로 다시 한 번 타진한다. 그러나 결론은 역시나이다. 대한민국이라는 나라에서는 자기의 미래가 없다는 확

신을 하고 다시 호주로 떠난다. 최후로 이런 결정을 한 이유는 계나가 은행에서 근무했고 회계학을 전공한 사람답게 행복이라고 하는 것이 다음과 같이 임한다고 확신했기 때문이다.

① 행복은 자산(資産)처럼 쌓일 때 느끼는 것인데, 호주가 그런 기회를 주는 땅이라는 것이다. 이 행복은 뭔가를 성취함으로 오는 행복이다. 그러면 그걸 성취했다는 기억이 오래 남아서 그 사람을 계속 행복하게 해 주는 것이라는 말이다. 그런 사람에게는 행복 자산의 이자가 매우 높다. 바로 행복감이 매일 불어나는 이자처럼 흘러넘치는 바로 이것이 자산성 행복이라고 그녀는 진단한다.

② 행복은 현금 흐름처럼 오는 것이라는 확신이다. 어떤 사람은 행복의 금리가 너무 낮아 행복 자산에서 거의 이자가 발생하지 않는다. 이런 사람은 스스로 행복의 흐름을 창출할 수 있도록 노력해야 한다. 이것이 바로 현금 흐름성 행복인데 호주는 바로 이런 사람들에게 그 행복을 줄 수 있는 기회의 땅이라고 확신했다.

헤브 어 나이스 데이

계나에게 있어서 호주는 이 두 가지 행복을 다 줄 수 있는 나라라고 확신했기에 사랑하는 사람이 있고 무엇보다도 가족이 있었음에도 불구하고 가차 없이 한국을 떠나기로 한 것이다.

"나한테는 자산성 행복도 중요하고, 현금성 행복도 중요해. 그런데 한국에서 나한테 필요한 만큼 현금 흐름성 행복을 창출하기가 어려웠어. 나는 본능적으로 알았던 거지. 나는 이 나라 사람의 평균 수준의 행복

현금흐름으로는 살기가 어렵다. 매일 한 끼만 먹고 살라는 거나 마찬가지라는 걸."(85)

한국과의 영원한 이별 통보를 하고 호주 공항을 빠져 나오는 데 세관 직원이 이렇게 상투적으로 인사를 한다.

"헤브 어 나이스 데이!"

이 인사를 받은 계나가 공항을 나와 적당한 바람이 불고 햇빛도 쨍쨍해서 선글라스를 끼며 작은 목소리로 이렇게 독백을 하는 것으로 소설은 끝이 난다.

"헤브 어 나이스 데이. 난 이제부터 진짜로 행복해질 거야"(188).

왜 이 지경이 되었지?

저자는 이 소설의 주인공인 계나를 통해 무엇을 말하려고 했을까를 소설을 읽는 내내 곰곰이 생각했다. 읽는 이의 관점에 따라 계나를 바라보는 시각은 다양할 것이 분명하다. 필자 역시 계나를 보면서 여러 가지의 감흥들이 피어올랐다. 그중에 아무리 씻으려고 해도 씻어지지 않는 기성세대로서의 아픔이 있었다. '지금 여기'의 대한민국 자화상에 대한 맹렬한 고발 때문이다. 계나의 입을 빌려 작가가 고발하고 싶었던 이 나라의 속살을 살펴보자.

"난 정말로 한국에서는 경쟁력이 없는 인간이야. 무슨 멸종되어야 할 동물 같아. 추위도 너무 잘 타고, 뭘 치열하게 목숨 걸고 하지도 못하고, 물려받은 것은 개뿔도 없고, 그런 주제에 까다롭기는 더럽게 까다로워요. 직장은 통근 거리가 중요하다느니, 사는 곳 주변에 문화시설이 많았으면 좋겠다느니, 막 그런 걸 따져"(11).

"한국에서는 딱히 비전이 없으니까. 명문대를 나온 것도 아니고, 집도 지지리 가난하고, 그렇다고 김태희처럼 생긴 것도 아니고, 나 이대로 한국에서 계속 살면 나중엔 지하철 돌아다니며 폐지 주워야 해"(44).

"실전 대비모임이라며 언론사 인턴 경력이 있거나 필기시험을 통과한 경력이 있는 사람만 받는다는 곳이 있는가 하면 '토익 900점 이상, KBS 한국어 능력시험 2급 이상, 소수 정예'라고 선을 그은 곳도 있고, 스터디 한 곳은 공대생은 아예 받지도 않았어. 공대생이 뭐 잘못했어? 우리 학교는 공대가 다른 단과대학보다 커트라인이 높은데. 그 점잖은 지명도 수능 성적도 나보다 낮았을 새끼들이…라며 분통을 터뜨리더라"(55-56).

90년대 이후의 젊은이들에게 이 땅에서의 터전이 이렇다는 것을 부인할 수 있는 자가 과연 얼마나 되겠는가? 이런 이유 때문에 사랑해 주는 남자도 있고, 부모도 있지만 계나는 냉정하게 조국을 떠난다. 필자는 이 땅에서 목회를 하는 목사이다. 어찌 보면 계나 같은 젊은이들이 조국을 떠나지 않도록 보살펴 주어야 할 사명이 있는 사람인데, 아무것도 해줄 수 없다는 것이 목사의 괴로움이요, 아픔이다. 지금의 초등학교, 중학교, 고등학교에 다니고 있는 아이들의 10년 후는, 20년 후는 조금 괜찮아질까를 기대해보지만 작금의 정치적, 사회적 구조나 체계를 보아서는 긍정적인 답변을 하기가 쉽지 않다.

필자는 70-80년대에 공부했던 베이비부머이다. 당시에 콩나물시루 같은 교실에서 거의 70명이 육박하는 아이들과 함께 사육을 받으면서 그것을 견뎠던 이유는 내 자녀들은 지금 내가 사는 근·현대사의 과도기 때보다는 한결 더 나은 세상에서 살 수 있을 것이라고 기대했기 때문이다. 그런데 정말로 기대대로 되었는가? 기대만큼 되기는커녕 '헬조선'이라는 신조어가 생겨날 정도로 절망적인 나라가 되었다. 청년들이 기를 쓰고 돈을 버는 이유가 이 나라를 떠나기 위해서라고 하니 더 이상 무슨 말이 필요한가? 참담한 아픔이 고스란히 자녀들에게 넘겨져서 요즈음 젊은 아이들의 말로 표현한다면 기성세대의 한 사람으로 쪽(?) 팔리는 지경에 이르렀다. 필자는 개인적으로 계나의 심정을 십분 이해할 수 있을 것 같다. 이 나라가 계나에게 희망을 줄 수 있는 것이 작금의 현실에서는 별로 보이지 않는다는 점에 동의하기 때문이다.

행복은 물질 순이 아니에요

자, 이제 다른 말을 해야 할 것 같다. 여기까지는 소설가 장강명과 뜻을 같이 한다. 그러나 이제부터는 계나에 대한 다른 이야기를 늘어놓아야 할 것 같다. 계나가 조국을 버릴 수밖에 없었던 일련의 국가적 모순에 대하여 필자 역시 계나의 편을 들어줄 수 있다. 그러나 "호주에서 반드시 행복해 질 거야!"라고 하며 당찬 기대감을 갖고 호주 공항을 빠져 나왔던 그녀의 포부에 손을 들라고 한다면 그건 할 수 없을 것 같다.

아니, 더 극단적으로 리얼하게 말한다면 그녀에게 "꿈 깨"라고 하고 싶다. 그 이유는 계나가 가지고 있는 자산성 행복, 현금 흐름성 행복은 그녀에게 이루어지지 않을 것이고, 만에 하나 백 번 양보하여 그런 행복이 성취되었다고 해도 계나가 결코 행복해 질 수 없다고 믿기 때문이다. 왜 필자는 이토록 자신감이 있게 단언하는가? 생각보다 간단하다. 행복은 물질적인 계산으로 산출되거나 도래하는 것이 아님을 알기 때문이다.

모름지기 수많은 사람들과 만나며 그 사람들과 현장에서 함께 부대끼며 산 26년의 목양의 틀에서 배워온 것은 '행복은 이윤 추구적인 사고방식으로 임하는 것이 결코 아니라'는 사실이다. 행복은 자산 추구나 현금 흐름처럼 눈에 보이는 것이 아니기에 계나의 기대는 결코 이루어지지 않을 것이 분명하다. 재독학자 한병철은 『심리정치』라는 책을 통해 신자유주의 체계 아래에서 아주 중요한 개인의 변화 하나에 주목하고 있다.

> "오늘날의 현대인은 모두가 자기 자신이라는 기업에 고용되어 스스로를 착취하는 노동자로 살고 있다."[*]

계나는 이렇게 호주에서 살아갈 확률이 농후하다. 자기 기업에 고용된 노동자로 살면서 어떻게 하든지 이윤을 극대화시키는 것에 목을 거는 자가 어찌 행복을 획득하며 살 수 있단 말인가? 한 개인이 행복이라는 단어를 물질적 차원으로 해석하고 있는 한, 그는 물질의 노예에서 벗어날 수 없기에 그녀가 행복해 질 수 있는 가능성이 제로 퍼센트임을

---

[*] 한병철, 『심리정치』 (서울: 문학과 지성사, 2015), 15.

예견할 수 있다. 이런 공식이 어찌 개인에게만 국한되겠는가? 목회를 하는 필자는 교회가 계나화되는 것에 비참함을 느낀다. 세상이 바라보는 한국교회에 대한 선입관은, 맘몬을 멀리하라고 하면서 도리어 맘몬에 가장 많이 타협하며 굴복하고 있는 이중적인 집단이라는 것이다. 박득훈은 한국교회의 맘몬화를 전통적으로 삼박자 축복이라는 괴물을 시작으로 야베스의 기도, 깨끗한 부자론(청부론), 긍정의 힘 등등의 값싼 은혜로 이어져 왔다고 일갈한다.* 물론 전체의 교회가 이렇다고 싸잡아 매도할 수 없음에 나 또한 동의한다. 그러나 인식 자체에 있어서 사회가 보는 교회는 물질이라는 또 다른 우상에 완전히 함몰되어 있어서 이제는 스스로 자정할 수 있는 능력을 상실한 믿지 못할 집단으로 인지되고 있다는 점에서 고개를 숙일 수밖에 없다. 그래서 그런지 리젠트 칼리지에서 사역하던 고든 피의 말이 왠지 가슴을 멍 때리게 한다.

"새 시대의 기준은 충분함(enough)이다. 그러나 남는 것은 문제가 된다. 새 시대의 나누지 않는 부는 가난한 자에게 좋은 소식으로 침투해 들어온 하나님 나라와 정 반대되는 것이다."**

전술했듯이 목사가 계나와 같은 조국의 젊은이들이 사랑하고 목숨 걸고 지켜야 하는 나라를 버리는 일을 속수무책으로 보고만 있어야 하는 이유는 나를 비롯한 참 목회자들이 맘몬이라는 괴물에 스스로 참패하고 있기 때문이다. 될 수 있을 가능성의 관점에서 볼 때 긍정보다는 부정의 스펙트럼에 더 가깝게 비치고 있지만 그럼에도 불구하고 내 조

---

* 박득훈, 『돈에서 해방된 교회』(서울: 포이에마, 2014), 96-134.
** 고든 피 외 5인/김형원 옮김, 『탐욕의 복음을 버려라』(서울: 새물결 플러스, 2011), 60.

국 교회와 지도자들이 맘몬과 맞서 싸워야만 더 이상의 계나가 이 땅에서 만들어지지 않을까 싶어 가슴 저린다.

무너뜨릴 걸 무너뜨려라

또 하나 그냥 지나칠 수 없는 장강명의 필치 중의 하나는 성윤리의 개념이다. 계나의 동거(同居) 사실을 너무나 편안하게, 쉽고 아무렇지 않게 삽입해 놓았다는 점이 정말로 충격적이었다. 지금 이 글을 쓰고 있는 필자는 두렵다. 왜? 오늘도 천연기념물과 같은 정신병자로 인식될까봐. 동거가 어때서. 계나는 영주권 취득 이후 시민권을 따는데 다른 나라(대한민국)에서 3개월 이상만 거주하지 않으면 된다는 호주법을 잘 알고 있었기에 약 두 달 보름을 한국에 있는 남자 친구와 해외에서 신혼여행 같은 시간을 보내고 한국에 마련해 둔 남자 친구의 집에서 동거한다. 이후 계나가 앞에서 언급한대로 자신의 행복을 위해 남자와의 동거를 정리하고 호주로 돌아가는 동선(動線)으로 작가는 그리고 있다. 언젠가 텔레비전에서 자신의 남편이 불륜을 저지른 것을 안 아내가 자신의 남편이 성적 불구자가 아니라는 것을 증명해 준 좋은 일이라고 쿨하게 인정해 주는 장면을 보다가 한동안 멍했던 기억이 있다. 같은 맥락에서 사실혼 관계가 아니라 서로의 성적 욕망을 채워주는 출구로 동거를 택하고 있는 젊은이들의 성윤리를 대변해주는 것 같은 소설의 전개 과정을 어떻게 해석하고 이해해야 하는가가 또 다른 필자의 고민거리였다. 주지하다시피 동성애에 대한 찬반논란이 극에서 극을 달리고 있는 것이 교계의 현실이다. 사정이 이렇다보니 치열한 논쟁거리인 동성애는 물론 이제는 거의 노터치의 영역으로 굳어지고 있는 성 윤리나 성

담론에 대하여 교회는 분명한 입장에 서야 하는 데도 교회마저도 이것에 대하여 비겁하지 않은 자처럼 인식되려고 함구하고 있는 것 같아 씁쓸하다. 필자는 동성애를 반대하는 이유가 에이즈에 걸릴 가능성이 농후하기에 경계하자는 그런 유치한 차원으로 언급하고 있는 것이 아니다. 도리어 일탈된 성 윤리나 변태적인 성 담론들을 걱정하는 것은 인간이 인간으로서의 존립해야 하는 가장 근본적인 구조와 생태적인 파괴 때문에 간과해서는 안 된다는 사실을 역설하고 싶은 것이다. 리디머 신학교의 목회 상담학 교수인 폴 트립이 『돈과 섹스』에서 갈파한 지적은 아무리 자유와 방임의 구분이 사라지고 있는 시대라고 하더라도 깊이 새겨볼 만한 금언이지 않을까 싶다.

> "우리가 하나님의 원래 의도와는 다른 목적으로 쾌락을 찾을 때, 하나님이 그분의 영광과 기쁨을 위해 창조하신 좋은 쾌락들이 나쁘고 위험한 쾌락으로 변질된다."[*]

지천명을 훨씬 넘긴 나이여서 그런지 필자는 내 조국이 지키고 싶은 가치가 있는 나라였으면 좋겠다는 아주 보수적인 생각을 한다. 그러나 그럼에도 불구하고 오늘 돈 벌어 이 땅을 떠나고 말겠다는 젊은이들에게 "천 번을 흔들려야 어른이 된다"고 일갈한 어느 대학교수나, "완벽하지 않은 것들에 대한 사랑"을 말한 어느 승려의 말처럼 역설적인 위로보다는 나는 오히려 '아닌 것은 분명한 아니라'는 돌직구를 아프더라도 그들에게 던지고 싶다. 그래서 도리어 그들로 하여금 불편함 속에서 자기의 길을 후회하지 않는 나이브한 선택을 하게 하는 것이 더 정직한 기성

[*] 폴 트립/이지혜 옮김, 『돈과 섹스』 (서울: 아바서원, 2014), 88.

세대의 돌봄이 아닐까 싶다. 어르고 또 얼러 이기적이고 방임적인 제2의 계나. 제3의 계나가 나와서야 이 민족의 10년 뒤를 장담할 수 있겠는가? 서평을 마무리하는데 갑자기 시인의 하가(읊조림) 소리가 크게 들리는 듯하다.

"복 있는 사람은 악인들의 꾀를 따르지 아니하며 죄인들의 길에 서지 아니하며 오만한 자들의 자리에 앉지 아니하고 오직 여호와의 율법을 즐거워하여 그의 율법을 주야로 묵상하는도다"(시편 1:1-2).

교회여! 힘이 정의가 아님을 아는가, 모르는가

주원규의 『망루』(문학의문학, 2010년)를 읽고

바란스를 맞추자

국어사전을 보면 '균형'이라는 단어를 다음과 같이 설명한다.

"어느 한쪽으로 기울거나 치우치지 아니하고 고른 상태."*

일본식 발음의 잔재가 뿌리 깊게 남아 있는 우리나라 사람들이 아주 빈번하게 사용하는 국적 불명의 소리음 글자인 '바란스'(balance)가 바로 이 '균형'을 의미하는 단어이다. 현장에서 목회를 하는 목사로서 근래 들어 이 '균형'이라는 단어에 꽤나 천착하며 살아가고 있다. 바보스러운 말이 될지 모르겠지만 목회의 현장에서도 이 '바란스'를 잡는 것이 무척이나 어렵고 힘이 들기 때문이다. 교회라는 공동체는 이 땅에 존재

---

* 민중서림 편집국 편, 『엣센스 국어사전』(서울: 민중서림, 2004), 314.

하는 조직 중에서 아마도 가장 복잡하고 다양한 사람들이 모여 있는 집단임에 틀림이 없다. 그래서 교회에서마저도 아무리 조영남이 '화개장터'를 소리쳐 불러 봐도 영호남의 색깔이 하나 되는 것이 쉽지 않고, 양희은이 '하나'를 불러도 보수와 진보가 어울리는 것이 녹록하지 않다. 이런 기막힌 상황 속에서 살아야 하는 목사이기에 균형을 잡아야 하는 것은 매우 조심스럽고 아슬아슬한 줄타기 같다. 그래서 유감스럽게도 목사에게 있어서 균형의 추를 잡는 것은 단지 성직자로의 양심의 문제 이전에 유감스럽게도 생존의 문제가 되고 말았다. 시쳇말로 간이 배 밖으로 튀어나오지 않고서야 소위 말하는 색깔이 있는 발언, 예언자적인 메시지를 내는 것은 이미 한국교회의 기상도 아래에서는 거의 불가능한 일이 되어 버렸다고 해도 과언이 아니다.

사정이 이런 데도 필자는 정말로 간이 부었다고나 할까! 어쩌다 '망루'를 손에 들게 되었다. 보수적 계통에 아니 더 솔직해지자, 근본주의적인 색깔이 있는 자들에게 있어서 주원규의 '망루'는 불온서적 정도가 아니라 이 책과 이 책을 읽은 자들은 중세 시대의 정황으로 말한다면 화형에 처해야 할 극형의 죄를 저지르는 것과 동일하다. 읽는 것도 무시무시한 죄를 범하는 셈인데 더군다나 이 책의 서평을 쓴다니, 오늘 만에 하나 2,000년 전 산헤드린 공회의 종교재판소가 있었다면 필자는 분명히 재판에 넘겨져 반드시 응징되어야 할 대상으로 낙인 찍혔을 것이 자명하다. 그러나 어찌하랴! 벌써 책을 읽고, 글까지 쓰고 있는데 물러서고 싶지가 않으니 말이다. 왜? 필자가 레드 마인드를 갖고 있어서가 아니라 나는 이 책을 통해 '바란스'를 잡고 싶다는 오기가 생겼기 때문이다. 마치 그것이 사명인 양 말이다.

세상이 교회를 염려하다니!

저자 주원규는 참 의외의 인물이다. 『망루』라는 소설은 한국 교회라는 거대한 조직에 대하여 마치 서슬이 시퍼런 칼을 겨눈 검투사가 승부를 내자고 결투 신청을 한 것과 같은데, 이 결투 신청을 낸 저자의 뿌리가 한국교회 조직 중에 가장 보수적인 냄새가 자욱한 총회 신학대 출신이니 말이다. 이런 아이러니가 또 어디에 있나 싶다. 글을 읽으며 이런 생각이 진하게 다가왔다. 돌연변이인가? 아니면 갑자기 돌변한 혁명가인가? 그러다가 나름 정리한 필자의 생각은 이러하다. '사람에 대한 인식을 그 사람 자체의 삶으로 보지 않고 외형적인 표피를 보고 판단하는 것만큼 편협하고 위험한 것이 또 어디에 있으랴!' 이 소회로 입장을 정리하다보니 편견을 버리기로 했고 또 그러다 보니 훨씬 저자에 대한 인식이 자유로워졌다. 『망루』를 읽은 사람이면 누구나 다 이 소설의 줄거리를 제공해 준 사건이 용산 참사임을 알 수 있다. 보수와 진보의 평가가 극과 극으로 나누어지는 그 용사 참사 말이다. 주목할 것은 용사 참사는 철거민들과 국가 공권력과의 싸움인데 비해 저자는 이 소설에서 과감하게도 그 참사를 일으킨 주된 범죄자를 교회로 고정했다는 점이 아프지만 특별하다. 물론 주원규는 용사 참사라는 미증유의 사건 앞에서 교회가 예언자의 목소리를 내지 않고 비겁하게 침묵함으로 국가 권력의 폭력 앞에서 잠잠했던 것에 대한 신랄한 비판을 전하고 싶었을 것이다. 또 하나, 저자가 신학을 공부한 제도권 교회와 교단에서 대체적으로 용산 참사의 원인이 불법 시위자들로 인하여 질서가 파괴된 상태에서 어쩔 수 없는 공권력의 정당한 집행 과정에서 야기된 유감스러운 일 정도로 치부하며 국가의 입장에 손을 들어준 것에 대한 환멸감이 뿌리 깊게 자리를 잡고 있어서가 아닐까 싶다.

세명(世明) 교회가 세암(世暗) 교회가 되나니!

이유야 어찌되었던 이런 작가의 지배적인 사고 속에서 만들어진 『망루』는 가장 부정적인 주인공 집단으로 가칭 교회답지 않은 교회인 세명교회와 그 교회를 세습으로 이어받은 조정인 목사를 내세웠다. 종교라는 이름을 빌미로 그들에 의해서 무자비하게 자행된 폭력은 세속적인 폭력보다 더하면 더했지 덜하지 않다. 담임목사 조정인은 제대로 신학을 하지 않아 도무지 세명교회의 담임목사가 될 자격이 없음에도 불구하고 갖은 편법으로 아버지의 후광과 그 조직 안에서 죄가 죄인지도 모르는 화인 맞은 양심의 소유자들인 기득권 지도 권력자들의 묵인에 의해 담임목사의 자리에 이르렀다. 그는 하나님과는 전혀 관계없는 자였기에 무소불위의 권력을 휘두르며 교권을 장악했다. 그의 야욕은 점입가경이다. 교회를 하나님이 보시기에 아름다운 교회로 만들어 가는 것에 대해서는 전혀 관심이 없고, 도리어 교회의 물리적인 힘, 금권적인 힘, 교인 숫자라는 외형적 요소들을 이용하여 더 큰 세력화를 꿈꾸며 주변 지역의 확장을 비전으로 선포한다. 이로 인해 재래시장에서 평생 열심히 일하면서 먹고 살던 민초들의 터전을 송두리째 앗아버리고자 한다. 생존의 터를 잃게 된 많은 사람들은 말도 안 되는 보상금을 받고 정들었던 생존의 자리를 떠났으나 일부 상인들은 생존을 위해 철거 반대 투쟁에 들어가고, 그때부터 남은 상인들은 교회와 치열한 전투에 임하게 된다.

글의 긴장감은 여기에서 정점을 이룬다. 철거반대 투쟁을 이끄는 자가 다름 아닌 그 교회 출신의 윤서이기 때문이다. 그는 신학대학교에 입학했지만 제도권 교회의 부정적인 모습에 환멸을 느끼고 학교를 중퇴한다. 이후 있는 자들과 기득권 교권주의자들에 의해 고통을 당하는 민초들과 함께 하는 것이 진정한 예수의 정신이라고 믿고 철거민들을 위한 생존권 보장 투쟁, 즉 세명교회와 맞서 싸우는 전사로 서게 된다. 그 과정에서 윤서는 신학대학교 동기이자 세명교회 전도사인 민우와 운명적으로 만나게 된다. 한 사람은 철거민들을 위해, 또 한 사람은 교회를 지켜야하는 얄궂은 운명으로 만난 것이다. 교회 쪽에 서 있어야 했던 민우는 훌륭한 목사가 되어주기를 기대하는 어머니의 기대감과 우연치 않게 은퇴한 담임목사 딸의 배우자로 정해진 부담감을 가지고, 무엇보다 시정잡배보다 못한 조정인 담임목사의 설교를 매주 마다 준비해주는 충직한 개와 같은 역할을 하면서 자신의 길을 가야 하는 그래서 심각한 영적 갈등에 사로잡힌 조커로 등장한다. 이런 압박 속에 있었던 민우에게 신학대학교 동기인 윤서의 나타남과 그가 철거민들을 위해 목숨을 걸고 싸우고 있는 실체는 실로 엄청난 충격이었다. 그의 삶에서 보여주는 행동하는 신앙의 모습은 이제까지 견지해온 제도권에 대한 실상과 성경에서 말하는 예수 상에 대한 근본적인 질문을 던지게 하는 신학적 코마를 가져오게 하기에 충분했다.

필자가 본 이 소설의 압권은 교회 공동체에 의해서 저질러진 악행들의 결정판이라고 할 수 있는, 철거민들을 향한 있을 수 없는 폭력에 대하여 맞서는 편의 반응이었다. 윤서를 중심으로 한, 폭력에는 폭력으로 맞서야 한다는 그룹과 폭력을 당하여 무참히 짓밟힌 자들을 신비롭게 치료해 주는 재림 예수로 상징화된 비폭력주의자 한경태와의 긴장감이었다. 다시 말해 이에는 이, 눈에는 눈이라는 윤서의 세속의 방식과 네 원수도 사랑하라는 한경태의 예수의 방식이라는 긴장감이 일반소설에서는 터치할 수 없는 그리고 볼 수 없는 영적인 영역이기에 목사인 필자에게는 글의 결말을 더욱 긴장된 마음으로 보게 했다.

힘이 정의라면 사랑은?

아주 오래 전, 영화 〈미션〉을 본 적이 있다. 영화에서 본 감동의 대사가 기억에 남아있다. 선교사들이 우여곡절 끝에 선교적 파라다이스를 파라과이 이구아수 폭포 부근에 만들어 지상 천국의 모델링을 해놓았건만 그 지역의 식민통치의 관할이 바뀌면서 교황청과 국가권력으로부터 선교지를 포기하라는 명령을 받는다. 수사 멘도사는 그 명령에 반기를 들고 칼과 총으로 맞서려했다. 그러나 가브리엘 신부는 아무리 그래도 폭력은 하나님의 뜻이 아님을 알고 사랑의 메시지를 전하면서 국가권력의 힘에 순교를 당하게 된다. 그의 마지막 말이 가슴에 남아있다.

"힘이 정의라면 사랑이 설 자리가 없어진다."

결국 주원규는 소설의 결론을 언해피엔딩으로 마감했다. 세명교회라는 세속적인 공룡보다 못한 가장 천박한 집단에 의해서 고용된, 소위 말하는 백골단의 무지비한 폭력으로 인해 결국 미래 시장을 생활의 터전 삼아 살기를 끝까지 포기하지 않았던 '망루'에 올라간 철거민들은 싸늘하게 시체가 되어 버렸고, 세명교회의 승리로 철거 전쟁은 끝이 났다. 세명교회가 철거 전쟁에서는 승리했지만 아이러니하게도 교회는 철저하게 패배했음을 작가는 많은 독자들에게 고발하고 싶었으리라. 적어도 이것이 작가가 말하고 싶었던 세상의 권력과 야합한 교회의 나신(裸身)을 그대로 밝히는 메시지였을 것이다. 이 사회에서 제거되어야할 공적(公敵)은 아이러니하게도 세상을 치유해야 할 한국교회임을 더 더욱 교회에 알려주고 싶었던 경고성 메시지였을 것이다.

작가는 이 글의 중간 중간에 유대의 독립을 추구하다가 로마의 제10군단을 이끌던 디투스에 의해 공격을 받고 궤멸 직전에 있었던 마사다 요새에서 960명과 함께 자결을 이끌었던 열심당의 지도자였던 벤 야살의 이름으로 세명교회 홈페이지에 글을 올린 김윤서의 백서를 공개한다. 로마의 개로 사느니 차라리 순결한 죽음을 선택하자고 제안했던 벤 야살이 오늘 한국교회에도 절대로 필요함을 간헐적이지만 작가의 언어로 표출하고 있다. 작가가 마치 500년 전, 교회가 세속 권력과 부합하여 기생하고 있는 중세 가톨릭을 향하여 비텐베르크 성당 정문에 95개 조항의 종교 개혁의 기치를 내건 루터의 심정으로 불을 토하는 장면은 목사인 필자를 서늘하게 하기에 충분했다. 아무리 곱씹어도 작가가 말하고자 하는 벤 야살이라는 이름으로 올린 담론들은 오늘날의 교회가 뒤돌아보아야 하는 쪽 복음처럼 귓가를 때렸기 때문이다.

균형

필자는 글을 시작하면서 '균형'을 말했다. 재론하지만 '망루'에 올라선 미래 시장 상인들은 국가폭력에 의해 주검이 되어 내려왔다. 다른 어떤 말로 합리화시킬 수 없는 힘 있는 자들의 절대 폭력의 결과 때문이다. 오늘 우리 시대는 이렇게 힘 있는 자의 논리로 힘없는 자가 유린되는 정치적, 사회적 후진성을 그대로 담보하고 있는 어처구니없는 불행이 일어나는 아픔 속에 살고 있다. 교회는 왜 존재하는가? 힘이 있는 자의 편에 서 있으려면 과연 교회가 왜 이 땅에 존재해야 하는가? 아주 오래 전에 읽었던 터라 출처가 어디인지 확실하게 기억은 나지 않지만, 일간 신문 칼럼에서 한국교회를 심히 염려하는 이런 종류의 지성인 칼럼을 읽은 적이 있었다.

"교회와 성당과 절은 세속의 사람들이 세간에서 발견할 수 없는 소망과 평강과 기쁨을 얻기 위해 가는 곳이다. 헌데 만약에 교회와 상당과 절이 세상과 전혀 다르지 않다면 우리들이 거기에 가야 할 이유가 도대체 무엇인가?"

교회가 이 땅에 존재해야 하는 이유는 예수께서 행하셨던 삶의 내용들을 그대로 살고 또한 보여주기 위해서이다. 환언한다면 예루살렘 중심적인 삶이 아닌 갈릴리 중심적인 삶을 살기 위해 교회는 존재한다는 말이다. 필자는 한국교회가 다시 사는 방법은 예루살렘행이 아닌 갈릴리행 열차를 타는 것이라고 진단하는 것에 주저하지 않는다. 이 고언에 대하여 다른 변명으로 구차하게 비겁해지지 말자. 나는 그것이 용기라고 믿는다. 그럼에도 불구하고 필자는 이제 균형을 잡아야 하겠다. 저자는 무엇 때문에 이 글을 썼을까? 이 기막힌 뒤틀어짐을 반성하고 돌이켜 한국교회가 다시 일어서게 하는 것이 그의 목적이었을까? 아니면 무슨 일을 해도 다시 일어서지 못할 것이라는 비관론에 근거하여 일어서지 않기를 바라는 마음이었을까? 저자가 어떤 마음으로 소설을 썼는지는 그의 자유의지일 것이다. 그러나 만에 하나, 전자가 아닌 후자가 소설을 쓴 목적이라면 대단한 유감이다. 내가 사랑하는 한국교회가 바람 앞에 촛불인 것은 인정하지만, 나는 한국교회가 예언자 이사야 신탁의 언어처럼 남은 그루터기가 될 것을 기대하기 때문이다.

필자는 한국교회에게 주어진 자정의 기회와 시간이 그리 많지 않다는 것을 인정한다. 그러나 그럼에도 불구하고 나는 아직도 한국교회에 바알에게 무릎을 꿇지 않은 7,000명의 의인들이 있을 것을 믿기에 희망을 갖는다. 하루에 열두 번도 더 목사의 직을 내려놓고 싶은 마음이 있는 아픔을 느끼지만 이것이 지금까지 목사의 로브를 벗지 않는 이유이기도 하다. 교회를 향하여 날선 비난의 화살을 날리는 것은 얼마든지 맞아야 하는 것이며, 또 그 매 맞음을 통해 유행가 가사처럼 교회가 아픈 만큼 성숙해 지는 것은 역설의 의미로 박수까지 보내고 싶다. 하지만 교회가 무엇을 해도 인정하지 않으려는 세속의 가치에는 유감스럽게도 손을 들어주고 싶지는 않다. 필자는 하나님이 패역한 교회를 고쳐 당신의 도구로 사용하실 것을 지금도 고지식하게 믿는 보수적인 생각(?)을 갖고 있는 현직 목사이다. 물론 전적인 주님의 은혜가 있어야 하겠지만. 나의 이 균형의 추가 흔들리지 않기를 간절히 소망해 본다.

하박국이 그립다

서평을 마치면서 '망루'라는 단어가 이 소설의 제목 때문인지 예언자 하박국이 떠올랐다. 주전 7세기 예언자였던 하박국은 바벨론의 서슬이 시퍼런 침략의 기운으로 인해 백척간두에 있었던 남 유다의 상황을 보면서 가슴 졸여하는 예언자의 심정을 토로한다. 마침 하나님께서 갈대아를 들어 유다를 심판한다는 신탁을 듣고 나서 자신의 이성으로는 유다가 하나님 마음에 들지 않는 구석이 있긴 하지만, 그렇다고 해서 짐승 같은 바벨론을 들어 당신의 백성을 심판한다는 사실을 받아들이기가 쉽지 않아 하나님께 대드는 것과 같은 종용의 기도를 한 뒤, 하나님이 어떻게 하실지 망루에 올라가 주목한다. 이 과정은 하박국이 하나님이 행하시는 일을 불의로 보고 대항하겠다는 의지가 있는 것처럼 보이는 대목이다. 하나님께 떼를 쓴 것이다. 중요한 것은 하나님께서 하박국의 일련의 떼씀을 선하게 보셨다는 점이다. 그래서 하나님은 하박국에 의미 있는 응답을 주신다. 그 응답이 바로 오직 의인은 믿음으로 산다는 메시지였다. 이 하나님의 응답은 분명히 '하나님의 격려'였다. 망루에 올라선 하박국의 떼씀은 의인을 통한 회복이라는 결론을 도출해냈다는 말이 된다.

주원규의 '망루'에 올라보았다. 그 망루 위에서 갑자기 신영복선생의 글이 생각났다.

> "지남철의 여윈 바늘 끝처럼 불안하게 전율하고 있어야 하는 존재가 지식인의 초상이다. 어느 한 쪽에 고정되면 이미 지남철이 아니며 참다운 지식인이 못됩니다."[*]

지금 무얼 안다싶어 글을 쓰고 있는 필자는 세상 사람들이 '먹사'라고 공격하는 현직 목사로 살면서 그럼에도 불구하고 지성적 끈을 놓지 않으려고 현장에서 필사의 몸부림을 치며 살고 있다. 그래서 그런지 신영복의 글이 무게감 있게 다가온다. 망루에 올라가 그 '망루' 위에서 한국교회를 향한 하나님의 회초리를 매섭게 맞았다. 아프기도 하지만 그 매 맞음이 지남철의 역할을 하고 있다는 자기만족에 달게 받으며 그 망

---

[*] 신영복, 『담론』 (서울: 돌베개, 2015), 403.

루에서 하박국의 떼씀을 똑같이 부려보았다. 그래서 얻은 은혜는 남은 자, 그루터기의 자존감을 잃지 않고 계속 떨겠다는 균형이었다. 글쓰기를 마치며 오늘도 이 땅의 더 많은 남은 그루터기들이 가슴을 치며 망루에 오르는 하박국이 되었으면 하는 마음 간절하다.

과정의 불편함인가, 편리함의 결론인가?
응답하라

김미월, 『여덟 번째 방』 (민음사, 2012년)을 읽고

아픈가? 살아 있다는 것에 감사하라

　서재에 있는 턴테이블 LP에서 들리는 '아드리느를 위한 발라드'가 은은하게 마음을 감상적으로 만든다. 거의 3박 4일 동안 말을 하지 못하고 살았다. 감기란 놈이 그렇게 만들었다. 실은 지금도 불편하지만 글은 쓸 수 있어 감사하다. 목감기로 인해 말을 하지 못하는 상황에 직면했지만 도리어 감사한 것이 새롭게 느껴졌다. 목사처럼 말이 많이 해야 하는 직업이 또 어디에 있으랴! 그런데 질병이라는 물리적인 방법이기는 하지만 심한 목감기로 인해 침묵하고 살던 3박 4일에 훨씬 더 영적으로 살이 찐 느낌이 들었기 때문이다. 약을 먹고 몸이 조금 괜찮아지는 시간에는 더 많이 묵상하고 성경과 책들과 기도와 함께 할 수 있었다. 그래서 그런가? 이해인 수녀께서 『민들레의 영토』에서 "큰 소리로 말씀치 않으셔도 분명히 들려옵니다"*라고 고백한 영혼의 읊조림이

그대로 다가오는 듯한 주간을 보낸 느낌이다. 년 초에 손에 잡고 읽으면서 잔잔한 울림을 받은 소설가 김미월의 장편『여덟 번째 방』을 만났다. 작가는 몸과 마음 모두 심한 고통 가운데 글을 다 쓰고 난 뒤, 에필로그에 이런 글을 남겼다.

> "아프다는 것은 살아있다는 것, 아파서 운다는 것은 살고 싶어 한다는 것. 그것을 확인시켜 준 내 몸에 감사한다"(242).

현직 목사로 살면서 때로는 섬기는 공동체 때문에, 때로는 개인 영성의 침체 때문에, 때로는 변화하지 않는 너와 나의 삶 때문에 많이 울었다. 그때마다 언제 울지 않을까 하는 마음으로 심한 영적 고통의 터널들을 지나왔다. 도저히 헤어 나올 수 없을 것 같은 터널의 터널을 지나면서 끝이 있을까 자탄하던 때가 한두 번이 아니었다. 그러나 끝내 깨달은 것은 그 고민의 연속적인 시간 안에 있다는 것은 곧 내가 살아 있다는 것의 단적인 증거라는 것이다. 하나님께 부족함을 도리어 감사했던 지난 시간이 있었음으로 인해 벅찬 감동을 받는다. 그렇다. 터널은 터널이지 굴이 아님에 감사하다.

'집'이 아닌 '방'의 삶

멘토인 이재철 목사께서 추천한 김미월의『여덟 번째 방』은 목양의 여정에 있는 나에게 두 가지를 깨닫게 해주었다. 첫째, 나와 함께 이 땅을 살아있는 모든 이들의 영혼이 아름답다는 사실과 둘째, 살아 있는

---

* 이해인,『민들레 영토』(서울: 가톨릭출판사, 1985), 121.

자들에게는 과정이라는 스승이 있다는 점이었다. 90년대 학번 즈음으로 보이는 주인공 영대는 자신이 무슨 꿈을 갖고 사는지 조차도 모르는 불안한 이 시대의 대명사처럼 보인다. 이런 본인의 '꿈 없음'을 '꿈 있음'으로 변화해 보기 위해 독립을 선언한다. 그러나 집을 나선 그 순간부터 맞닥뜨리게 되는 수많은 사회적, 경제적인 문제들은 영대를 옥죄며 다가온다. 경제적인 곤고함으로 인해 얻은 자취집은 집이 아니라 방이었다. 단지 잠만 잘 수 있는 그런 방. 그곳에서는 삶이 없었다. 방은 단지 잠만 자는 공간이었다. 사회생활을 그렇게 시작한 자신의 삶이 한탄스러운 영대는 그 집에서 삶을 시작하던 첫날 우연히 상자에 담겨 있는 노트들을 발견하게 된다. 이전 방주인이 찾아가지 않은 것이었다. 그 노트 안에는 '여덟 번째 방'이란 제목의 글이 기록되어 있었는데 소설의 또 다른 주인공인 '지영'이 살아온 삼십 년의 시간이 고스란히 녹아있었다. 영대는 '지영'의 삼십 년 삶이 기록된 스프링 노트를 읽으며 지금 기막힌 가난과 궁핍의 현실에 놓여 있는 자신과 지영과의 묘한 교감을 느낀다. 그는 예기치 않은 글을 읽으면서 삶을 포기한 사람들이 사는 곳으로 낙인찍힐 수 있었던 본인의 방을 사유와 성찰을 발전시켜 나가는 아주 의미 있는 방으로 공간 변화를 시도한다.

살아 있다면 일어설 수 있다

책의 두 번째 주인공 '지영'은 고향을 떠나 서울에서 대학생활을 하면서 좌절과 슬픔을 경험한다. 동시에 고향에서 부모님이 경영하던 서점의 경영 악화로 본인에게 다가온 경제적인 궁핍함으로 인해 자꾸만 더, 더 좁은 공간으로 이사해야 하는 과정에서 본인의 무능력을 절감한다. 지영의 이런 모습은 지금 독립하여 나왔지만 꿈도 없고 무엇을 해도 단 한 번 끝까지 해 본 것이 없는 주인공 영대와의 심리적 공감과 동변 상련의 애잔함을 느끼게 해준다. 소설은 3인칭으로 서사되어진 영대와 1인칭으로 서술된 지영의 이야기가 교차되면서 박진감 있게 진행되는데, 두 사람의 이야기는 공히 삶의 노정이 치열하게 전개되면서 그들이 살아 있다는 것을 분명히 해준다. 그렇다. 작가는 그 살아 있음이 곧 행복이라고 강하게 역설하며 정의한다. 필자는 이 말에 동의한다. 삶이 곤고하고 지치고 낙심되고 혼자서는 도저히 걸어갈 수 없을 정도의 그로기(groggy) 상태에 있더라도 살아 있다는 것은 다시 일어설 수 있다는 증거 그 자체이다. 왜? 끊임없이 사유할 것이며 고민할 것이기 때문이다. 하나님께서는 인간에게 여타 다른 동물들에게는 주지 않은 생각하는 은혜를 주셨다. 그러므로 살아 있음은 계속해서 나를 성찰하고 뒤돌아볼 수 있는 증거이기에 살아 있는 영혼은 아름답다는 것에 손을 들어주고 싶다. 근래에 참 많이 불렀던 노래가 있다. 복음성가 가수인 동방 현주 씨가 부른 '다시 일어섭니다'라는 찬양 가사의 한 대목이 심금을 울린다.

"어리석고 미련한 나, 믿음 없어 실패한 나, 그런 나를 받아주시는 아버지 나 사랑합니다."

자꾸만 되새기게 되는 가사가 귀하고 또 귀하다. 적어도 필자인 나에게는. 살아 있다는 것은 다시 일어서게 되는 증거이기도 하지만 또 다른 단계로 나아감을 의미한다고 김미월은 역설한다. 그것은 지치더라도, 낙심이 된다고 하더라도, 솟아날 구멍이 보이지 않는다고 하더라도, 그 고통의 터널을 통과할 수 있는 방법은 과정을 중요시 여길 때라는 도전이었다. 중요한 것은 삶의 결론이 아니라 과정이다. 이것이 이 소설과 함께 하면서 얻은 두 번째의 가르침이었다. 각기 다른 공간과 시간의 주인공 영대와 지영의 공통점은 처해 있는 형편이 녹록하지 않다는 점이다. 동시에 보이는 그 어떤 신기루도 없다는 것이다. 그러나 이들은 무모해 보이는 것처럼 보이는 본인들의 삶의 과정을 누차 경험하려고 한다. 회피하거나 피난처를 찾으려고 하지 않는다. 관계되어 있는 사람들과의 관계를 자기 발전의 기회로 삼으려고 한다는 점이었다. 그것이 의도한 것이든 그렇지 않든.

과정의 불편함인가? 편리함의 결론인가? 응답하라

자신이 살아가는 현재를 부정하지 않고 또 다른 긍정의 시간으로 만들어 가는 것은 살아 있는 자들의 특권이다. 많은 현대인들이 결론에 집착하고 과정은 무시한다. 과정을 행복하게 여기는 사람이 진정한 행복의 주인공이 될 수 있는데도 대체적으로 인간이라는 군상들은 결론에 목숨을 건다. 동시에 그 결론을 자기 세대에 보고 싶어 한다. 심지어 그리스도인들조차 이 말도 안 되는 게임에 올인하려고 하며 오십보백보인 모습을 보인다. 주군이신 예수의 삶을 결론으로 평가한다면 얼마나 철저하게 실패한 삶이었는가? 그는 항상 왕따로 살았다. 그는 항상 비주류였다. 그의 주변에는 별로 달갑지 않은 인생의 흔적을 가진 자들만이 모여들지 않았는가? 어느 한 순간이라도 예수의 삶이 오늘의 정의로 정의할 때 성공한 사람의 자화상으로 비추어졌던 적이 있었는가? 그는 철저히 외롭고 힘든 길을 걷지 않았던가? 그리고 결국에는 모든 사람들, 심지어는 3년 동안 동고동락했던 자들에게 마저도 버림을 받고 비참하게 죽지 않았던가? 누가 감히 예수의 삶이 성공한 삶이었다고 말할 수 있단 말인가? 그러나 예수께서 실패했던가? 예수는 성공하지는 않았지만 승리했다. 그 이유를 필자는 예수께서 과정의 승리를 거두셨기 때문이라고 단언한다. 불편한 것처럼 보이지만 나는 그래서 주군을 따라가고 있다. 신영복은 이렇게 얍삽한 세류의 흐름 속에 있는 작금에 파란을 일으키는 돌을 던진 적이 있다.

> "현명한 사람은 자기를 세상에 맞추는 사람인 반면, 어리석은 사람은 세상을 자기에게 맞추려는 사람이라고 했습니다. 그러나 역설적이게도 세상은 이런 어리석은 사람들의 우직함으로 인하여 조금씩 나은 것으로 변해간다는 사실을 잊지 말아야 한다고 생각합니다. 우직한 어리석음, 그것이 곧 지혜와 현명함의 바탕이고 내용입니다. '편안함' 그것도 경계해야 할 대상이기는 마찬가지입니다. '편안함'은 흐르지 않는 강물이기 때문입니다. '불편함'은 흐르는 강물입니다. 흐르는 강물은 수많은 소리와 풍경을 그 속에 담고 있는 추억의 물이며 어딘가를 희망하는 잠들지 않는 물입니다."[*]

주군이 간 길이 불편한 길인데도 그를 따르겠다는 추종자들이 불편함이라는 과정을 무시하고 편안함이라는 결론을 얻기를 원하는 이 기막힌 아이러니를 어떻게 해석해야 하는가? 적어도 그리스도인이라면 성공이라는 결론에 눈이 먼 부류가 아니라, 주님을 따르다가 실패한다 하더라도 자신에게 주어진 과정에 최선을 다했으므로 좌고우면하지 않

---

[*] 신영복, 『나무야 나무야』 (서울: 돌베개, 1996년), 82.

는 멋있는 주인공들이 되어야 하지 않을까. 오늘 한국교회에 정작 필요한 것은 그런 사람이 아닐까. 그런 이를 찾는 마음 간절하다.

아홉 번째 방으로 이사해도 똑바른 삶을

미국 뉴욕의 리디머 교회를 이끌고 있는 팀 켈러(Timothy Keller)는 다음과 같이 갈무리했다.

"왜 어떤 사람들이 이 세상을 '똑바로 나라'(right-side-up-kingdom)라고 부르고 하나님의 나라를 '거꾸로 나라'(the upside-down-king-dom)라고 부르는지 아는가? 권력과 명예를 강조하는 세상은 똑바르고 자연스럽게 보이지만 예수님이 말씀하신 섬김과 희생은 전혀 불가능하고 부자연스럽게 보이기 때문이다."*

적용해보자면 무조건적인 승리만을 추구하며 결론만을 중요시 여기는 삶을 '똑바른 삶'이라고 정의하고 몰고 가는 이 시대, 반면 어리석게도 과정을 중요시 여기는 삶은 '거꾸로 삶'이라고 정의될 수 있는 시대에 살고 있는 것이 미련한 당신과 나임에 틀림없다. 그러나 그럼에도 불구하고 적어도 이 시대의 신실한 예수 그리스도인들이라면 자기 방식의 결론이 아닌 주님의 과정에 주목하는 삶을 살아야 하겠다는 의지를 가지는 것은 포기할 수 없는 그리스도인들의 영적 자존감의 마지노선이지 않을까 싶다. 적어도 나와 당신이 오늘, 여덟 번째 방에서 살면서 세속적 궁핍함이 있다고 할지라도 또 어떤 경우에 아홉 번째 방으로

---

* 팀 켈러/정성묵 옮김, 『왕의 십자가』(서울: 두란노, 2013), 281

옮기는 한이 있더라도 주군이 가신 불편한 길을 사수해야 하는 영적인 자존감이 있어야 하지 않을까 싶다.

나와 같이 되기를

글을 마무리하면서 베스도 총독과 헤롯 아그립바와 그의 정부였던 버니게와 자신을 고소했던 예루살렘 유대 종교 집단의 리더들 앞에서 수갑을 차고 있었던, 그 누가 보더라도 아무런 힘이 없어 보이는 이미 50대에 들어선 바울사도가 그들 앞에서 외쳤던 선포가 크게 공명되어 들린다.

> "바울이 이르되 말이 적으나 많으나 당신뿐만 아니라 오늘 내 말을 듣는 모든 사람도 다 이렇게 결박된 것 외에는 나와 같이 되기를 하나님께 원하나이다 하니라"(사도행전 26:29).

전율하게 만드는 감동의 외침이다. 우연인가? 글을 마치려고 하는데 이번에는 턴테이블에서 아다모의 'Tombe La Naige'(눈이 내리네)가 은은하게 흘러나온다. 살아 있기에 이렇게 애잔한 음악을 들을 수 있다는 감동도 준다. 제천 날씨가 눈이 내릴 것 같아서 더 애잔한가?

인간은 인간에게 늑대일 수밖에 없는가

샐리 모건, 『니웅가의 노래』(중앙 books, 2009년)를 읽고

HOMO HOMINI LUPUS(인간은 인간에게 늑대다)

세계적인 기독교저널인 크리스채너티 투데이 한국어 1월 판에 2016년 추천도서로 선정된 게리 A. 하우젠과 빅터 부트로스가 공동 집필한 『폭력국가』를 구입해서 아주 의미 깊게 읽었다. 이 두 사람은 세계적인 글로벌 인권단체인 INTERNATIONAL JUSTICE MISSION 소속의 검사들이기에 전 세계적인 범죄를 조사하여 기소하는 역할을 하고 있는 법조인이다 보니, 특별히 인권 유린이 자행되는 제3세계는 물론 문명국에서 힘 있는 자들의 논리와 각종 불법으로 인해 숨겨진 범죄들을 적나라하게 보고하는 리포트들을 보면서 폭력국가에 의해서 자행된 일들로 인해 적지 않은 충격을 받았다. 하나의 실례를 인용한다면 인도의 실리콘 밸리라고 하는 방갈로르에서 백주에 버젓이 벌어지고 있는 비인간적 인권유린의 예이다. 인도의 방갈로르는 인도에서 다섯 번째 큰 도시로 인구 900만 명이 넘으며, 지역 경제 성장률이 10.3%를 넘는 잘 사는 도시이다. 억만 장자는 적어도 열 명 이상, 백만장자는 만 명이

넘는 부의 도시라고 저자들은 증언한다. 동시에 당연한 일인지 모르겠지만 지적인 수준이 높은 기막힌 도시에 똬리를 틀고 있는 인권 범죄는 상상을 초월했다. 이 도시에는 법을 조롱하는 '현대판 노예제'가 버젓이 존재한다. 부유한 자들은 하루에 2달러에도 못 미치는 돈을 갖고 살아가는 극 빈민층의 사람들을 일시적으로 품돈을 쥐어주고(책에 소개되고 있는 평균적인 금액: 약 330달러) 노예로 고용하여 그 다음부터는 그 빚을 빌미로 무참히 그들의 최소한 인권을 짓밟고 있었다.* 충격적인 것은 노예를 부리는 자들이 행하는 범죄는 단순히 노동력을 착취하는 것만이 아니라 물리적인 힘을 동원한 무자비한 폭력, 성적인 착취, 감금 등 등 도저히 인간이 할 수 없는 일들을 고스란히 자행하고 있다는 점이다. 이 사실을 인지한 IJM 소속의 검사들과 인도의 인권 변호사들이 힘없는 자들이 당하는 불법적인 사실을 조사하여 법에 따라 기소하여 재판을 요구했지만 인도라는 국가의 폭력적이고 편향적인 태도로 인하여 결국은 불법을 행한 자들에게 면죄부를 주는 꼴로 모든 재판이 진행된다는 점에 저자들은 절망하며 이 사실을 고발하고 있다.

글을 읽다가 인도에서 일어난 이 팩트에 대한 분노를 경험한 것이 아니라 '이 나라도 그러네!'라고 무감각하게 느낀 나의 감정에 더 분노했다. 왜냐하면 영국의 사회 철학자 토마스 홉즈가 말한 "인간은 인간에 대하여 늑대"라는 일갈을 그대로 받아들이고 있는 목사라고 하는 내모습이 너무 한심했기 때문이다. 기실, 이런 종류의 인권 말살은 어제오늘의 일이 아니지 아니하였던가! 인류 역사의 흐름 안에 언제나 존재했던 인간 죄성의 그림자가 아니었던가!

---

* 게리 하우겐 · 빅터 부트로스 공저, 『폭력국가』 (서울: 옐로블릭, 2015), 43-45.

니웅가를 아는가?

몇 년 전, 호주의 베스트셀러 작가인 셀리 모건의 글을 읽었다.『니웅가의 노래』였다. 장편이라는 부담은 있었지만 '니웅가'라는 생소한 단어에 호기심이 발동하여 왠지 모를 사명감 때문에 용기를 내보았다. 그 용기의 끝에는 참 많은 것을 생각나게 해 주는 배움과 교훈이 있었다. 그래서 글을 다 읽고 난 뒤, 매번 하는 것처럼 이렇게 글 마침의 소회를 책에 남겨 놓았다.

> "아프다. 너무 아프다. 나또한 가슴 깊은 한 곳에 잔인한 늑대가 자리를 잡고 있는 개연성이 충분히 있는 존재이기에 아프다. 사람이었으면 좋겠다. 그냥 사람다운 사람. 울면서, 분노하면서 이 책을 놓는다. 책은 놓지만 여운은 오래갈 것 같다. 에버리진들을 위한 기도와 함께."

미국의 인디언들처럼 호주 본토의 원주민들의 후손들을 오늘날 호주에서는 '에버리진'이라고 부른다. '니웅가'는 호주 남서부 에버리진의 말로 남자를 뜻하는 단어인데 이 책은 에버리진의 피를 갖고 태어난 저자가 추적한 조상들의 한(恨)의 이야기이다. 몇 년 전, 작가 류시화가 쓴 아주 방대한 자료 묶음의 책인『나는 왜 너가 아니고 나인가?』와 씨름을 하며 참 수치스러웠던 적이 있었다. 이 책은 소위 말하는 청교도 신앙을 가진 자들이 신대륙 아메리카를 발견하여 개척할 때, 당시 미국 대륙의 인디언들에게 행한 잔혹사를 기록한 책이다. 하나님의 이름으로 절대로 하지 말아야 할 일들을 땅을 정복하는 과정에서 하나님의 이름으로 얼마나 버젓이 자행했는가를 아주 세밀하게 고발한 책이었기에 읽는 내내 부끄러움과 괴로움에 몸서리쳤던 기억이 있다. 아직도 그 책에서 분노의 냄새를 자욱하게 피워주어 나를 힘들게 했던 한 대목을 소개한다. 인디언 부족이었던 피쿼트 마을을 공격한 존 매리슨 대장의 승전기사이다.

"그들은 마을에 불을 지르고 불길을 피해 달아나던 마을 주민 700명 대부분을 학살했다. 끔찍한 광경이었다. 공격의 대열에 참가했던 코튼 매더 목사는 다음과 같은 기록을 남겼다. '인디언들이 불에 구워졌으며 흐르는 피의 강물이 마침내 그 불길을 껐다. 고약한 냄새가 하늘을 찔렀다. 하지만 그 승리는 달콤한 승리였다. 사람들은 모두 하나님을 찬양하는 기도를 올렸다.' 포로로 잡힌 인디언들 중 남자는 서인도 제도의 노예로 팔렸고 여자들은 병사들이 나눠가졌다. 아메리카 원주민들의 숱한 피의 역사 중 가장 비극적인 사건의 하나로 꼽히는 이 '달콤한 희생' 위에 보스턴을 비롯한 동부의 내놓으라 하는 도시들이 찬란하고 영광스러운 문명을 건설하기 시작했다."[*]

필자는 당시 류시화의 글을 접하면서 당시 미국이라는 나라의 탄생 뒤에 아로새겨진 CHRISTENDOM의 허구가 얼마나 이율배반적인 가치를 토대로 하고 있는지 똑바로 보게 되는 계기가 되었다. 그래서 그랬던가! 미국이라는 나라가 전 세계를 향한 경찰국가로서의 면모를 갖추기를 포기하지 않고 때때마다 엄청난 물리력을 동원하여 자기 나라의 이권을 차지하는 일을 볼 때마다 인디언들이 떠올랐던 일들. 기분 나쁜 상상이나 예측들은 왠지 모르게 빠르게 현실로 다가오는 경우가 있

---

[*] 류시화, 『나는 왜 너가 아니고 나인가』 (서울: 김영사, 2010), 54.

는데 류시화의 글을 만난 후 몇 년이 지나 어느 봄이 막 시작되는 계절에, 이제는 무대가 북미 대륙에서 오세아니아 대륙으로 이동했을 뿐인데 북미 대륙에서 경험했던 악몽이 고스란히 되살아나는 기분 나쁜 경험을 니웅가의 노래를 통해서 또 다시 느꼈다.

뿌리를 찾아서

이 책의 저자인 셀리 모건은 본인이 에버리진 출신이라는 사실을 모르고 성장했다. 제2차 세계 대전이라는 지옥 같은 전쟁에서 극적으로 살아 돌아온 아버지와 에버리진 출신의 엄마 사이에 태어난 혼혈인 셀리 모건은 우연히 자신이 에버리진이라는 사실을 알게 됨으로 자신의 뿌리를 찾는 여행에 나선다. 그러다가 호주에 정착하기 위해 백호주의라는 미명아래 각종 불법을 저질렀던 백인들에 의해 자신의 뿌리이자 원주민이었던 에버리진들의 인권이 어떻게 유린됐고, 또 조상들이 힘이 없어 어떻게 무방비로 폭력에 시달렸는지에 대해 알게 된 셀리 모건은 절망하고 분노한다. 글 중에 세상을 떠나기 전 운명과도 같은 느낌에 순종하려는 두 사람의 이야기가 눈물을 머금게 한다. 짐승 같은 대우를 받으며 삶의 굴곡을 견딘 사촌 할아버지 아서 코루나의 독백, 아주 똑같은 인생이었기에 강하게 본인의 질곡을 숨기며 살아왔던 할머니 데이지 코루나의 기막힌 인생 기록들은 한편으로는 본인들의 숨기고 싶은 추억이지만, 또 한편으로는 기술과 힘과 물리력을 가진 현대 문명의 야만인들이 문명이라는 이름으로 아주 질 나쁜 인종적 범죄를 저질렀던 죄악을 적나라하게 고발하는 고발장이기도 했다.

"백인을 보면 웃음이 나는 게, 원주민들에게 도둑질을 하지 말라고 매질을 한다. 그러는 자기 아이들은 어떤가? 나는 백인 아이들이 더 못된 짓을 하는 것을 많이 보았지만 아무도 그들은 건드리지 않는다. 사람들은 방황을 할 때가 있다느니 본래 심성은 그렇지 않다느니 하고 말할 뿐 때리지는 않는다. 불쌍한 흑인들이 똑같은 일을 하면 너희들 깜둥이는 옳고 그른 것을 모른다고 하면서 매질을 한다. 백인들의 세상은 그렇다"(442).

그러나 저자가 이렇게 사회학적으로, 윤리적으로 접근하여 심도 있게 파헤친 호주 백인들을 향한 고발장은 예사롭지 않은 파장을 몰고 왔다. 호주의 양심적인 지식층은 물론 전 세계의 생각하는 자들의 그룹들에게 이런 종류의 잊혀가고 있는 폭력의 내용을 다시 한 번 상기시키는 귀한 촉매제의 역할을 하게 되어 기쁘다. 반면, 필자가 목사로서 느끼는 참담함은 이루 말할 수 없다. 이유는 평화로운 북미 대륙도, 오세아니아 대륙에서도 원주민들에 대한 폭력의 당사자들이, 외형적으로 기독교를 매개로 한 나라를 세우겠다는 이유를 빌미로 가장 비인간적인 학살과 인권 유린행위를 자행했던 자들이 기독교인들이었기 때문이다. 조금 심각한 평가를 내리자면 근래 기독교 내에서 가장 혐오하는 집단으로, 절대로 상대하지 못할 집단으로 정의하고 있는 이슬람 극단 테러 분자들과 전혀 다를 바가 없는 자들이 당시 소위 말하는 기독교적인 신앙을 갖고 있었던 자들이었다는 점에 자괴감을 느낀다. 당시 이유도 모른 채 백인 기독교인들에 의해 삶의 보금자리, 인권, 평화를 빼앗기고 노예처럼 살도록 강요당했던 니웅가들, 그들이 보는 관점에서 백인들은 '항상 하나님의 이름을 거론하였지만 하나님이 가장 싫어하는 일만

골라 하는 이상한 괴물들'처럼 보였을 것은 재론의 여지가 없다. 코루나의 회상은 이런 측면에서 쓰리고 아프다.

> "크라이스트 교회의 목사가 원주민 여자들의 바느질 모임을 만든 일이 생각난다. 우리는 거기 가서 그의 이야기를 들으며 바느질을 해야 했다. 그가 우리더러 결혼을 하려면 자기를 아껴야 한다는 이야기를 계속했다. 우리는 부끄러워서 그의 얼굴을 볼 수가 없었다. 우리는 이미 백인 남자들에게 침범을 당했기 때문이다. 우리는 정말로 부끄러웠다. 어느 날 우리가 정원에 앉아 바느질을 하는데 크라이스트 교회 학교 남학생들이 옆을 지나갔다. 그러더니 그들은 우리에게 돌을 던졌다"(441).

부끄러워 할 줄 아는 그리스도인

『니웅가의 노래』를 읽는 내내 오늘의 목사로 살아가는 나는 침묵에 빠졌다. 어떤 의미에서 나 또한 공범자 같은 생각이 들었기 때문이다. 이 책의 말미에 그토록 기막힌 짐승 대우를 받으며 인생을 살아왔던 셀리 모건의 할머니 데이지 코루나는 본인에게 갖은 악을 자행하며 죄악을 저지른 자들을 기억하며 이 아픔들이 후손들에게 이어지지 않는 아름다운 나라가 되기를 부탁하는 장면이 나온다. 이 말은 자기 인생의 행복을 송두리째 앗아간 자들을 용서하는 것이며, 그러나 이 아픔을 절대로 잊지 말 것을 당부하는 것이었다.

> "너희들이 나를 부끄러워하지 않기를 바란다. 늙은이들이 흙 속에 앉아 있는 것을 보거든 그게 나라는 것을 기억해다오"(460).

재론하지만 이건 신실한 기독교인들이 해야 할 말이요, 삶의 내용이요, 가치이다. 니웅가로 살았지만 도리어 예수의 도를 전하는 모양새가 된 코루나의 이 말은 책의 시대적인 배경이 되던 때의 이름만 그리스도인이었던 자들은 물론, 오늘을 사는 21세기의 그리스도인들에게도 정신을 차리게끔 하는 죽비가 아닌가? 못 견디게 부끄럽게 만드는 공명해야 할 메시지가 아닌가 싶다. 동시에 전술했듯이 영국의 철학자인 토마스 홉즈가 일찍이 갈파한 "HOMO HOMINI LUPUS"는 경계해야 할 지침을 가슴에 새겨야할 촌철살인이다. 왜? 인간을 향한 이 절망의 메시지를 뒤집어엎는 일은 역사적인 부끄러운 죄를 저지른 선조들의 악행을 솔직히 인정하고 이제는 특별히 신실한 그리스도인들이 그리스도인답게 살아갈 때만 가능한 일이라고 필자는 역설하고 싶기 때문이다.

오늘, 이 땅에서 그리스도인으로 산다는 것은?

21세기, 이 땅 대한민국에서 그리스도인으로 살아간다는 것은 어떤 의미에서 보면 모험이다. 유대인 문학평론가로 유명한 에드워드 사이드가 말한 대로 한국은 서구 유럽처럼 기독교적인 문화가 배태되어 있는 나라가 아니고, 유럽인들의 우월주의적인 관점으로 명명한 오리엔탈리즘*에 속한 지역에 있는 나라이기 때문이다. 지형학적으로 분명하게 기독교적인 세계와는 동떨어져 있는 문화이기에 이 땅에서 기독교적으로 살아간다는 것은 결코 녹록하지 않은 것이 사실이다. 본서가

---

* 에드워드 사이드/박홍규 옮김, 『오리엔탈리즘』 (서울: 교보문고, 2014), 14-15. 오리엔탈리즘이라는 용어는 동양을 숭상하거나 예찬하는 동양중심주의가 아니라 서양이 동양을 침략하면서 조작한 동양에 관한 모든 편견, 관념, 담론, 가치, 이미지 등을 의미한다는 것에 유의해야 한다.

고발하고 있는 것처럼 호주에서 자행된 니웅가들을 향한 기독교인들의 만행이나 청교도들이 신앙의 이름으로 아메리카 인디언들에게 가한 폭력들은 예수의 사상과는 동떨어진 일련의 범죄이다. 문제는 폭력을 기반으로 한 이런 영토 침탈과도 같은 일들이 전통적인 기독교인들에 의해 자행된 질 나쁜 범죄라는 사실들이 조금씩 대중들에게 알려지고 있다는 점이다. 그래서 작금, 기독교인으로 살아간다는 것은 위험한 모험임에 틀림이 없는 듯하다. 필자는 이 책을 저술한 샐리 모건의 용기 그리고 이 책의 주인공들이 되어준 그녀의 가족들에게 존경의 존경을 드린다. 더불어 이 땅에서 이런 비인간적인 일들이 다시는 일어나지 않기를 하나님께 기도하며, 호주 일선에서 바로 이들 에버리진들을 위해 복음의 기치를 들고 있는 파송 선교사들에게 응원의 박수를 보낸다.

과거를 잊은 자에게는 미래란 없다

7년 전, 이스라엘 성지순례 때 유대인 학살 추모관인 야드바쉠에 들렀다. 그곳 2층 전시실에 기록된 동판의 글귀를 보면서 유대인들의 정신에 놀라운 경의를 표한 적이 있었다.

"Forgetfulness leads to exile, while remembrance is the secret of redemption."

무슨 말인가? "잊는다는 것은 포로가 되게 만들지만 반면, 기억하는 것은 구원을 받게 하는 비밀이다"라는 말이지 않은가? 무엇이 보이는가? 유대인들의 놀라운 복기 사상을 본다. 아니 그들만의 무서운 정신을 본다. 동시에 참 부러운 민족혼이 보인다. 왜 유대인, 유대인하는 지를 보여주는 역사의식이다. 다시는 아픔을 겪지 않겠다는 민족적 항거가 슬로건에 담겨 있다. 이에 반해 내가 살고 있는 내 조국은 어떤가? 피해 당사자들에게는 일언반구의 양해도 구하지 않고 립 서비스로 자신의 정치적 위상을 높이고, 평화 헌법 개정에 박차를 가하고 있으며 야스쿠니 신사에 있는 제2차 세계대전 전범들은 전쟁 범죄자로 보기에 힘들다고 말하는 현 일본 수상과 위안부 협상을 타결시킨 이 정부를 보면서 아연실색한다. 위안부 할머니들이 이제는 용서할 때가 됐다고 말하는 정부가 도대체 누구의 정부란 말인가? '우리는 왜 야드바쉠의 정신을 자꾸만 버리려는가' 하는 가슴 저림 때문에 오늘도 무척이나 힘이 든다. 우리도 일본이라는 나라에 대하여 뭔가 궁색해지면 들고 나오는 슬로건이 있기는 하다.

"역사를 잊은 민족에게는 미래란 없다."

심각한 것이 무엇인가? 일본에게 역사를 잊게 하고 있는 힘을 주고 있는 존재가 나를 보호해 주어야할 내 나라 정부라는 점이다. 유감천만이다. 노파심으로 한 번만 더 역설하자. 저자는 본서를 통해 에버리진의 에버리진 됨의 기억을 잊지 않겠다고 다짐한다. 그것은 수치스러운 일이 아니라 자랑스러운 일이기 때문이다. 그렇다면 역설적으로 에버리진들에게 아니, 니웅가들에게 적어도 예수의 이름으로 포장하여 자행한 그 범죄들을 잊지 않고 사죄하며 그런 일들이 다시는 일어나지 않도록 각인하는 것은 후배 그리스도인들의 몫이어야 하지 않을까? 그 각인은 다름 아닌 자행한 죄악을 끝까지 기억해 내는 삶이다. 니웅가들의 니웅가 됨의 기억, 유대인들의 유대인 됨의 기억, 인디언들의 인디언 됨의 기억처럼 그리스도인들과 기독교는 그 피해를 입힌 자들의 후손임을 잊지 않는 것, 바로 이것이야 말로 돈 주고 살 수 없는 살아 있는 교훈이지 않을까.

바보가 너무나도 그립고 또 그리운 세상

성석제, 『투명인간』(창비, 2014년)을 읽고

바로 보는 사람이 바보다

김영삼 정부 시절, 초대 부총리를 역임한 재야 원로 학자이자 기독교계의 지성인 한완상은 이렇게 갈파했다.

"예수 따르미들은 예수의 바보스러움에 주목해야 한다. 그의 바보스러운 말씀을, 바보 같은 결단과 삶을 새롭게 확인해야 한다."[*]

왜 기독교계의 원로 학자가 이런 도발적인 발언을 했을까? 그가 가지고 있는 신학적 토양이 기존 한국교회의 상당수 교회가 지지하고 있는 교리적인 색채와 다르기 때문이리라. 그가 줄곧 주장해온 '역사적 예수'의 패러다임으로 조망해 볼 때, 예수는 기존의 산헤드린 종교 정권의 틀로 해석하면 말 그대로 시대의 흐름을 간과해 버린 바보임에 틀림이

---

[*] 한완상, 『바보 예수』 (서울: 삼인, 2012), 21.

없다. 하지만 노학자가 바보 예수를 주장한 것은 시대를 가장 정확하게 통찰하여 관통한 '바로 보는 사람'이 예수였음을 확신했기 때문이다. 한 박사가 조명한 것 중에 "예수가 자신의 생애 중에 가장 바보스럽게 한 선택이 스스로 죽으러 가는 메시아임을 자처한 것"*이라고 평가한 점은 잔머리를 굴리는 데에는 천재적 소질을 발휘하는 자들에게는 돈키호테 같은 말로 들릴지 모르지만, 예수의 진면목을 성찰하는 자들에게는 의미심장하다. 근래, 필자가 줄곧 느끼는 소회 중에 하나는 '바보'가 되려는 그리스도인들이 눈에 많이 보이지 않는 아쉬움이다. 반면, 너무 약은 그리스도인들이 더 많아져 가고 있다. 예수께서 바보였다면 그를 따르는 자들이 똑똑해서야 되겠는가?

이반과 만수와 예수님을 참 많이 닮았다

성석제의 『투명인간』을 읽었다. 저자의 글을 읽고 난 뒤에 제일 먼저 톨스토이의 고전이었던 '바보 이반'이 떠올랐다. 성실함을 금권과 정치권력이 이기지 못한다는 톨스토이의 걸작 말이다. 오래 전, 대학 학부 때 나는 이 책을 영문판으로 읽었던 기억이 있다. 영문판이라 집중력이 더 필요하다보니 톨스토이가 이반을 등장시켜 독자들에게 주고자 했던 글감을 지금도 또렷이 기억한다. 80학번인 필자는 대학 1학년 때 신군부 세력들의 정권 잡기로 인해 1학기를 거의 집에서 보내는, 말 그대로 귀양살이(?)를 해야 했다. 당시 영문독해를 담당했던 교수께서 수업도 하지 않은 상태에서 내준 book-review가 나다나엘 호돈의 『주홍 글씨』와 톨스토이의 『바보 이반』이었다. 이 두 권의 책은 군사 독재

---

* 위의 책, 24.

권력에 동료들이 스러져 가고 있는 바로 그때, 당시 역사의식이라고는 눈뜨고 찾아볼 수 없었던 필자가 철없이(?) 좋은 학점을 취득하기 위해 열심히 공부했던 텍스트이기도 했다. 어떤 의미로 보면『바보 이반』은 나에게 치욕적인 기억의 산물이다. 그랬던 이반을 성석재의 글을 읽으며 다시 건져 올렸다. 이유는 간단하다.『투명인간』의 주인공 만수에게서 이반을 보았고, 또 예수의 삶이 보였기 때문이다. 투명인간인 만수는 참 바보 같은 존재이다. 그런데 아이러니하게도 그 사람 만수에게서 필자는 가장 아름다운 사람, 참 바로 보는 사람이 보였다.

그래 그랬다. 그런 사람이 있었다

1960년생인 김만수는 베이비부머이다. 대한민국 근현대의 격동을 직접 경험한 세대라는 말이다. 그는 3남 3녀 중에 넷째로 태어났다. 작가의 글 솜씨이겠지만 3남 3녀 중에 유독이 만수만이 아이큐 100 정도의 평범한 둔재였고, 나머지 형, 남동생, 누나, 여동생들은 150을 넘나드는 수재들이었기에 항상 그는 주목의 대상에서 열외였다. 거기다가 걸음마도 늦고, 온갖 피부병은 다 갖고 있어서 커서 사람 노릇을 제대로 할 수 있을까를 염려하게 되는 걱정거리였다. 그런 만수는『투명인간』의 실질적인 주인공으로 자리 매김을 한다. 만수의 형 백수는 머리가 비상해서 어려서부터 줄곧 1등 자리를 빼앗긴 적이 없는 터라 개운리라는 깡촌 중의 깡촌에서 서울에 있는 대학을 들어가는 동네 자랑거리였다. 하지만 고향의 넉넉하지 않은 경제 사정으로 인해 소 팔고 땅을 팔아야 등록금을 댈 수 있다는 현실을 누구보다 잘 알았기에 자업(自業)을 하면서 공부를 했지만 도저히 그 일을 계속할 수 없어 당시 돈을 잘

벌 수 있는 방법이었던 월남 파병에 지원하게 된다. 개운리 가족의 입장에서 보면 배신이라고 할 수 있는 일이었지만 장남으로서 책임감도 있고, 자상하기까지 한 장남 백수는 그렇게 선택을 하고 월남으로 떠나게 된다. 하지만 근대 한국사의 비극인 월남 전쟁에 참여한 기둥 같은 백수는 고엽제로 인해 개죽음을 당하고 싸늘한 시신으로 귀국하게 된다. 이 시점을 기회로 만수의 집은 불행의 나락으로 떨어진다.

개운리는 백수의 흔적 때문에 도무지 살 수 있는 장소가 못 되었다. 형의 죽음으로 인해 졸지에 장남이 된 만수는 가족들과 서울로 이사를 하게 되고, 이윽고 베이비부머들의 서울 이주로 벌어지는 각종 빈민층의 삶을 경험하게 된다. 큰 누나는 살림의 밑천이었지만 힘든 생활을 못 이기고 결혼을 하고, 작은 누나는 가스 중독으로 인해 백치가 된다. 남동생 석수는 이기주의자의 전형이었기에 만수를 형으로 인정도 하지 않아 치명적인 걸림돌이 되었고, 막내 동생 옥희는 명문대학에 입학하여 잘 나갔지만 역시 만수에게는 학비를 대 주어야 하는 또 다른 부담이었다. 다행히 5년제 공전을 가까스로 졸업한 만수는 자동차 부품을 만드는 중견 기업에 취직하였고 그의 원만한 성격 덕에 오너들에게는 이용가치가 충분히 있는 쓸 만한 충견이라는 미명하에 그런 대로 잘 나가는 직장생활을 한다.

이유 없는 삶이 있을까?

세상은 착한 사람들이 살기에는 너무 오염이 되었나보다. 착하고 착한 만수에게 시련이 밀어닥친다. 그가 경험한 고통은 한국 사회가 근대 산업화 사회에서 현대 서비스 산업으로 옮겨가는 과정에 힘없는 자들만 당해야 했던 구조악과 같은 물리적 시련이었다. 만수가 다니던 자동차 부품회사는 급격한 구조조정과 시대적인 다변화의 물결에 속절없이 무너지기 시작했고, 결국 회장은 공장을 폐쇄한다. 졸지에 부품 회사가 망하게 된 것을 목도한 만수는 회사 동료들 일곱 명과 구사운동을 하며 버텼지만 역부족이었다. 그 결과, 빚쟁이들이 회사를 적절한 시간에 가동하지 못함으로 얻게 된 일련의 모든 피해 보상을 만수에게 떠넘긴 재판에서 패소하여 본인에게는 천문학적인 돈인 수억 원의 빚만 지게 된다. 정말로 억울한 일이었지만 만수는 신문 배달을 비롯해 돈을 벌 수 있는 일체의 일들을 택해 하루 20시간 씩 일을 하여 결국에는 모든 빚을 청산하고 신용불량의 터널에서 벗어난다. 그러나 만수의 불행은 여기에서 끝나지 않는다. 늦게 만나 결혼한 아내가 급성 신부전으로 인해 투석을 해야 하고. 남동생 석수가 불장난으로 만들어 놓은 조카 태석이를 맡아 양아들로 키웠는데 아들이 심리적 불안으로 인해 야스퍼거 증후군, 틱 장애를 갖고 있는 것을 알게 된다. 이로 인해 학교에서 친구들에게 심각한 왕따를 당하며 폭행을 당하던 아들 태석이는 결국 학교 옥상에서 뛰어내려 자살을 선택한다. 태석이는 살아 있는 동안 자신의 신변을 비관하고 큰엄마에게도 패륜적으로 행동하며 막 살았지만 죽기 직전 자신을 키워준 큰엄마에게 신장을 기증하여 큰엄마를 살린다.

"끝으로 나는 내 신장, 나의 몸 전체를 나를 키워준 여자한테 돌려준다" (346).

태석의 유언장과도 같은 이 글에서 필자는 울었다. 장면이 바뀌어 소설의 마지막 장면이 펼쳐진다. 이 장면은 소설의 맨 앞부분과 다시

합쳐진다. 그것은 다름 아닌 만수의 죽음이다. 필자는 작가가 글의 결말을 갖은 고생을 하며 법이 없어도 살 것 같은 마음으로 살아온 만수의 해피엔딩으로 마칠 줄 알았다. 그러나 그것은 헛헛함으로 결론이 났다. 만수는 한강에서 투신했다. 저자는 만수의 시신이 보이지 않는 것으로 소설을 마무리한다. 왜 작가는 만수의 시신을 독자들에게 보이지 않게 했을까? 아마도 소설의 제목이 주는 여운을 남기기 위해서였을 것이다. 만수는 투명인간으로 글의 끝말에 다시 나타난다. 이윽고 투명인간이 된 만수는 또 다른 투명인간들과 대화를 한다. 투명인간만이 투명인간을 볼 수 있다.

당신도 투명인간이 될 수 있다

필자는 작가의 여운을 높이 평가한다. 그 여운을 평가하는 것은 지극히 당연한 독자들이 몫이니까. 글을 읽으며 되뇌고 또 되뇌었던 것이 있었다. '오늘 내가 사는 이 땅에는 또 다른 제2의 만수, 제3의 만수가 얼마나 많은가' 하는 감회 말이다. 이 땅에 사람이 사람으로서의 대우를 못 받고 사는 자들이 얼마나 많은가? 돈이 없어서, 힘이 없어서, 권력이 없어서, 사람으로서 살아가는 데에 짓밟혀야 하는 것이 얼마나 많은가? 시대의 예언자적인 목소리를 내고 있는 청파 교회 김기석 목사가 차정식 교수와 함께 집필한 『인생 교과서, 예수』에서 이렇게 갈파한 것을 본 적이 있다.

"구원받은 삶이란 파편화된 삶의 총체성이 회복된 삶이다. 구원받은 이들에게는 과거와 미래가 따로 있지 않고, 여기와 거기, 나와 남이 따로 있지 않다. 영원의 반대말은 시간이 아니라 나뉨이고 흩어짐이다. 구원받은 사람은 모든 순간을 영원에 잇댄 채로 살아간다. 영원에 잇대어 살아가는 이들에게 있어 세상에 하찮은 것은 없다. 따라서 아무 것도 함부로 대하지 않는다. 그들 속에 하나님의 숨결이 머물고 있기 때문이다."*

나도 목회자로서 영원을 잇대어 살아가는 이 땅의 모든 존재 중에는 하찮은 존재가 없다는 그의 말에 100% 동의한다. 헌데 실상이 그런가? 내가 사는 이 땅에 투명인간 취급을 받는 불쌍한 영혼들이 얼마나 허다한가? 지금 우리들 가운데 아무런 잘못이 없음에도 불구하고 잊히고 있는 사람들이 비일비재하지 않은가? 갑의 갑질에 의해 을로 어쩔 수 없이 살아가는 이 땅의 민초들이 얼마나 많은가? 신자유주의 어미의 자궁에서 태어난 기형아가 누구인가? 극단적 양극화라는 괴물이다. 이 사회적 기현상으로 인해 수많은 투명인간들이 만들어지고 있고, 또 만들어질 것이 자명하다. 세계적인 평론가인 수전 손택이 이렇게 토한 글을 본 적이 있다.

"파시스트의 미학은 생명력을 억제하는 것에 기반한다. 움직임은 절제되고, 경직되고, 억제된다."**

그녀의 말대로라면 주변에 지천으로 깔려 있는 투명인간들이 살고 있는 오늘의 시대만큼 더 심각한 파시즘적인 세상이 또 어디에 있으랴!

* 차정식 · 김기석 공저, 『예수, 사랑 먼저 행하고 먼저 베풀어라』(서울: 21세기북스, 2015), 129-130.
** 수전 손택/홍한별 옮김, 『우울한 열정』(서울: 도서출판 이후, 2009), 49.

세속적 이데올로기의 괴물과도 같은 변신, 인문학적 사변의 업신여김 당함, 경쟁구도에서 1등만이 기억되는 세상이 그렇게 만든 투명인간들이 즐비한 시대야말로 미친 세상임에 틀림이 없다.

험한 세상 다리가 되어

교회의 존재 목적이 질문된다. 가장 행복해야 할 인간들이 투명인간으로 살아가도록 일체의 구조들이 요구하고 있는 이 시대, 교회는 왜 존재해야 하는가? 필자는 두 가지에 천착하고 싶다. 먼저는 투명인간을 가장 아름다운 영혼으로 인정해주는 교두보가 교회라는 것, 다른 하나는 투명인간 취급을 당하는 이들이 많은 작금의 현실에서도 이 세상을 정말로 살만한 곳으로 만들어가는 브릿지 역할을 하는 것이 교회이기 때문이다. 서평을 마치려니 내가 좋아하는 노래 구절이 생각이 난다. 뉴에이지 노래라고 거부감을 가질 사람도 있을지 모르겠지만 말이다.

"Like a bridge over troubled water / I'll lay me down / Like a bridge over troubled water / I'll lay me down."

흔들림은 인간에게 주어진 최고의 선물

나쓰메 소세키, 『마음』(문예출판사, 2014년)을 읽고

이유 없는 삶은 존재하지 않는다

소설은 당시 도쿄에서 공부하는 대학생 신분이었던 첫 번째 화자이자 주인공인 '나'를 통해 시작된다. 나는 우연히 가마쿠라 해변 가에서 두 번째 화자가 되는 선생님을 만난다. 왠지 모를 선생님에 대한 신비감과 호기심 때문에 도쿄로 돌아와서도 선생님의 집을 집요하게 방문하며 들락날락하는 친밀한 지인이 된다. 그렇게 선생님과 관계를 맺고 있었던 어느 날, 나는 아버지가 심각한 신장질환으로 인해 시한부 선언을 받을 정도로 상태가 악화되었다는 전갈을 받는다. 그래서 대학을 졸업하기 전 방학 때는 물론, 졸업 이후에도 직장을 잡기 이전이기에 아예 고향으로 내려가 아버지의 혹시 모를 임종을 준비하고 있었다. 나날이 아버지의 상태가 매우 위중해져서 옆에서 임종을 준비하는 어간, 도쿄로부터 발송된 장문의 편지가 담겨 있는 우편물이 하나 나에게 전달되었다. 선생님의 유서였다. 도쿄에 있는 선생님으로부터 온 소포 한 면에는 이 편지를 받을 때 즈음이면 선생님이 죽고 난 뒤라는 암시의 글과

조만간 도쿄에 와서 아내를 건사해 줄 것을 당부하는 긴급한 전갈의 내용이 있었다. 너무 충격적인 우편물을 보는 순간, 유서의 내용을 읽기도 전이었고, 아버지의 죽음이 분초에 달려 있어 고향 집에서 떠날 수 없는 긴박성이 있었음에도 불구하고 아버지의 임종을 포기하고 도쿄행 열차를 탄 뒤에 선생님이 보낸 유서를 읽기 시작했다. 그 유서 안에는 선생님에 대하여 내가 그동안 품고 있었던 모든 호기심과 신비했던 것들의 옹골찬 해답들이 들어 있었다.

유언을 남긴, 두 번째 화자이자 '나'인 선생님은 어린 시절에 부모님을 여의고 고향에 있는 아버지의 재산마저도 숙부에게 빼앗긴다. 다만 당시 학생의 신분이었기에 나름 생활할 수 있는 남은 재산을 지인의 도움으로 가까스로 건진 뒤에 고향을 등지고, 사람들을 믿지 못하는 불신의 담을 쌓게 된다.

"나는 이미 고향을 떠나 올 때 염세적인 인간으로 변해 있었지. 인간이란 믿을 것이 못 된다는 관념이 그때 이미 뼛속 깊이 사무쳤던 게야. 나는 내가 증오하는 작은 아버지와 어머니, 그 외의 친척들을 모든 인류의 대리인쯤으로 생각하게 됐네"(207).

이렇게 믿었던 친지에게 당한 배신을 기점으로 아주 철저히 자기중심적인 삶을 살게 되었던 선생님은 학교 근처에 있는 고이시카와에 군인의 미망인이 외동딸과 하녀만을 데리고 살던 집으로 이사를 하게 되면서 그의 이야기는 진행된다. 이사 후, 외동딸 시즈에 대한 사랑이 싹트고 자라지만 대학 동료 중에 같은 과 클래스메이트인 K를 자기의 하숙집에 들이면서 사랑의 위기를 맞는다. 시즈의 마음이 K에게로 가는 것을 보던 선생님은 극도의 시기심이 발동한다. 설상가상으로 K가 시즈에 대한 사랑 고백에 대한 자문을 선생님께 하게 되자 끓어오르는 분노를 교묘하게 감추고, 한 여자로 인해 자신의 목적을 흐트러뜨리는 실수를 저지르지 말 것을 충고하며 단념하게 한다. 그것은 평상시에 자존감으로 똘똘 뭉쳐 있었던 K가 자신의 미래 지향적인 좌우명과 같이 되뇌며 했던 말을 그에게 되돌려 준 것이다. 선생님의 이 방법은 변장을 한 것이지만 사실은 K로 하여금 시즈를 단념하도록 충격 요법을 쓴 고도의 비겁한 행위였다.

> "정신적으로 발전하고자 하는 의지가 없는 자는 어리석은 자라고 차갑게 말했다"(294).

K가 말한 "정신적으로 발전을 하고자 하는 의지"는 그 말 속에 금욕의 의지도 포함되어 있다고 선생님은 믿었기에 그 말을 되돌려주면 K는 시즈를 포기하게 될 것이고, 또 그렇게 되면 자신이 두려워하는 시즈에 대한 K의 사랑의 물꼬도 막아낼 수 있는 좋은 작전이라고 생각한 것이었다. 선생님의 이 계략은 효과를 보았다. K가 갈등하기 시작한 것이다. 거기에다 선생님은 K에게 말 그대로 카운터펀치를 날리는 일을 진행하였다. 그것은 K에게 고백을 받은 후였지만, 자신은 은밀하게 사모님에게 딸 시즈를 아내로 달라고 요구한 것이었다. 사모님은 객관적인 인물일 수밖에 없다. 그녀는 선생님의 요청을 받고 스펙이 괜찮은 그에게 시즈를 주기로 허락을 한다. 이윽고 사모님은 K에게 그 사실을 알린다. 이 일을 안 선생님은 순간 양심의 가책을 느껴 다음 날 K에게 자신이 무슨 일을 했는지 밝히려고 한다. 새벽에 K의 방에 가보았더니

그는 경동맥을 그어서 자살한 상태였다. 선생님은 너무 놀라서 당황하다가 K의 책상에 있던 유서를 발견하게 된다. 그 와중에도 선생님은 자신이 지은 죄가 있어 혹시 자신과 K사이에 있었던 일이 나올까 두려워하며 유서를 읽었다. 그러나 유서에는 시즈에 대한 일체의 이야기는 언급되어 있지 않았고 다만 얼마 전 선생님이 보기 좋게 돌려주었던 발전하려는 의지가 없는 자신의 미래에 대한 절망 때문에 목숨을 끊는다는 내용이 들어 있었다. 결국 선생님이 원하는 대로 된 것이었다.

그러나 이렇게 비극적 종말을 맞이한 K와 그 K에 대한 도의적인 책임이 선생님의 전 인생을 옭아맸다. 선생님은 그렇게 하여 시즈를 아내로 얻었지만 이후 아내와는 심리적인 거리를 두며 살았고, 조우시가야에 K를 묻은 후 죄책으로 그곳을 방문하여 묘지를 참배하는 것이 선생님의 일상이 된 것이었다. 그러나 그런 삶을 이어왔다고 하더라도 선생님은 더 이상 자신의 이기적인 선택으로 인해 불행해진 두 사람, K와 아내에 대해서 버틸 힘이 없었던 것 같다. '나'에게 유서를 쓰면서 자신의 과거의 흔적들을 가감 없이 고백하고 대신 아내에게는 끝까지 비밀로 해달라는 부탁을 한 뒤, 선생님 역시 자신의 목숨을 끊는 것으로 질긴 자신의 삶의 그림자를 지우며 소설은 대단원의 막을 내리게 된다.

질긴 죄책이 혹시 에고이즘?

나쓰메 소세키를 알게 된 것은 3년 전, 강상중 교수의 『고민하는 힘』을 읽으면서였다. 강 교수의 롤 모델이 나쓰메 소세키와 막스 베버라는 것을 그의 책에서 접하면서 무라야마 하루키에게만 열광하는 내 자아를 많이 경책하고 나쓰메 소세키에게로 방향을 선회했던 기억이 있다.

『도련님』과 병행하여 시작한『마음』독서는 글을 읽는 내내 잔잔한 쓰나미(?)가 되어 밀려왔다. 다른 독자들은 또 다른 평가를 내리겠지만 필자는 목사라는 신분을 갖고 있기에 어쩔 수 없는 직업의식 때문에 『마음』을 읽고 난 뒤 밀려온 잔잔한 쓰나미에 대한 신학적인 담론들을 끄집어 낼 수밖에 없었다. 본 소설을 번역한 오유리는 책의 에필로그를 대신하는 작품 해설에서 이렇게 밝혔다.

"『마음』은 당시 에고이즘에 대한 추구와 비판이 매우 철저히 묘사된 작품으로 평가받았다"(343).

역자가 이렇게 평가한 것은 아마도 본 소설의 두 번째 '나'로 등장하는 선생님의 삶이, 살아서도 마찬가지이지만 죽음을 선택하는 순간까지도 철저한 에고이즘을 기반으로 하고 있기 때문이 아닌가 싶다. 선생님은 재산을 숙부에게 빼앗긴 이래로 사람을 믿지 않는 상처의 후유증을 갖고 살았다. 이런 외상성 스트레스 증후군과 같은 상처의 후유증은 선생님이 자기중심적 삶을 사는 것으로, 세상으로부터 방어막을 쌓게 했다. 숙부에게서 당한 배신 이후, 첫 번째로 만난 대상자가 바로 사랑하는 여인으로 떠오른 시즈이다. 원만하고 순탄할 것만 같았던 시즈와의 사랑은 K로 인해 위기에 직면한다. 선생님은 사랑하는 여자를 빼앗기지 않기 위해 자기 방어를 다시 시작했다. 그것은 사랑의 라이벌인 K를 심리적으로 압박하는 것이었다. 선생님의 방법은 표면적으로 승리를 거두었고 사랑을 지켰다. 그러나 그 사랑을 지키는 것에 대한 대가는 참혹했다. K가 믿고 말한 친구인 선생님에 의해 쓰라리게 당한 배신의 충격으로 K가 경동맥을 끊은 것이다. K의 자살은 이 소설의 압권이다.

선생님은 자신의 배신으로 인해 싸늘한 시신이 된 친구 앞에서도 자신이 저지른 비인간적인 행위가 탄로 나는 것을 두려워해 끝까지 자기중심적인 모드를 견지하며 친구 죽음의 원인에 대하여 함구한다. 이후, 선생님은 그토록 원했던 시즈와의 결혼 생활을 시작하지만 죄책으로 인하여 원만한 부부관계를 유지하기가 어려운 삶을 살게 된다. K를 묻은 조우시가야의 묘를 평생 돌보며 살지만 그것도 자기 죄에 대한 도의적인 의무였다. 첫 번째 화자인 '나'에게 두 번째 화자인 선생님 '나'는 자신의 모든 과거를 담은 유서를 남긴 채로 친구가 했던 것처럼 스스로 목숨을 끊어 도저히 해결되지 않은 자신의 길고 긴 죄책을 끊는 것으로 저자는 소설을 마친다.

죄책의 종결을 자살로 마무리한 저자의 의도는 무엇이었을까? 응분의 벌을 받겠다는 의지 천명인가? 아니면 이것마저도 지독한 에고이즘이라는 결과적 미인가? 필자는 불온한 마음이 든다. 왠지 후자 쪽으로 마음이 쏠려서 말이다. 저자는 아마도 자살이라는 극단의 선택을 미학적으로 그리려 했던 것은 아닐까? 현대의 건조한 세속의 판에 그래도 자신이 저지른 죄에 대하여 끝까지 책임을 지려는 선생님이라는 가상 인물을 통해 죽음으로라도 자신의 비겁한 에고이스트적인 삶을 청산하겠다는 의지는 아름답다는 것을 보여 주려는 것은 아니었을까? 만에 하나 작가의 의도가 그렇다면 상당히 불온하다.

불온함이 상식과 어울린다면 모순일까?

불온함에 대하여 저항하는 작가의 글을 이야기하라면 필자는 두 사람의 글을 기억해 낸다. 하나는 C.S. 루이스의 『스크루테이프의 편지』

이고 또 다른 하나는 엘리 위젤의 『샴고로드의 재판』이다. 전자의 책을 필자가 처음 만났을 때 책의 전반에 흐르고 있는 루이스의 사상을 보면서 그를 천재적인 기독교 변증론자라고 평가하는 것에 대해 기분 좋은 마음으로 동의했던 적이 있었다. 그중에 필자가 나름 치열하게 고민하고 씨름했던 부분을 통쾌하게 대리적으로 해결해준 담론은 '역사적 예수'에 대한 그의 논거였다.

> "일단 예수를 단순한 스승으로 만들어버린 후, 그의 가르침과 다른 모든 위대한 도덕적 스승들의 가르침이 실질적으로는 아주 일치하고 있다는 점을 슬쩍 은폐해 버리는 거야. (중략) 이런 역사적 예수들을 구성함으로서 헌신의 삶을 무너뜨리는 것이다."*

현장에서 목회를 하면서 스스로 치열하게 점검하고 또 점검하는 것 중에 하나가 '역사적 예수'와 '신앙적 그리스도'와의 균형이다. 구렁이가 담 넘어가는 식의 무감각이 아니라 목회 현장에서 21세기의 신자와 성도들 사이에서 천국과 지옥을 수백 번 건너다니는 형국에 이 첨예한 두 가지의 예수를 절묘하게 균형 잡는 것은 말 그대로 예술의 경지와도 같다. '신앙적 그리스도'의 틀에서 벗어나기를 거부하는 그룹들에게 있어서 '역사적 예수'는 불온하기 짝이 없는 형편없는 예수이다. 반대로 '역사적 예수'에 열광하는 그룹들에게 있어서 '신앙적 그리스도'는 기독교 순응주의에 협착된 그래서 삶의 자리를 이해하지 않으려는 비상식의 예수이다. 설상가상으로 현장 목회자는 싫든 좋든 이 두 예수 중의 하나를 선택해야 한다는 점이 압박으로 다가온다. 이런 차제에 루이스

---

* CS 루이스/김선형 옮김, 『스크루테이프의 편지』 (서울: 홍성사, 2013), 134-135.

의 갈파는, 물론 신앙적 그리스도의 맥을 잇는 자들의 손을 들어준 것 것은 사실이지만 그의 손들어줌이 수구적 근본주의자들처럼 무자비하고 천박하지 않고 도리어 지성적 예의를 갖추고 있었기에 필자도 격하게 공감을 표했던 것 같다. 엘리위젤의 대표적인 희곡인『샴고 로드의 재판』에도 이와 같은 불온에 대한 지성적 반전이 있다. 하나님을 피고인석에 앉혀 재판하는 법정에서 하나님을 도적적, 윤리적, 종교적인 최고의 언어로 변호함에 있어서 완벽했던 샘(희곡 중에 사탄의 분)이 자기의 정체를 발하는 순간, 공개적으로 비웃던 그 소름끼치게 함은 역시 불온했다.

"그래, 날 성자, 의인으로 착각했나? 나를? 어떻게 그렇게 아둔할 수가 있지? 어떻게 그렇게 어리석을 수가 있나? 알기만 했더라면, 너희들이 알기만 했더라면."[*]

하나님을―하나님의 측면에서 스스로 존재하는 그래서 결코 누군가에 의해 통제받지 않으시는 존재임에도 불구하고― 인간이 가지고 있는 지적인 능력으로 재단하고 변호하고 방어하려는 일체의 시도가 사탄적임을 고발하는 그 고발의 변이 참 불온했다. 그러나 이런 불온함이 독자들에게 있어서 파격적인 흥분과 매력을 느끼게 해 줄 수 있다고 하더라도 그 불온함의 한계는 제한되어야 하지 않을까하는 상념에 젖을 때가 빈번하다. 더더욱 작금의 미쳐가는 시대를 바라보면서 말이다. 왜? 불온함에 열광하고 긍정적인 매력을 느끼는 시대이지만 그 불온함이 상식을 폄훼하는 파격으로 변질되지 않고 도리어 상식의 선 안에서

---

[*] 엘리 위젤/하진호 · 박옥 공역, 『샴고 로드의 재판』 (서울: 포이에마, 2014), 188.

도전해 봄이 어떻는지.

아름다운 자살?

두 번째로 솟구쳐 오른 것은 '자살은 윤리적인 결단인가'의 문제 제기이다. 공교롭게도 이 소설 중 중요 인물인 선생님과 K는 시간적인 갭이 있기는 하지만 자살이라는 극단을 선택했다. 작가는 '두 인물의 자살 선택을 어떻게 생각하였을까' 하는 것이 필자의 뇌리를 계속해서 때렸다. K는 '발전하지 않는 자는 어리석은 자'라는 자신의 말에 대한 책임으로 자살을 선택했던 것일까? 아니면 친구의 교활한 배신에 대한 분노의 표출을 자살로 보인 것일까? 선생님의 자살은 또 어떻게 해석해야 하는가? 긍정인가? 부정인가? 답은 독자들의 몫이다. 다만 필자가 이것을 신학적 담론으로 끄집어 올린 것은 현장 목회자로 사는 자로서의 가슴 아픔 때문이다. 오늘의 교회가 자살에 대한 현대인들의 극단적 선택을 막을 만한 흔쾌한 답을 주지 못하고 있다는 점 말이다. 장강명의 소설 『한국이 싫어서』를 읽었다. 주인공 계나는 한국이라는 사회에서 2등 국민으로 살아야 하는 현실이 너무 괴로워 호주로 이민을 떠난다. 계나가 호주로 떠나며 '한국이 싫다고' 한 이유는 '여기에선 못 살겠다'는 의지의 표명이었다. 여기에선 못 살겠다는 사람들이 한국이라는 사회에서 선택하는 것은 계나처럼 이민만이 아니다. 또 다른 떠남, 즉 생을 마감하는 것이다. 세 모녀 사건이 그렇고, 고독사가 그렇고, 잊을 만하면 때때마다 들려오는 극빈층 사람들의 자살이 그렇고, 학교에서 왕따를 당하거나 학습 스트레스로 인해 꽃다운 생을 마감하는 아이들이 그렇다. 온라인상에는 자살 동우회가 생기고 함께 자살하는 자들이 이 땅을 떠나고 있는데도, 교회는 단지 자살하면 지옥을 간다는 천박한 교리로 자살자들을 돕는 것이 아니라 협박하는 수준이니 아연실색할 정도이다.

나쓰메가 『마음』에서 다분히 시사하고 있는 자살이라는 극단을 선한 것, 혹은 악한 것이라고 정의하지 않고 다만 가치중립적인 차원에서 자살도 하나의 방법으로 인정하고 있는 느낌은 목회자로서 매우 유감스러운 일이라고 생각한다. 하지만 자살이라는 방법이 아닌 인간이 인간스럽게 되는 또 다른 방법을 교회가 제시해 줄 수 있다면 가끔은 세속적인 측면에서 자살을 미화하는 것처럼 보이는 문학적인 공격에도 떳떳하게 방어할 수 있을 텐데 그것을 주지 못하는 현장 목회자로서의 자괴감이 너무 힘이 든다.

나 지금 떨고 있니?

세 번째로 필자가 『마음』을 통해 제시하고 싶은 신학적 담론은 무감각에 대한 경종이다. 저자가 소설의 가장 많은 분량에서 제시한 화두는 K를 자살하게 만든 동기를 부여한 자가 바로 자신이었다는 선생님의 가책이었다. 가장 선량하고 바른 인품의 윤리적 태도를 지닌 것처럼 사람들에게 보였고 심지어는 같이 살고 있는 아내에게까지 끝까지 그렇게 보이기를 원해 죽기까지 아내에게는 비밀로 하고 싶었던 K에 관한 일들은 결국은 선생님의 평생의 멍에였다. 그는 자신이 원하던 것을 다 가졌지만 K를 확인 사살했다는 자책으로 평생 칩거하는 삶을 살면서 양심과 싸운 것이다. 필자는 자살이라는 극단을 선택한 선생님이었지만 그를 통해 진면교사를 삼은 것은 끝까지 무뎌지지 않은 양심의 가책이었다. 딸을 폭행한 뒤, 거의 1년이 넘게 집 안에 사체를 방치하여 백골 상태로 유기한 엽기적 범죄자가 신학대학교 교수인가 하면, 이모가 발로 차서 죽인 조카는 형부와의 불륜을 통해 낳은 자기 아들이었다는 경악의 세상을 어떻게 해석해야 하는지 목회자로 고민스럽다. 필자가 어렸을 때 살인 사건이 일어나면 온 세상이 발칵 뒤집힌 것처럼 들썩였다. 그때는 그랬다. 지금 생각해 보면 그래도 그때가 살만한 때였던 것 같다. 사람 한 명이 죽는 것이 그만큼 엄청난 일이었기 때문이다. 오늘은 어떤가? 적어도 엽기성이 없으면 신문에 기사 거리가 되지 않는 시대를 보면서 울어야 하나 웃어야 하나 헷갈릴 정도이다. 아주 오래 전, 방송된 명 드라마의 명대사가 언뜻 떠오른다.

"나 지금 떨고 있니?"

나도 얼마든지 그 사람일 수 있다

목사 되기 전, 영문학을 공부할 때 학점을 따기 위해 원서로 읽었던 나다나엘 호돈의 『주홍 글씨』는 목사가 된 후에 적지 않은 영향을 준 고마운 고전이 되었다. 필자는 이 책을 읽으면서 무감각과 양심의 대일전(對一戰)을 보았다. 동시에 인간이라는 존재가 인간으로서의 가치와 자존감을 지나는 요소는 깨어 있는 양심이라는 사실을 배웠다. 목사가 된 이후 목사로서 현장에서 무엇을 소중히 여기며, 사투해야 할 본질인지를 이 책을 상기할 때마다 나름 경책할 수 있었다. 일본 전후 소설의 명장인 엔도 슈사쿠도 이 점에 있어서 동일했다. 그가 그의 걸작인 『바다와 독약』에서 2차 세계 대전 때, 생체 실험을 위해 미군의 간을 산

채로 떼어 들고도 아무렇지 않은 자신의 무감각에 몸서리치던 큐슈 대학 병원의 담당의인 스구로를 보면서 인간에게 있어서 가장 무서운 징벌이 양심 마비임을 고발한 것을 보면 말이다. '목회가 무엇인가?'라고 어떤 사람이 묻는다면 '사람을 많이 회심시켜 교회를 부흥시키는 것'이라고 말하는 수준은 이제 필자도 넘어섰다. 반면 아주 준엄하게 내 개인의 양심은 물론 모든 그리스도인들에게 목회의 정의를 설명한다면 이렇게 말할 수 있을 것 같다. "목회란 교회라는 현장과 그들이 살아가는 '삶의 정황'(Sitz im Leben)에서 무감각하게 살지 않게 만드는 것"이라고. 그래서 이렇게 기도해 본다.

"주여, 민감한 죄책을 유지하게 하옵소서."

남들이 나를 그렇게 주목해 주는
세상이면 살만할 텐데

은희경, 『새의 선물』(문학동네, 2013년)을 읽고

일부러 자라지 않으려는 아픔

대학 학부 시절에 노벨 문학상 수상자인 귄터 그라스의 『양철북』을 읽었다. 글을 접했을 때 난해한 책이었던 것으로 기억되지만 나름 충격을 받았던 기억이 분명하다. 독일의 한 가정에 오스카라는 아이가 태어난다. 그가 태어난 시대적인 배경은 제2차 세계대전이 발발하기 직전이었기 때문에 모든 관심이 군사문화에만 집착되어 있었지 윤리, 도덕, 사회적 질서에는 별 관심이 없었던 시기였다. 오스카가 세 살이 되는 해에 어른들의 난잡하고 추잡한 성적인 일탈을 발견한 그는 고의적으로 사다리에서 떨어져 성장을 멈춘다. 그 이유는 스스로 성장을 멈추면 자기 역시 그러한 일탈의 죄악에 빠지지 않을 것을 나름 확신했기 때문이었다. 그는 자기를 낳아준 엄마의 적절하지 못한 외도를 비롯하여 당시 가톨릭교회가 교회로서의 역할을 감당하지 못하는 무능력을 보았다. 전쟁에만 몰두해 있는 독일이라는 국가 등등이 일련의 사회 구조적인 악임을 인식했다. 오스카는 이런 비정상적인 상황에 분노하며 생일 선물로 받은 양철북을 두드릴 때 나타나는 초자연적인 힘으로 사회적인 모순들을 고발해 나아간다는 내용을 지금도 아주 선명하지는 않지만 기억한다. 퀸터 글라스는 오스카라는 인물을 통하여 자의적으로 본인의 성장을 멈추게 함으로서 당시 시대적인 왜곡들과 비정상적인 일련의 것들을 뒤집어엎는 파격적 도전을 시도하고 있다는 점에서 필자로 하여금 많은 것을 사유하게 했던 좋은 추억이 있다.

　필자는 의도적이지 않게 순전히 타의에 의해 강요된 것이나 별반 다름이 없는, 알고 싶지 않은 것에 대한 앎이라는 폭력에 노출되어 있을 때가 제법 많다. 물론 이것은 현대인들 거의 모두가 당하는 공통의 고민이요, 재앙이다. 재론하지만 이런 앎은 전적으로 타력에 의한 앎이다. 이게 어떻게 가능한가? 괴물 때문이다. 이 괴물은 오늘 우리 주변에 너무 깊이 깔려 있어 어떤 방법으로도 무너뜨릴 수 없다. 인터넷과 SNS, 텔레비전 광고를 통해 하루에도 수없이 봇물처럼 쏟아지는 정보의 홍수라는 괴물이다. 이 괴물은 시도 때도 없이 나에게 정보를 제공한다. 광고 한 편을 보는 것을 조건으로. 이런 반칙이 어디에 있나! 이렇게 당한 폭력의 결과는 생각보다 치명적이다. 내 의지와는 상관없이 너무 쓸데없는 것까지 주입받게 되는 피해이다. 세계적인 IT 미래 학자이자, 인터넷의 아버지라고 하는 니콜라스 카는『생각하지 않는 사람들』에서 20세기의 위대한 철학자 마틴 하이데거가 벌써 100여 년 전에 전망한 염려스러운 예측을 소개하고 있는데 불행히도 너무 선명하게 맞아 떨어져 서늘하다.

"기술혁명의 파도는 인간을 꼼짝 못하게 넋을 빼놓고 눈을 멀게 하고 현혹시켜 이 계획적인 생각은 어느새 유일한 사고방식인 양 받아들여지고 실행될 것이다."*

이렇게 무자비하게 시도 때도 없이 나를 無腦(무뇌)의 인간으로 만들고 있는 괴물들 때문에 가끔 분이 치밀어 오를 때가 있다. 그렇다고 분을 삭이기 위해 머리를 깎고 산으로 들어갈 수도 없는 일. 그래서 동서남북에 포진되어 있는 괴물들을 벗어날 수 있는 방법을 고민하다가 최선은 아니지만 차선으로 가끔 필자가 즐기는 방법은 목욕탕에 들어가서 하루 종일 책을 읽는 것이다. 책을 읽는 순간만큼은 타의적인 앎이 아닌 자의적인 앎에 흠뻑 빠질 수 있는 행복한 시간이다. 왜 이렇게 발버둥을 칠까? 폭력적인 세속의 방법론에 머리를 숙일 수 없기 때문이다. 기계적이고 감동 없는 세속적 아류에 집단적으로 박수를 치는 일에 동요되지 않기 위해서이다. 세상이 옳다고 하는 것에 무감각적으로 따라가는 것을 용인하지 않기 위해서이다. 마치 바울의 제2차 전도여행의 압권이었던 데살로니가 사역 시에 유대 종교적 기득권이 흔들리는 것을 보고 바울의 도를 향하여 "천하를 어지럽게 하는 자들이 여기에 이르렀도다"고 볼멘소리를 한 것처럼 바로 그 천하를 어지럽게 하는 역발상의 전진을 위해서는 세상의 식에 함몰될 수 없기 때문이다. 아마도 퀸터 글라스도 오스카를 통해 이렇게 사는 것을 역설하고 싶었던 것은 아닐까 싶다. 지금 필자는 뭘 말하고 싶은 것일까? 기득권에 의해, 혹은 강요된 세력에 의해 당연히 자라는 것을 거부하고 일부러 자라지 않는 것에는 그만한 이유를 담보한 아픔이 있다는 것을 역설하고 싶음이다. 그러나 전술한 내용의 반대의 경우도 아픔을 동반하고 있는 것은 매일

---

* 니콜라스 카/최지향 옮김, 『생각하지 않은 사람들』(서울: 정림 출판, 2014), 320.

반이다. 이미 너무 많이 알아 버린 아픔 말이다. 성장은 인간사의 너무도 상식적인 순리이다. 그럼에도 그 성장이라는 것은 반드시 기다림이라는 전제가 필요하다. 도리어 성장하지 않을 때 그것이 기형이고, 문제라고 인식하는 것은 세속의 통념이다. 그러나 이런 해석은 세속의 상식이 통념에 따른다고 이해할 때나 수용된다. 전술했듯이 의도적으로 자라지 않으려는 경우, 혹은 그 반대의 경우인 너무 일찍 조숙한 경우는 그 내면에 무언가 이야깃거리가 있다. 마치 오스카가 그랬던 것처럼. 그리고 이제부터 말하려고 하는 진희의 경우와 같이.

바라보는 나, 보여 지는 나

2014년 4월 하순, 필자는 은희경의 장편『새의 선물』을 손에 들었다. 작가는 프롤로그에서 이렇게 밝혔다.

"열두 살 이후 나는 성장할 필요가 없었다"(9).

주인공 진희는 열두 살의 초등학교 5학년 학생이다. 일반적으로 논하자면 초등학교 5학년생은 아직 어리다. 그러나 소설의 주인공은 전혀 그렇지 않다. 열두 살의 진희는 이미 성장한 성인의 감성을 갖고 있기 때문이다. 물론 이런 설정은 작가가 소설의 주제로 이끌어가는 고도의 기법이다. 진희는 자신이 갖고 있는 결코 녹록하지 않은 태생의 아픔 속에서 아주 시니컬한 자세로 자신의 삶을 살아간다. 도무지 열두 살이라고 생각할 수 없는 놀라운 통찰력으로 말이다. 진희의 엄마는 자살했고, 아빠는 행방불명되어 진희는 할머니와 이모 그리고 삼촌의 슬하에서 자란다. 할머니는 예기치 않은 가정의 깨짐으로 인해 혼자 남은 진희가 또 다른 상처를 받지 않도록 애지중지 키운다. 오히려 이 소설의 감초 같은 역할을 하는 이모보다도 더 끔찍이 말이다. 그러나 진희는 이런 할머니의 의도까지도 이미 알아버릴 정도로 조숙하고 성숙했다. 진희는 이모의 사랑과 배신이라는 경험을 보면서 사람을 배운다. 삼촌을 아끼는 할머니의 편애를 보면서 성적 편향의 장단점을 배운다. 동시에 할머니 집에 세 들어 사는 하류 극장 배우들과 같은 사람들과 부대낌을 경험하면서 미워하고 싫어하고, 사랑해야 하는 사람들의 인생 드라마를 직시하며 바닥의 삶을 경험한다. 더 놀라운 것은 진희가 이미 그런 막장 배우 같은 삶을 경험하고 있는 어른들의 심리를 꿰뚫고 있다는 점이다. 이것은 결코 긍정의 의미가 아니다. 전술했듯이 열두 살에 이미 다 성장해 버린 진희만의 아픔이다. 왜 그런가? 상처를 통한 가면 씌우기 때문이다. 또 다른 상처를 당하지 않도록 몇 겹의 자기의식의 막을 치기 위해 다른 사람 즉 어른들의 심리를 알아버리는 비정상적 성장판이 자리를 잡았다. 그 성장판은 항상 '바라보는 나'와 '보여 지는 나'에 대한 갈등으로 민감해졌다.

> "내 몸 밖을 나간 나는 남들 앞에 노출되어 마치 나인 듯 행동하고 있지만 진짜 나는 몸속에 남아서 몸 밖으로 나간 나를 바라보고 있다. 하나의 나로 하여금 그들이 보고자 하는 나로 행동하게 하고 나머지 하나의 나는 그것을 바라보는 것이다. 그때 나는 남에게 '보여 지는 나'와 '바라보는 나'로 분리된다. 물론 그중에서 진짜 나는 '보여 지는 나'가 아니라 '바라보는 나'이다"(22-23).

작가 은희경은 주인공 소녀 진희가 앞으로 경험할 일체의 삶과 사랑앓이가 이 투쟁의 연속선상에서 그려질 것을 예고한다. 그리고 그녀의 예고는 적확했다. 소설 내내 보여 지는 진희의 이 두 '나'에 대한 투쟁이 독자인 나에게 감정이입 되어 다가왔다. 지난 세월, 목사로 살아오면서 스쳐 지났던 나의 자국들 역시 진희의 투쟁과 동질성을 느끼게 하고 진하게 회상하게 했기 때문이다. 목사인 나는 '바라보는 나'로 살았는가? 아니면 '보여 지는 나'로 살았는가? 부인할 수 없는 것은 너무 진하게 각색되고 훈련된 '보여 지는 나'에 함몰되어 살았다는 점이다. '나는 목사니까 당연히 이렇게 보여야 해!, 목사니까 이건 당연히 그렇게 해야 돼!, 이 정도는 해야지 목사라고 할 수 있지 등등'이 항상 자위의 수단이었다. 그리고 합리화에 성공하면 나름 안심했다. 과유불급이라 했던가? 지나침은 독(毒)일 수밖에 없다는 말이 맞다. 아무리 포장하고 또 포장해도 '보여 지는 나'는 진정성이 있는 '나'는 아니니까. 그 삶의 반복은 진실 된 나를 겹겹이 포장함으로 오는 헛헛함과 회한이다. 이런 차원에서 작가는 필자에게 참 좋은 선물을 했다. 진희를 보면서 목사라는 신분으로 살아오면서 '보여 지는 나'에 견제당한 진정한 자아를 성찰하게 하는 좋은 공부를 했기 때문이다. 자연스럽게 살아가는 것이 어찌 보면 가장 아름다운 것일 수 있는데 인간은 성장하면서 수없이 많은 가면을 쓰고 있는 것이 사실이지 않은가? 마치 진희처럼.

지금 그리고 오늘 나와 함께 있는

시인 박노해는 이렇게 노래하며 읊었다.

"희망찬 사람은 그 자신이 희망이다

길 찾는 사람은 그 사람이 새 길이다

참 좋은 사람은 그 자신이 이미 좋은 세상이다

사람 속에 들어 있다

사람에서 시작된다

다시

사람만이 희망이다"*

이 시를 처음 접했을 때 참 따뜻했다. 사람이 사람을 희망으로 보고 있는 시인의 심성이 가슴에 와 닿았기 때문이다. 필자는 사람이 희망이라는 시인의 일갈에 토를 달고 싶지 않지만, 사람이 희망이라는 말 전부를 공감하는 것은 아니다. 사람은 때에 따라 늑대가 된다는 토마스 홉즈의 이론에 부분적으로 동의하기 때문이다. 더불어 작금에 일어나고 있는 엽기적인 일들이 사람만이 희망이라는 메시지를 자꾸만 희석시키고 있는 것이 사실이다. 시인이 이런 상황을 몰라서 사람이 희망이라 했을까? 박노해라는 시인만큼 사람에 의해서 인생 전반에 고통을 당한 자가 어디 있는가? 만만치 않은 그의 여정이 아니었던가? 그런데도 그는 사람만이 희망이라고 노래한 것을 보면 둘 중에 하나이리라. 덜 당했든지, 아니면 바보이든지. 객설한 것 같은데 유행가 가사처럼 사람이 꽃보다 아름답다고 표현할 때는 아마도 전제 조건이 있는 것은 아닐까 싶다. '지금 그리고 오늘 나와 함께 있는'의 대전제 말이다. 은희경은 소설의 말미에 이러한 사람의 소중함을 첨부해 놓았다. 어떤 의미로 보면 『새의 선물』의 또 다른 진수(眞秀)다. 소설 말미에 터진 유지공장 화재 사

---

* 박노해, 『사람만이 희망이다』(서울: 느린걸음, 2011), 63.

건으로 인해 지인들이 죽은 것은 불행이지만 또 다른 한편으로는 갸륵하다. 집의 가운데에 우물을, 외곽에 변소를 두고 아침마다 어깨를 부딪치며 같이 살던 사람들이 끝까지 나의 사람으로 함께 있어주지 않는다는 것을 작가는 말해준다. 그래서 '지금 그리고 오늘 나와 함께 있는'이라는 화두에 소홀하지 말아야 한다는 것을 다시금 책을 통하여 진하게 다잡이 해본다. 애증의 관계라 할지라도 누군가와 인생의 희로애락을 함께한다는 것은 축복이다. 삶이란 그런 것이다. 다만 한 가지 바람이 있다면 같은 공간과 시간 안에서 같은 목적을 담고 달리는 것이다. 그것이 행운이요 복이 아닐까 싶다.

목적지를 알고 뛰면 보듬어진다

서평을 마무리하면서 책의 말미에 기록된 잔잔한 우화 하나를 소개하는 것으로 글을 갈무리하려 한다.

"숲속에 마른 열매 하나가 툭 떨어졌다. 나무 밑에 있던 여우가 그 소리에 깜짝 놀라 도망치기 시작했다. 멀리서 호랑이가 그 여우를 보았다. 꾀보 여우가 저렇게 다급하게 뜰 때에는 분명히 굉장히 위험한 일이 있는 것이다. 그래서 호랑이도 뛰기 시작했다. 호랑이가 뛰는 것을 숲속의 동물들이 보았다. 산중호걸 호랑이가 저렇게 뛰며 도망치는 것을 보니 굉장한 천재지변이 일어나거나 외계인이 출현했을 것이다. 그래서 숲속의 모든 동물들이 다 뛰기 시작했다. 그래서 숲이 생긴 이래로 숲은 최대의 위기를 맞이한 것이다"(404-405).

'보여 지는 나'로 살아가는 자는 누군가가 목적이 없는 달릴 때, 같이 뛰는 어리석음을 매일 경험하기에 그렇게 뛰는 본인은 물론 그와 함께 하는 자에게도 적지 않은 피해를 준다. 그러나 '바라보는 나'의 정체성을 가지고 함께 달리고 부대끼는 자는 본인은 물론, 같이하는 자에게 뛰는 즐거움을 나누게 된다. 교회라는 공동체는 그래서 '바라보는 나'를 만들기 위해 목적을 분명히 알고 같이 뛰는 공동체로 서야하지 않을까?

필자는 은희경의 글을 읽고 이렇게 사족을 달았다.

"적어도 변질되거나 왜곡되지 않는 용기를 구한다. 그 구함이 이루어지면 나는 함께 뛰고 싶다. 누구든지 함께. 그렇게 뛰다보면 상처를 덮어가는 것을 통하여 삶은 일구어진다는 작가의 말처럼 목회의 장은 보듬는 사역을 하는 행복의 터가 되지 않을까? 너무 약은 세대에 살고 있지만 조금은 어리숙하게 살고 싶다. 일부러 자라지 않으려는 상처 입은 동지들과 이미 너무 많이 자라버린 또 다른 상처받은 자들을 보듬기 위해서 말이다. 은희경 작가가 준 새의 선물에 감사한다."

교회여! 제발 이명준을 보듬는 보루가 되자

최인훈, 『광장』(문학과 지성사, 2014년)을 읽고

경계선에 서 있다는 것

'얼굴 책'(페이스북)에 들어가 보면 적지 않은 카오스가 보인다. 지인과 지인을 통해 맺어진 아주 어색한 친구들 중에 가끔 스토커 같은 사람들이 있다. 소위 말하는 전혀 다른 색깔의 사람인데 어떻게 내 친구가 되었지 하는 마음에 고민을 하다가 도저히 더 이상은 견딜 수가 없어 후환이 두렵기는 하지만 조용히(?) 친구 끊기를 한다. 차라리 친구 맺기를 잘 알아보고 할 걸 하는 후회와 함께 이 일로 인해 종국에는 인간관계마저도 단절시켜야 하는 아쉬움들을 경험한다. 두 번 실수는 하지 말아야지 하는 다짐으로 이후부터는 친구 맺기를 정말로 조심한다. 이제 지천명을 훨씬 넘긴 연륜이 있어서 그런지 젊었을 때에 비해서 이제는 정말 웬만한 것은 그냥 넘어가는 스타일로 바뀌었는데도 도저히 견디기 어려운 것은 너무 다른 세상을 갖고 있는 자들이 본인들이 갖고 있는 생각들을 필자에게 예의 없이 들이댈 때이다. 풀러 신학교 총장으로 사역한 리처드 마우어가 "모든 인간은 가치의 중심이다"*라고 한 적확한 통찰에 조금이라도 귀를 기울인다면 이런 무례는 범하지 않을 텐데 아쉽고 유감스럽다.

목양터는 다양함의 총집합체이다. 그런데도 어떤 경우 지극히 상식적인 범주 안에서 말을 해도 인정하지 않고, 그것이 자기들의 범주 안에 있지 않을 때 분명한 흑백논리로 가차 없이 구분 짓는 아주 질 나쁜 버릇이 교회 안에도 버젓이 존재한다. 이런 태도는 보수나 진보나 예외가 없다. 필자도 한 때, 분명히 한쪽으로 기울어져 있었을 때가 있었다. 수구적인 색깔의 사람들을 경시하고, 대화 자체가 불가능한 아류들이라고 치부하며 교만으로 가득 차 있었던 혈기왕성한 시기를 보냈다. 또 반대로 소위 말하는 강남좌파들과 진보적 기득권자들의 아주 질 나쁜 변질을 보면서 분기탱천한 모습으로 그들을 싸잡아 비난했던 적도 있었다. 아, 지금도 그 속성을 완전히 다 버린 것은 아니지만, 그러나 스스로 자위하면서 적어도 몸부림을 치려는 것은 하나 있다. 그것은 균형 잡기이다. 그럼에도 갈등하는 것은 한쪽으로 치우치지 않는 것이 어디 그리 쉬운가 하는 제 문제 때문이다. 참 세상 살기 쉽지 않다. 강상중은 이렇게 재일본 한국인으로 사는 경계선의 고통을 에두른 적이 있었는데 공감할 수 있었다. 일본인도 아니고 한국인도 아닌 어중간함 속에서 그래도 한국 국적을 포기하지 않고 살아가야 하는 고통 말이다.

"시대는 이미 어중간함을 인정하지 않는 상태에 이르렀다. 따라서 어중간한 심각함이나, 어중간한 낙관론을 버려야 한다. 그리고 어중간하게 고민하는 것을 그만두지 않으면 자아를 세우는 것이나 타자를 수용하는 일도 할 수 없게 된다."[*]

---

[*] 리처드 마우어/홍범룡 옮김, 『무례한 기독교』 (서울: IVP, 2013), 34.

괴물과 같이 사는 아픔

아주 유명한 소설을 너무 늦게 읽었다. 최인훈의 『광장』이다. 마치 늦깎이 수험생이 시험 치르는 심정으로 이명준을 만났다. 작가 최인훈은 외세에 의해 의도하지 않게 분단된 대한민국이라는 특수한(?) 영역에 있는 사람들만이 경험할 수 있는 민족의 아픔을 필살의 기법으로 고발하고 또 아파했다. 그래서 그런지 필자는 독서하는 내내 가슴 절절함을 느꼈다. 글을 읽는 동안 나도 모르게 소설 속에 깊이 빠져들어 속살 깊이 내 자신이 이명준이 되어 있다는 착각으로 소리 없이 집중했다. 분단이 막 이루어지는 비극의 시절, 남한이라는 장소적인 틀에 살았던 이명준. 그러나 친부가 월북하는 바람에 남한에서 빨간색으로 취급되어 이유 없는 폭력을 당하며 시달리는 경계선 상에 있는 고통의 당사자가 되었다. 주인공은 이 고통을 피해 아버지가 있는 곳으로 드라마틱하게 월북하여 또 다른 극단의 세계와 접해 살지만 그곳에서도 고통은 떠나지 않는다. 남한은 자본주의라는 괴물이 밀실을 통해 자라나서 갖은 폭력을 가하는 공동체인 반면, 북한은 철저한 당 중심의 코뮌 이데올로기만을 강요하고 포장 씌우는 또 다른 광장이라는 괴물이었다. 이 한복판에 서 있는 이명준은 강상중이 고민한 어중간함이라는 생리 때문에 그 괴물들과의 싸움에서 결국 스스로 호흡을 끊는 것으로 자신만의 색깔을 펼치며 밀실과 광장에 항의한다.

---

* 강상중/이경덕 옮김, 『고민하는 힘』(서울: 사계절, 2008), 42.

끝내 이기기 위해 죽는다

책과 놀면서 필자는 이명준을 응원했다. 왠지 그래야 할 것 같기에 말이다. 억누르기 힘든 체제의 불합리에 괴로워하며 이념적 이데올로기의 희생양이 되어 버린 이명준을 감쌌다. 남도 북도 이명준에게는 지옥이었다. 그에게는 어느 쪽도 자신의 편이 아니었고 괴물이었다. 6.25전쟁이 발발하자 이명준은 인민군 장교로 전쟁에 나아가지만 그에게 전쟁은 아무런 의미가 없는 미친 짓이었다. 휴전이 되고 전쟁포로가 된 이명준은 광장인 북한도, 밀실인 남한도 택하지 않고 제 3중립국을 선택하여 인도로 가는 배에 몸을 싣는다. 그러나 인도는 또 그에게 무엇을 의미하는가 하는 문제에 괴로워하다 결국은 바다에 몸을 던진다. 시대의 희생양인 이명준을 보면서 나는 목사로서 내 조국을 되짚었다. 내 조국은 지금 밀실인가? 광장인가? 그리고 나는 지금 어디에 갇혀 있는가? 혹시 나는 지금 이 땅에서 빌붙어 살기 위해 밀실에서도 타협하고, 광장에서도 움츠리는 삶을 살고 있는 비겁자는 아닌가? 나는 내 조국에서 정말로 목사로 잘 살고 있는 것일까? 이명준은 광장도, 밀실도 거부하며 스스로의 생을 끊을 정도의 민감한 자존감을 갖고 있었는데 지금 나는 인간의 영혼과 심리를 다루는 목사로서 어느 정도의 감각과 진동으로 반응하며 살고 있는 것인가? 그리고 어떻게 살아야 하는지는 물었다.

2015년 노벨문학상 수상자인 우크라이나 출신의 저널리스트 스베틀라나 알렉시예비치가 쓴 『전쟁은 여자의 얼굴을 하지 않았다』에 보면 울어야 할지 웃어야 할지 모를 촌극과도 같은 전쟁터 이야기가 담겨 있다. 독일과의 전쟁이 치열했던 제2차 세계대전 때 전쟁 자체가 무엇인지 모르고 참전한 여성 근위대 중위이자 선임 비행사의 어록을 들어

보시라.

> "규율이나 규정이니 기장이니, 이런 군대 지식은 어쩌나 까다로운지
> 아무리 해도 모르겠는 거야. 한 번은 비행기 앞에서 보초를 섰다. 규정
> 에 누가 비행기로 접근할 경우, '멈춰, 거기 오는 사람 누군가?'라고 물
> 으며 제지해야 한다고 나와 있었지. 내 친구가 지휘관이 오는 것을 보
> 고는 소리쳤어. '멈추세요. 멈추지 않으면 죄송하지만, 쏠 거예요!' 아
> 이고 상상 한 번 해 봐. '죄송하지만, 쏠 거예요.' 세상에 죄송하지만 이
> 라니!'"*

누가 전쟁을 만들었나? 이데올로기를 우상화하고 있는 인간이 아닌
가? 기실, 인간은 이데올로기라는 우산 앞에서 언제나 자유로울 수 없
다. 그것이 주는 마력과도 같은 힘 때문인지는 모르지만 언제나 속박되
어 있는 인간의 흉물스러운 속내가 인간 역사 내내 도도하게 흐르고 있
다. 정상적이라면 인간이 속고 있는 이데올로기라는 그 밀실과 광장의
공허함 속에서 노예로 살고 있는 것에 대해 분노해야 하는데 그냥 인간
은 암묵적으로 전쟁에 대해 호의적이고, 그 전쟁을 양산하고 있는 이데
올로기에 러브콜을 하고 있으니 이 얼마나 기막힌 아이러니인가? 이명
준을 만나면서 잠재되어 있는 나의 공범적인 무감각을 깨우며 인간을
진정으로 인간답게 자유롭게 할 수 있는 영적 밀실과 광장은 과연 무엇
일까를 내내 고민했다. 오늘 이 땅에는 아쉽지만 제2의 이명준, 제3의
이명준을 만들어가고 있는 아픔이 존재한다. 그들을 다시는 만들지 말

---

* 스베틀라나 알렉시예비치/박은정 옮김, 『전쟁은 여자의 얼굴을 하지 않았다』 (서울: 문학
  동네, 2015), 138.

아야 하는데. 이제 본업으로 돌아가야겠다.

교회에서는 제발…

왜 교회가 교회일까? 교회는 교회일 때 교회이기 때문이다. 이렇게
대답하면 말장난이라고 돌팔매질을 당할까? 그래도 할 수 없다. 교회
는 교회이기 때문에 교회이다. 하나님으로부터 불러냄을 받은 자들의
구별된 모임이 교회라는 어원적 고찰을 군이 거론하지 않더라도 교회
는 사람들 개인이기에 교회는 반드시 교회이어야 한다. 『광장』에서 언
급된 '밀실과 광장'이라는 두 가지의 상징은 인간을 노예로 만든 괴물들
이다. 문제는 이 기막힌 괴물들이 교회 안에서도 자라고 있다는 비극이
다. 다시 강조하지만 교회가 교회인 이유는 사람이 교회이기 때문이다.
최인훈의 견고한 고집에 따르면 인간의 가장 인간됨을 말살하는 광장
과 밀실은 반드시 척결해야 할 대상이다. 필자는 교회 안에서 버젓이
독버섯처럼 자라고 있는 괴물들은 소위 말하는 신본주의로 무장한 근
본주의적 무자비함과 반대로 세속적 랜덤으로 유혹하는 극단적 인본주
의라는 밀실과 광장이라고 지적하고 싶다.

노벨 평화상 수상자인 엘리위젤의 고전과도 같은 책『팔티엘의 비
망록』(원제: The Testament)을 보면 아들 그리샤가 아버지 팔티엘 거
쇼노비치에게 어려서 배운 일을 독백하는 내용이 있다.

> "나는 그들에게서(공산주의자들) 볼셰비즘, 멘셰비즘, 사회주의, 무정
> 부주의란 새 단어를 배웠습니다. 나는 아버지에게 '주의(_ism)'라는
> 것이 정확하게 무엇이냐고 여쭈어 보았습니다. 그러자 아버지께서 이

렇게 답해 주셨습니다. 그건 혼인할 준비를 하고 있는 변덕스러운 여자 같은 거란다. 앞의 단어에 따라가는 거야"[*]

전율할 만한 기막힌 통찰이지 않은가? 인간에게 필요한 것은 이데올로기가 아니다. 사랑함과 자유함이다. 그리고 그리스도인에게 있어서는 한 가지 더, 나와 너의 공동체 이룸이다. 이 공동체를 성경은 이렇게 표현했다.

"그 때에 이리가 어린 양과 함께 살며 표범이 어린 염소와 함께 누우며 송아지와 어린 사자와 살진 짐승이 함께 있어 어린 아이에게 끌리며 암소와 곰이 함께 먹으며 그것들의 새끼가 함께 엎드리며 사자가 소처럼 풀을 먹을 것이며 젖 먹는 아이가 독사의 구멍에서 장난하며 젖 뗀 어린 아이가 독사의 굴에 손을 넣을 것이라"(이사야 11:6-8)

교회에서는 제발 ism이 사라지기를. 그래서 이사야의 노래가 울려 퍼지기를 두 손 모아 본다. 이 땅의 모든 이명준에게 삼가 위로를 전한다.

---

[*] 엘리 위젤/배현나 옮김, 『팔티엘의 비망록』(서울: 도서출판 주우, 1981), 63.

교회 밖에 있는 예수를 주목하라

엔도 슈사쿠, 『깊은 강』(민음사, 2014년)을 읽고

참 아팠지만 그래도

인간은 고독한 것을 못 견뎌하는 존재인 듯하다. 어떻게 하든 소속감을 가지려고 하는 본능이 있으니 말이다. 8년 전, 필자는 소속되어 있었던 교단에서 나와 지천명을 바라보는 나이에 교회를 개척했다. 이제 중년의 나이에 대부분의 사람들은 안정적인 목회를 하고 싶어 하는 것이 인지상정인데 도리어 필자는 외톨이가 되었다. 그러나 이후 가입한 한국독립교회 연합회에서 사역을 하며 그동안 여러 가지 정치적인 이유로 하지 못했던 목회에만(?) 전심하게 되자 교회가 빠르게 안정되어 감사했다. 독립교회연합회는 한국에서, 특히 지방 소도시에서는 인지도가 없기에 여러 가지 단점이 있음에도 불구하고 8년이라는 세월을 달려본 결과, 목회하는 현장으로는 더할 나위 없이 좋은 최적의 광장임을 알게 되었다. 상회(上會)의 정치적 간섭이 전혀 없이 행정적인 편리만을 제공받는다는 것은 필자와 같은 소심한 목회자에게는 어떤 의미로 보면 최상의 목회적 틀임에 틀림이 없다. 교회를 개척한 이후 필자에

게 찾아온 따뜻한 행복이 몇 가지가 있다. 첫째는, 재론하지만 교회 정치에서의 해방이라는 수지맞음이었다. 교단에서 사역할 때, 어쩔 수 없이 섬기는 교회의 교세가 상위에 랭크 되어있다는 이유로 가기 싫은 모임, 행사 등에 끌려 나가는 일들이 다반사였다. 이런 일련의 일들에 관심을 갖고 좋아하는 성격의 소유자들은 그 모임이 기쁘고 즐겁겠지만 필자에게는 지옥 같은 일들이었다. 하고 싶지 않은 일을 하는 것처럼 불행한 일이 또 어디에 있으랴! 두 번째로 찾아온 행복은 책과 놀기이다. 목회 현장에서 나름 계획된 스케줄로 지체들을 섬기는 일들에 최선을 다해도 독서할 수 있는 시간이 많아진 탓에 좋아하는 책과 놀 수 있는 기회가 많아진 것이다. 지천명의 나이에 개척이라는 무모한 일을 저지른 지혜롭지 못한 자이지만, 그 대가로 주군(主君)이 대신 주신 보너스 중의 보너스는 책과 놀기였다. 더 기대되고 감사한 것은 이 보너스는 앞으로도 계속해서 내 자아를 성숙시키고 깊은 글 속에서 공급받을 지성적 교훈으로 인해 내공이 쌓이게 될 것이라는 점이다. 필자는 이것을 개척 이후에 찾았다. 아픔을 경험한 뒤에 찾았다. 무언가를 확정할 나이인 지천명을 넘긴 나이에 모두가 말리는 일을 한 셈인데, 그런 모험 끝에 이런 정체성을 조금이나마 발견했으니 얼마나 다행이며 행운인지 모르겠다.

삶의 길 찾기

그렇다. 같은 맥락에서 사람에게 있어서 잃어버리지 말아야 할 것이 있다면 인간으로서의 삶의 정체성이 아닌가 싶다. 인문학에서 흔히 말하는 '나는 누구인가?'에 대한 분명한 답을 갖고 있어야 그 사람이 바로 사람다운 사람이 됨은 재론의 여지가 없다. 그래서 작가 조정래는 인문학의 본질을 자아 찾기라고 정의하면서 그것은 "왜, 어떻게, 무엇을 위해 살아야 하는가 하는 삶의 길 찾기"*라고 갈파했는데, 이에 동의한다. 자이니치(재일 한국인)의 신분으로 태어난 강상중 교수는 일본에서 한국인의 정체성을 갖기 위해 날마다 질문했던 것이 있음을 다음과 같이 밝혔다.

> "'나'에 대한 물음을 계속하며 해답은 발견할 수 없었지만 한 가지 중요한 사실, 내가 갈 수 있는 곳까지는 갈 수 있다는 것은 알아냈다."**

나에 대한 끊임없는 질문 없이 내가 갈 수 있는 곳이 어디이며, 갈 수 없는 곳이 어디인지 알 수 있겠는가? 어불성설이다. 그래서 자아 찾기는 너무 중요한 일임에 분명하다. 신학대학교 학부 시절, 『바다와 독약』이라는 엔도 슈사쿠의 글을 처음으로 접했다. 그의 글을 읽으면서 받았던 감동의 흔적은 30년이 지났는데도 선명하다. 스구로가 경험한 자기 무감각과 경종의 어울림을 간접적으로 경험하면서 '어떤 목사가 될 것인가?'의 어렴풋한 그림을 그렸던 일말이다. 그에게 열광하면서 그 다음에 『침묵』을 만났다. 엔도가 엔도스러운 것은 그가 포기하지 않은 '기독교적인 정체성이란 과연 무엇을 의미하는가?'에 대한 천착함이다. 배교의 행위를 하는 로드리고 신부를 통해 도리어 고통의 현장에는 이론으로 설명할 수 없는 강력하고 깊은 하나님의 임재가 있음을 역설로 보여준 엔도의 종교적 심리 터치는 정말로 압권이었다. 외형적인 배

---

* 조정래, 『시선』 (서울: 해냄, 2014), 336.
** 강상중/이경덕 옮김, 『고민하는 힘』 (서울: 사계절), 91-92.

교라는 틀을 신앙의 잣대로 삼는 어처구니없음에 여지없이 메스를 댄 엔도에 필자는 열광했다. 그러나 거기까지였다. 지금도 아이러니한 것은 엔도와의 만남은 거기까지였다는 점이다. '값싼 은총'을 여지없이 십자가에 못 박았던 디트리히 본회퍼와 더불어 내 신학교 시절을 뜨겁게 만들었던 또 한 명의 주인공인 엔도 슈사쿠를 『침묵』을 끝으로 더는 만나지 못했던 것은 지금도 나에게 깊은 아쉬움이다. 그렇게 잊고 있었던 엔도를 개척 이후, 『깊은 강』에서 재회했다. 『깊은 강』에 빠져 들면서, 나이가 들어서인지 나는 신학교 시절에 엔도에게서 받았던 그 감동보다 몇 배나 더한 심층적인 소회를 경험하게 되었다. 기억한다. 생생히 기억한다. 엔도가 말하려는 그리스도인이라는 정체성이 어디에 고정되어 있는지를.

구원은 전투적이 아니라 품음으로 이루어진다

가톨릭 신자인 엔도가 말하려고 하는 종교적 언어를 기초로 한 메시지는 분명히 예수 그리스도를 통한 구원의 메시지임에는 틀림이 없다. 그러나 그가 선포하는 구원의 메시지는 항상 도전적이고, 보수적인 안목으로 보면 이단적이다. 왜냐하면 하나님의 구원이 교리적인 도그마의 틀에 국한되어 편협하게 배타적인 구원의 방향성으로 나아가는 것이 아니라, 상당히 포괄적으로 심지어는 범신론적이라고 할 수 있을 정도로 보편적이라는 점에 주목하고 있기 때문이다. 그는 전후 일본의 정신적인, 문화적인 척도로 볼 때 상당히 샤머니즘적이고 혼합적인 범신론이 우세한 일본이라는 토양에서 흔치 않았던 가톨릭 신앙을 가진 어머니의 권유로 인해 의미 없는 세례를 받아 무늬만 가톨릭 신자로 신앙의 세계에 귀의했다. 그러나 엔도에게 주목해야 하는 점은 그가 '점진적인 성화'(내가 알고 있는 신학적인 표현으로는 이것이 가장 적합하다고 사료되어 사용함)를 삶과 현장을 통해 경험했다는 점이다. 그는 명목적인 가톨릭 신앙을 소유했지만 아마도 공부를 통하여 그리고 삶을 통하여 항상 '구원'이라는 단어에 천착하여 고민하고 성찰하고 사유했던 것으로 짐작된다. 이렇게 말하는 결정적인 근거는 그의 전 소설(『바다와 독약』, 『침묵』 그리고 『깊은 강』 등등)에 나타난 구원으로 가는 길, 구원자의 정체성을 밝히는 과정에 드러나 있기 때문이다. 『침묵』에서 필자는 하나님의 구원을 아버지의 부성적 구원으로 이해하였다. 『바다와 독약』에서는 1%도 구원 받을 가능성이 없는 원죄적인 인간의 죄성까지 덮으시는 어머니의 무조건적인 모성적 사랑을 보았다. 늦깎이로 만난 『깊은 강』에서는 테두리를 치지 않으시는 아버지와 어머니의 동시적이고 보편적인 구원을 만났다. 이것이 바로 엔도의 깊은 구원관이기도 하다. 이 점에서 엔도는 특별하다.

항상 하나님의 구원의 틀은 논쟁적이었고 신학적이었으며 교리적으로 교회사의 뜨거운 감자였다. 오죽하면 성찬론에서 나올 법한 이야기, 성찬식을 하고 남은 주님의 피와 살을 실수로 떨어뜨려 그것을 재빠르게 개가 먹었을 때 그 개는 구원을 받을 수 있는가, 없는가를 놓고 설전을 벌였다는 조크가 있는 것을 보면 하나님의 구원에 대한 이해와 해석이 얼마나 소모적이고 전투적인지를 알 수 있다. 사정이 이렇다면 이현령비현령의 해석이 가해지는 것이 '구원'이다. 그런데 한 가지 전제하고 상기할 것이 있다. 구원은 전투적인 교리가 아니라 인간을 향한 하나님의 러브스토리라는 점이다. 이 설정을 전제한다면 인간의 삶의 자리를 배제한 구원은 시작부터 잘못되어 있는 것이 분명하다는 것이다. 그래서 하나님의 구원의 시나리오는 단발마적이지 않고 오히려 통전적이다. 나는 이 해석에 전적인 지지를 보낸다. 조금은 두렵고 떨리는 말이기는 하지만 구원에 대한 하나님의 일하심은 적어도 그렇다. 엔도는『깊은 강』에서 화자인 주인공 오쓰 신부를 통해 이렇게 말한다.

> "신은 당신들처럼 인간 밖에 있어 우러러보는 것이 아니라 그것은 인간 안에 있으며 더구나 인간을 감싸고 수목도 감싸며 화초도 감싸는 저 거대한 생명이다"(177).

> "다양한 종교가 있지만 그것들은 모두 동일한 지점에 모이고 통하는 다양한 길이다. 똑같은 목적지에 도달하는 한 우리가 제 각기 상이한 길을 간다고 하더라도 상관이 없지 않은가?"(287)

저자는 이 소설의 주인공을 화자화시켜 본인의 이론을 전개해 나간다. 이런 관점에서 보면 엔도는 '범신론적인 그리스도인'이라고 불러도 괜찮다고 본다. 기독교적인 구원의 교리로 무장한 필자는 당연히 엔도의 구원관에 대하여 용인하기가 결코 쉽지 않다. 그러나 그럼에도 불구하고 그가 가진 구원에 대한 이해를 해석함에 있어서 돌멩이를 던지지 않는 이유는 일본이라는 지역적, 국가적 특성을 갖고 있는 엔도에 대한 이해 때문이다. 바울은 그의 서신서인 고린도전서에서 이렇게 고백한 적이 있다.

> 유대인들에게 내가 유대인과 같이 된 것은 유대인들을 얻고자 함이요 율법 아래에 있는 자들에게는 내가 율법 아래에 있지 아니하나 율법

아래에 있는 자 같이 된 것은 율법 아래에 있는 자들을 얻고자 함이요
율법 없는 자에게는 내가 하나님께는 율법 없는 자가 아니요 도리어
그리스도의 율법 아래에 있는 자이나 율법 없는 자와 같이 된 것은 율
법 없는 자들을 얻고자 함이라(고린도전서 9: 20-21)

이렇게 말을 붙이면 말이 되겠는가? 엔도는 '구원의 도를 일본화 시
켰다'고. 궁색한 변명이나 회색적인 발언이 결코 아니다. 필자는 이 소
설에서 구원의 접근법을 평상적인 한국적 모드의 구원관과는 매치시키
기가 쉽지 않았지만 그러나 그럼에도 불구하고 엔도(소설 속에서의 오쓰)
가 예수 그리스도에 대한 신앙적인 접붙임을 확인하는 순간, 동료의식
때문인지 전율했다. 그렇다. 구원은 전투적으로 오지 않는다. 품음으로
온다.

궁극의 결론: 하나님은 구원을 점진적으로 이루어 가신다

오쓰는 프랑스 리옹에 있는 가톨릭 신학교에서 신부가 되기 위해 수
학을 하지만 그가 갖고 있는 일본적인 문화와 역사에 접목된 보편적 구
원 즉 범신론적인 구원관에 대하여 사사건건 시비를 걸던 동료들과 신
학교 교수들은 그를 요주의물로 여겨 사제 서품을 주는 것을 보류하고
그에게 문을 열지 않는다. 이러한 고통은 오쓰에게 출교 압박으로까지
진전된다. 동료들이 하나님의 구원에 대한 유일성을 인정하지 않으려
면 기독교 세계에서 나가라고 비난할 때 오쓰는 그들에게 절규한다.

"나갈 수 없습니다. 저는 예수께 붙잡혔습니다"(287).

이 소설은 오쓰 신부를 주인공으로 하여 그가 이루려 했던 하나님의 구원을 전개해 나간다. 그러나 오쓰라는 주인공의 이야기뿐만 아니라 아내의 환생을 유언으로 받고 그 환생을 대신 경험한 아이가 인도에 있지 않을까 싶어 인도까지 여행을 한 이소베, 정맥종양으로 각혈을 할 정도의 생의 위기에서 극적으로 살아난 동화작가 누마다, 제2차 세계 대전에 참전하여 미얀마에서 극단의 전쟁 상흔을 경험한 후 장애를 앓고 있는 기구치의 이야기가 등장한다. 그 외에도 아주 전형적인 현대인의 이기성을 다 갖고 신혼여행을 온 산조 부부와 오쓰에게 대학시절 그의 가톨릭 신앙을 배교하도록 하게 하기 위해 육체적으로 유혹하며 막 살던 무신론자 미쓰꼬까지 서로 다른 이유 때문이기는 하지만 각기 인도 여행에 동행하게 함으로 구원이 필요한 인간의 군상들을 열거한다. 작가는 그 현장 안에서 모두가 경험하는 종교적 성찰들을 예리하게 필설(筆舌)하여 각기의 삶의 현장에서 종교적인 구원과 맞먹는 깨달음들을 얻게 하며 소설을 병행시키는데 그 점에서 엔도의 작업은 천재적이다.

필자가 소설을 읽다가 가장 열광하며 전율했던 부분은 이 대목이다. 오쓰를 무너뜨리기 위해 그렇게도 집요하게 하나님을 버리라고 공격하던 미쓰꼬는 갠지스 강에서 시체로 뿌려질 능력을 상실한 인도의 가장 버려진 계층인 불가촉천민들의 시신을 옮기는 사역을 하는 오쓰에게 전적으로 패배한다. 그리하여 지루한 싸움은 미쓰꼬의 완패로 끝난다. 설상가상으로 그녀는 무례한 산조를 대신하여 힌두교도에게 폭행을 당해 목뼈가 부러져 생명을 잃게 된 오쓰를 현장에서 목격한다. 그리고 갠지스 강에 들어가 목욕을 하는 장면에서, 그렇게도 시인하기 싫어했던 신의 존재에 대하여 아직은 잘 알지 못하는 신에게 이렇게 넋두리 기도를 하는데 압권이다.

"난 인간의 강이 있다는 것을 알았어. 그 강이 흐르는 건너편에 무엇이 있는지 아직은 모르지만 그치만 그 과거의 많은 과오를 통해 자신이 무엇을 원했는지 이제 겨우 조금 알게 된 느낌이야. 믿을 수 있는 건, 저 마다의 사람들이 저 마다의 아픔을 짊어지고 깊은 강에서 기도하고 있는 광경입니다. (중략) 미스코는 어느 새 마음의 어조가 기도풍으로 바뀌었다. 그 사람들을 보듬으며 이 강은 흐른다는 것입니다. 인간의 강, 인간의 깊은 강의 슬픔, 그 안에 저도 있습니다"(316-317).

필자는 이 대목에서 전율하는 쾌감을 느꼈다. 그리고 승리하신 예수님을 찬미했다. 엔도가 말하는 '하나님의 구원을 이루어감'은 그래서 일시적이지 않고 점진적이다. 알렉시예비치는 이렇게 갈파한 적이 있다.

"역사는 거리에 있다. 군중 속에 있다. 나는 우리 한 사람 한 사람이 역사의 조각을 가지고 있다고 믿는다. (중략) 나는 사람의 마음을 살피는 역사가이다. 한편으로는 구체적인 시간 속에 살고 구체적인 사건을 겪는 구체적인 사람을 연구하면서, 다른 한편으로는 영원한 인간을 들여다보아야 한다. 영원의 떨림을. 사람의 내면에 항상 존재하는 그것을."[*]

이런 무게감이 인간의 역사 속에 있다. 인간 한 사람, 한 사람의 내면에는 영원의 떨림이 있다. 이 위대한 무게들을 어찌 시간의 촉박함으로 해석하려고 한단 말인가? 멈추어야 한다. 기독교의 천박성 중에 하나는 조급함이다. 기다리지 않는다. 참아주지 않는다. 내 대(代)에서 승부와 끝장을 보려고 한다. 이단 기독교에서는 상투적으로 다음과 같이

---

[*] 알렉시예비치, 위의 책, 26.

요구한다.

> "당신은 구원의 확신이 있습니까? 확신이 있다면 그 구원의 증거를 대
> 보십시오."

사정이 이 정도면 이것은 윽박지름이고, 폭력이다. 그들에게 있어
서 구원은 뻥튀기 기계에서 나오는 강냉이인가 보다. 왜 기독교 안에
기다림이 없는가? 왜 참아줌이 없는가? 오금이 저려 온다. 프랑스의 폴
발레리대학의 철학 교수인 피에르 쌍소의 말은 너무 깊어 또 되새기고
되새기는 버릇이 생겼다.

> "우리가 우리 자신을 알고자 끊임없이 애쓰면, 어느 순간 물밑 진흙이
> 표면으로 떠오르는 때가 찾아온다."*

현상학적으로 말이 되는가? 아무리 생각해도 과유불급인 것 같다.
억지춘향인 것 같다. 그런데도 쌍소의 말이 왜 미더울까? 기다림과 몸
부림이라는 따뜻함 때문은 아닐까? 조급함은 천박함과 직결된다. 엔도
는 우리 독자들의 그 천박한 구원관을 일거에 날려 보내주는 선생이다.

이세 서평을 마감한다. 독자들에게 권하고 싶은 것이 하나 있다. 『
깊은 강』은 엔도의 마지막 작품이다. 적어도 이 『깊은 강』에 대한 감동
을 극대화하려면 그의 다른 작품인 『바다와 독약』과 『침묵』을 먼저 일
독하기를 부탁한다. 놓치면 안 되는 수작들이다. 특히 그리스도인들에
게는 더 더욱 그렇다. 이 책을 읽고 나서 필자는 복음성가를 나지막하게

---

* 피에르 쌍소/김주경 옮김, 『느리게 산다는 것의 의미』 (서울: 현대신서, 2007), 208.

불렀다. 부르는 데 은혜의 물결이 감쌈을 느낀다.

내 주의 은혜 강가로 저 십자가의 강가로 / 내 주의 사랑 있는 곳 내 주의 강가로 / 갈한 나의 영혼을 생수로 가득 채우소서 / 피곤한 내 영혼 위에 / 내 주의 은혜 강가로 저 십자가의 강가로 / 내 주의 사랑 있는 곳 내 주의 강가로

전쟁이 답이라는 자들에게 던지는 선전포고

바오 닌, 『전쟁의 슬픔』(아시아, 2014년)을 읽고

"아무리 좋은 전쟁이라도 가장 나쁜 평화보다 나을 수는 없다."*

소설가 방현석이 『전쟁의 슬픔』을 읽고 난 뒤에, 훗날 한 출판사에 바오 닌이 기고한 글을 이렇게 소개했다. 바오 닌의 통찰은 적확하지만 한편으로는 가슴 아리게 쓰리고 또 쓰다. '좋은 전쟁'이라는 것이 있는 가? 없다. 단언하지만 없다. 필자는 유산으로 아들에게 물려줄 유일한 것이 책이기에 책을 다 읽고 나면 항상 사족을 남기는데 이렇게 남겼다.

"아들아, 이 책은 전쟁의 슬픔을 다루었다. 전쟁은 어떤 경우에라도 미화될 수 없다. 만에 하나 그렇게 하는 자가 있다면 그는 정신병자임에 틀림이 없다. 전쟁은 인간이 취할 수 있는 가장 사악한 선택이기 때문이다. 오늘도 끼엔과 프엉의 슬픈 사랑은 존재한단다. 인간의 사랑을 말살시킨 전쟁터에서는. 그래서 끼엔과 프엉의 사랑이 부활되기를 바

---

* 바오 닌/하재홍 옮김, 『전쟁의 슬픔』(서울: 도서 출판 아시아, 2014), 334.

라는 것은 목사가 된 사람, 그리고 목사가 되려는 아들의 마지노선과 같은 자존심이다. 재론하지만 목사는 철저한 평화주의자가 되어야 하지 않겠니? 권정생 선생은 미국이 이라크를 토마호크로 공격하는 날, 열이 40도나 올랐다고 하는데 내 아들도 이런 정신을 새겼으면 좋겠다. 아들을 사랑하는 아빠가."

둘 다 지는 유일한 게임

금년 가을 초, 늦은 여름휴가를 아내와 함께 베트남으로 다녀왔다. 결혼 25주년이기도하고 매년 여름에 쫓기다시피 해서 때우기 식 휴가를 다녀온 것에 대한 보상을 받고도 싶어서 베트남을 다녀왔다. 하노이를 중심으로 한 투어였기에 유네스코 세계 자연유산이라고 하는 절경을 간직한 하롱베이를 보면서 넉넉한 안식을 취하는 시간을 가져보았다. 그곳에서의 고즈넉한 추억은 오랫동안 기억에 남아 있을 만큼 아름다웠다. 절경들을 보다가 이곳이 불과 반세기 전에 피비린내 나는 전쟁터였을까 할 정도의 의심이 들 정도의 평화로움에 여러 생각이 스쳐 지나갔다. 생각에 젖어 있을 때, 투어 가이드가 차 안에서 뜬금없이 이런 이야기를 늘어놓는다.

"손님 여러분! 이 땅에서 어떤 이유에서든지 절대로 경험하지 말아야 할 것이 있다면 그것은 전쟁입니다. 제가 베트남에서 살다보니 이 땅에서 일어난 전쟁의 상흔이 얼마나 아프고 큰지를 몸소 봅니다. 전쟁에서 이기든 지든 둘 다 패배자입니다. 전쟁의 승자는 없습니다. 전쟁은 인간에게 있어서 가장 무서운 암 덩어리입니다."

여행 가이드의 멘트로는 조금은 무거운 것이었지만 가슴에 담았다. 휴가를 마치고 돌아와 베트남에 대한 아픔을 다룬 책을 찾다가 목록 중에 손에 잡은 것이 베트남 해방전쟁(당시 북베트남 사람들의 용어)의 참전 용사인 바오 닌이 쓴 『전쟁의 슬픔』이었다. 책을 읽고 난 뒤, 뭔가 두들겨 맞은 느낌으로 아팠다. 더불어 휴가처에서 가이드가 했던 말이 새록새록 다시 떠올랐다.

"전쟁에서 승자는 없습니다. 둘 다 패자입니다."

그렇다. 둘 다 패하는 유일한, 이 땅의 유일한 게임이 전쟁이다. 그래서 그랬나! 시인 박노해가 일전에 이스라엘에 의해서 공격당한 레바논 방문 수기인 '여기에는 아무도 없는 것 같아요'에서 전쟁의 광기를 이렇게 표현한 것이.

"인간의 모든 욕망과 의지, 선과 악, 정의와 불의, 낡은 것과 새 것, 그 모순과 갈등이 폭발적으로 분출되는 절정이 전쟁이기에, 불의한 전쟁은 우리를 비춰 보이는 인간성의 얼굴이다."[*]

시인의 말이 너무 당연한데 잊고 산 느낌이다. 전쟁은 인간의 인간 됨을 포기한 얼굴 그 이상도, 이하도 아닌 그냥 둘 다 패자인 살인 게임이다. 바오 닌은 소설에서 표면적으로 전쟁에서 살아남고 조국해방전쟁에서 승리한 승자로 자신의 상징인 끼엔을 소개한다. 그는 분명 전쟁이라는 아수라장에서 살아남았다. 그렇다면 분명 뭔가 승리의 기쁨이

---

[*] 박노해, 『여기에는 아무도 없는 것만 같아요』 (서울: 느린걸음, 2007), 285.

있어야 하는데 아이러니하게도 그에게 주어진 것은 승리의 기쁨이나 행복이 아니었다. 도리어 살아남았기에 받은 선물은 지옥 같았던 전쟁 트라우마였다. 그는 지워지지 않고 폐비닐처럼 장구한 시간 고약한 썩은 냄새를 풍기고 진동하는 전쟁이 남겨준 상처에 괴로워하며 소설의 한 복판에서 이렇게 독백한다.

"잊어서는 안 된다. 전쟁에서 일어났던 모든 일을 결코 잊어서는 안 된다. 그것은 죽은 자와 산 자, 우리 모두의 공동 운명인 것이다"(141-142).

조금 정리해 보자. 『전쟁의 슬픔』은 직접 베트남 전쟁에 참여했다가 극적으로 살아남은 참전 용사 바오 닌의 전쟁 수기 소설이다. 분명 색채가 그렇다. 헌데 소설 내내 주인공 끼엔과 프엉의 이루어지지 않은 플라토닉 러브가 잔잔하게 엉겨져 있어서 연애 소설인가 하는 느낌마저 들 정도로 잔잔하지만 그건 표면적인 것이고 속은 너무 슬프다. 끼엔이 전쟁 경험담을 늘어놓는 장면에서는 피 비린내가 물씬 풍기는 잔인함이 생생하게 소개된다. 그러나 또 한편으로는 끼엔과 프엉의 러브 라인으로 장면이 옮겨지면 애잔함과 아픔과 절절함이라는 인간이 표현할 수 있는 모든 감정을 동원하여 표현해야 할 것 같은, 전쟁의 비극과는 완전히 다른 사랑 이야기가 담겨 있다. 물론 이 사랑은 전쟁이라는 훼방꾼 때문에 산산조각 나는 비극으로 병행되기에 말이다.

외상성 스트레스 증후군의 절정

저자는 머리말에서 2000년에 한국을 방문했을 때의 묘했던 감정을 토로했다. 당시 인기 작가로 초청을 받아 한국에 왔지만 불과 반세기 전, 자기를 초대해 준 사람들인 한국의 소설가와 시인들 중에는 베트남 전쟁 중에 서로 총을 겨누며 생과 사를 함께 넘나들던 사람들까지 있다는 것을 듣고 묘한 감정과 격세지감이 느껴짐을 표현했다. 필자 역시, 바오 닌의 소회에 대하여 고개를 끄덕였다. 작가의 이런 감흥과 상상은 전쟁이 끝난 뒤의 격세지감을 통해 느끼는 감정이다. 그러나 작가는 그의 작품 속에서의 상황이 이런 격세지감을 경험하게 될 줄은 꿈에도 모르는 심정으로 전쟁 내내 총을 겨누며 저 편을 죽여야 내가 살고, 나를 죽여야 저 편이 사는 그런 기막힌 운명의 소용돌이 속에 있었던 것이었음을 분명히 한다. 이 기막힌 현상의 주범이 바로 전쟁이었다고 작가는 피력한다. 바오 닌은 자전적인 수기를 자신을 주인공 끼엔으로 감정이 입하여 글을 써내려간다. 글에서 전쟁 중에 있었던 어쩔 수 없었던 비인간화의 비극을 전개한다. 전쟁이 일어나기 전, 사랑했던 여자 친구 프엉을 뒤로 하고 전쟁에 참여함으로서 그의 인생은 물론 사랑했던 여인의 꿈과 인생을 송두리 채 앗아간 전쟁에 대하여 절규하며 포효한다. 바오 닌은 자기를 이입한 주인공 끼엔이 서서히 전쟁의 상흔으로 인격이 파괴되어 가는 것을 숨기지 않고 묘사하고 있으며 결국 자기도 그런 트라우마가 있는 자임을 속이지 않는다. 그는 전쟁 중에 함께 참여했던 전우들 500명 중에 운 좋게 살아남은 10명 가운데 한 명이라는 치욕에 부끄러워한다. 어쩔 수 없는 운명으로 살아남은 그였지만, 그는 끼엔을 통해 자신의 상흔과 심각한 트라우마는 결코 치유될 수 없는 죽을 때까지 가지고 가야하는 또 다른 죽음임을 고발하는 장면이 소설 내내 지천이다.

"전쟁의 무서운 얼굴과 발톱을 보았다. 추악하게 노골적으로 드러난 전쟁의 비인간성은 그러한 시대를 겪었다는 것만으로도 누구나 고통의 기억에 시달리게 만들고, 영원히 평범한 삶을 살아갈 수 없게 만들고, 자신을 용서할 수 없게 만든다"(265).

"정의가 승리했고, 인간애가 승리했다. 그러나 악과 죽음과 비인간적인 폭력도 승리했다. 들여다보고 성찰해보면 사실이 그렇다. 손실된 것, 잃은 것은 보상할 수 있고, 상처는 아물고, 고통은 누그러든다. 그러나 전쟁에 대한 슬픔은 나날이 깊어지고, 절대로 나아지지 않는다"(266).

'외상성 스트레스 증후군의 절정이 전쟁'이라는 어떤 사회학자의 말을 굳이 재론하지 않더라도 아마도 호흡이 끊어지지 않는 한 치유되지 않는 이 지독한 질병의 대가를 누구에게서 보상받아야 하는가? 간디와 더불어 인도의 정신적 지도자로 쌍벽을 이루었던 비노바 바베는 어느 강연에서 인도의 명언을 소개했다.

"정치는 악령들의 과학이다."*

기막힌 갈파이다. 서론이 필요 없는 정답이다. 전쟁은 정치하는 자들의 폭력의 산물이다. 그러기에 정치하는 자들의 논리에 따라 평범한 사람들이 당해야 했던 아픔과 눈물을 생각하면 너무 어이가 없다. 일부, 악령들이 행한 과학으로 인해 고스란히 남겨지는 끝없는 고통을 끝내

___
* 칼린디/김문호 옮김, 『비노바 바베』(서울: 실천문학사, 2010), 435.

야 하지 않을까?

이겼지만 진 사람들

전쟁이 끝난 뒤, 심지어 해방 전쟁에서 승리한 그였지만 죽은 자보다 더 고통스러운 악몽들에 시달리며 정상적인 삶을 영위하지 못함에 괴로워한다. 이것이 전쟁이 준 악마적 선물이요 산물임을 여지없이 그리고 가감 없이 밝힌다. 필자는 이 책을 읽는 내내 인간이 살기 위해 이렇게까지 망가질 수 있구나 하는 감정과 결국 이 전쟁에서 모든 비극을 극복하여 극적으로 살아남은 자는 죽은 자보다 더 지독한 죽음을 떠안게 되었다는 또 다른 복합적 감정에 휩싸였다. 이 느낌을 조금 더 리얼하게 묘사해볼까? 끼엔은 운이 좋은 자다. 50:1의 경쟁률을 뚫고 살아남았으니 말이다. 그러나 어떤 의미로 보면 끼엔은 전쟁이 낳은 가장 불행한 자 중의 한 명이다. 왜? 그는 이겼지만 졌기 때문이다. 그는 분명 살아남았지만 죽었기 때문이다. 그는 살아서 아름다운 자연을 볼 수 있는 시각은 가졌지만 진정한 인간만이 느끼는 아름다움은 이미 상실했기 때문이다. 그는 이 땅에서 살아남아 살아남은 자가 누려야 하는 권리를 모조리 박탈당한 채 도리어 인격의 파괴라는 선물을 받고 살아가야 한다. 이것이 소설의 제목인 전쟁이라는 것이 준 슬픔이다. 책을 읽으면서 눈물로 읽었던 대목이 있다. 베트남 전쟁을 끝나게 해준 사이공 공항 함락작전을 성공한 뒤의 승자들이 행한 반응을 만났을 때, 너무 슬퍼 필자도 우울했다. 끼엔은 이 전쟁을 직접 수행한 당사자이다. 원수 같았던 남 사이공을 점령하여 지긋지긋한 전쟁을 끝낼 수 있는 마지막 단계에 도착한 끼엔과 동료들은 순간, 이렇게 발악했다.

"10년을 치러온 전쟁이 끝났다. 동료들은 브랜디 술병을 벽에 던지며 조소를 퍼부었다. 밤새도록 공항을 돌면서 아무 데나 들어가서 먹고 마시며 때려 부수었다. 시끌벅적하고 요란한 환락의 향연이었지만 그다지 즐겁지 않았다. 더 정확하게 말하면 하나도 기쁘지 않았다. 탁자와 의자를 뒤엎고 망가뜨리고 조각조각 부숴서 바닥엔 그 잔해들이 뒤죽박죽 어지럽게 널렸다. 사람들은 너나 할 것 없이 기관총이고 권총이고 할 것 없이 공중으로 쏘아대며 샹들리에를 마구 부숴 버렸다. 어느 누구 할 것 없이 마음껏 마시고 곤드레만드레 취했다. 그리고 대부분은 울고 웃었다. 어떤 이는 고래고래 소리를 지르다가 흐느껴 울었다. 끝내는 미친 듯이 딸꾹질을 하기도 했다. 모두에게 평화는 기쁨이 아니라 당혹스러움과 고통이었다"(139-140).

참 많은 것을 생각하게 한 대목이다. 지긋지긋한 10년에 걸쳐 진행된 해방전쟁이 승리로 끝났다. 그러나 너무나 허무하지 않은가? 승리한 자들의 모습이 말이다. 전쟁은 미쳤다. 그리고 미친 전쟁은 끝났어도 그 전쟁의 소용돌이 속에 있었던 사람들은 미쳐 있다. 그것이 전쟁의 광기요, 비극이다.

전쟁하자는 자들에게

필자는 글을 마감하면서 두렵고 떨리는 감정에 휩싸였다. 전쟁이라는 두 글자에 대한 새로운 조명 때문이다. 로날드 사이더는 국가 간의 전투는 상당히 줄어들었지만, 국가 내의 내전은 1990년대 이후 이전 100년에 비해 50%나 증가했다고 보고했다.*

전쟁이라는 구조 악으로 인해 생겨나는 것은 가난과 죽음인데도 지금 내가 살고 있는 이 땅 대한민국은 베트남보다 어떤 의미로 더 엄청난 시한폭탄을 안고 살아가고 있다. 북이 핵을 무장한다고 하니까 우리도 핵을 갖자고 한다. 북한이 미사일을 쏜다고 하니까 우리도 사드를 배치하자고 한다. 북한이 청와대를 불바다로 만든다고 하니까 우리도 금수산 기념궁을 초토화시키자고 한다. 도대체 이것이 무엇을 의미하는지 알기나 하는 것인지. 우리들 중에 어떤 이들은 일사각오로 항전에 임할 것을 독려하기도 한다. 아연실색한다. 그들에게 권한다. 바오 닌의 『전쟁의 슬픔』을 정독하고 또 정독하라고. 무슨 수가 있어도 이 땅에서 전쟁의 광기는 사라져야 한다. 평화는 우리 세대가 후대들에게 물려 줄 최고의 선물이다. 통일 조국을 위하여 전쟁도 불사하자는 자들에게 경고하고 싶다. 전쟁은 그 어떤 이론과 사상과 이데올로기로도 합리화시킬 수 있는 것이 아니라고. 전쟁을 정의한다.

"전쟁은 인간에게 있어서 더 이상 표현할 다른 단어가 필요 없는 최고의 슬픔이다."

---

* 로날드 사이더/한화룡 옮김, 『가난한 시대를 사는 부유한 그리스도인』 (서울: IVP, 2014), 294.

삶의 막장이 치열한 ON-AIR의 생방송 현장

정유정, 『7년의 밤』(은행나무, 2014년)을 읽고

ON-AIR 진도 앞바다

부정이든 긍정이든 삶이 치열하다는 말을 들어보았는가? 도대체 삶이 치열하다는 것이 구체적으로 21세기의 내 삶의 현장에서 무엇을 의미하는 것일까? 개인의 취향마다 그것은 다를 수 있겠지만 현실적인 각도 안에서 치열하다는 것은 아마도 죽고 사는 문제가 아닐까 싶다. 인간에게 있어서 죽고 사는 문제보다 더 치열한 테제가 있겠는가? 아무리 생각해 보아도 이 문제보다 치열한 것은 존재하지 않는다. 2년 전, 진도 앞바다에서 푸른 꿈을 안고 제주도 여행을 가던 이 땅의 아들딸들 295명이 졸지에 죽음을 당했고 실종자 9명은 2년이라는 세월동안 차디찬 바다 한 가운데에 갇혀 있다. 이 세월호의 비극은 아직도 고스란히 우리들의 삶의 언저리에 남아 있다. 어느 정도의 상식을 추구하는 자들이라면 2년 전, 진도 앞 바다에서 있었던 세월호 참사라는 기막힌 현실 앞에서 무슨 말을 해야 하는지를 잃어버린 시간을 보냈을 것이 분명하다. 그 기막힌 치열한 삶의 드라마는 드라마가 아니라 현실이었기 때문이다. 동시에 그 드라마는 현재에도 생방송으로 진행 중이라는 점에서 아프다. 희생을 당한 자의 입장에서는 도무지 믿어지지 않는 참담함의 현실이, 또 가해자의 입장에서는 왜 이런 재수 없는 일이 하필이면 '나에게'라는 현실이 둘 다를 슬프게 하는 것이 분명하고 그들의 입장들은 서로 상반된 입장이기는 하지만 그래서 치열하다.

여소야대를 남기고 선거가 끝났다. 공교롭게 선거 3일 뒤에, 바로 진도 앞바다에서 진행되고 있는 ON-AIR는 다시 방송에서 회자되었다. 매년 그랬던 것처럼. 그래서 그런지 더 슬프다. 현대사에 있어서 한 주권 민주 국가에서 전쟁이 아닌 일반 평시의 상황에서는 도무지 예상할 수 없는 전대미문의 수치스러운 일인 세월호 비극 발생 2주년이 되는 날을 아프지만 또 우리는 맞이했다. 이 비극은 총체적인 도덕적 해이가 빚은 결과라는 점에서 동의하지만 그럼에도 불구하고 이 비극의 결과를 낳게 만든 가장 큰 책임이 국민의 재산과 생명을 지켜내야 하는 국가에 있다는 것은 부인할 수 없는 일이다. 작가 유시민은 '국가란 무엇인가?'를 묻는 글에서 좋은 국가는 이렇다고 정의하면서 글을 시작했다.

"사람들 사이에서 정의를 세우고 모든 종류의 위험에서 시민을 보호하며 누구에게나 치우치지 않게 행동하는 국가이다."*

진보적 성향의 작가이기에 그의 말에 대하여 선입견을 갖고 거부하는 사람들이 있겠지만 이 정의만큼은 정치적인 성향을 떠나 거의 대동소이하지 않을까 싶다. 이 정의에 근거하자면 세월호 사건이 이 땅에서 일어난 것에서 국가는 자유로울 수 없고, 또 그 과정에서 보여 준 대한

* 유시민, 『국가란 무엇인가?』(서울: 돌베개, 2011), 9.

민국호의 노정(路程)은 좋은 국가이지도 않았다. 시민을 보호하는데 실패했기 때문이다. 세월호는 우리나라 현대사의 최대의 치욕이며, 국가가 국가이기를 포기한 것과 마찬가지이기에 세월호의 진상을 규명하는 일에 있어서 누구에게나 머리를 끄덕이는 공감을 줄 때까지 국가의 권위를 인정받기 쉽지 않을 것 같아 보인다. 그것이 여대야소나 여소야대의 정국과는 전혀 상관없이 말이다. 재미있는 글을 보았다. 지난 20대 국회의원 선거 중에 일어난 개그 콘서트보다 더 웃긴 상황극에 나오는 글을. 당시 여당 측의 중요한 인물이 대구 유세 중에 이렇게 말한 것을 SNS를 통해 보았다.

"여러분, 홧김에 뭐한다고 무소속 찍으면 절단납니다. 우리 대통령 그리고 부산은 물론이고 대한민국이 세월호와 함께 진도 앞바다에 좌초하게 됩니다."

이 유세 연설에 얼마나 화가 났는지 한 익명의 SNS 사용자가 다음과 같은 댓글을 달았는데 치열했다.

"그래서 너희는 더 더욱 용서가 안 된다."

필자의 입장에서 냉정히 보더라도 당시 여당 핵심 관계자의 비유는 적절하지 못했다. 생때 같은 자식을 먼저 보낸 이 땅의 부모들이 시퍼렇게 살아 있는 데, 그리고 눈에 넣어도 아프지 않은 자식들이 떠난 지 불과 2년 밖에 안 되는 시점인데, 비유할 게 따로 있지 어떻게 그런 비유를 할 수 있을까를 생각하면 잔인하다. 결국 그렇게 말한 대가를 이번

선거에서 톡톡히 치렀기는 했지만 어찌 그 피멍 든 상처가 선거 하나로 사그라질 수 있겠는가? 외연을 확장하다보면 삶이 치열하다. 조금의 양보가 없다. 이 땅에 존재하는 인간군(人間群)의 자화상은 어떤 의미로 살펴보면 치열한 투쟁의 역사인 듯하다. 긍정의 관점에서 보면 이 치열함이 역사의 진보를 이룬다는 점을 필자 역시 부인하지 않는다. 사고가 다르고, 사상이 다르고, 지역이 다르고, 환경이 다름으로 인해 긴장감을 갖는 것은 지식 사회가 갖는 고유한 특색이다. 획일화는 독재 권력에서나 볼 수 있고, 파시즘적 통제 사회에서나 볼 수 있는 것이다. 그러므로 다양함의 치열함은 사람이 살아가는 방법일 수도 있다. 그러나 한 가지 관점은 모두에게 통해야 함을 작가 김유정은 본 소설에서 토로한다.

치열한 것은 인정하지만 그 끝은 선해야 한다

작가 정유정은 이렇게 치열한 삶의 한 복판에서 살고 있는 군상들을 『7년의 밤』에서 독자들에게 던져준다. 소설에서 치열하게 서로 반대의 삶을 살았던 아버지들인 최현수와 오영제, 아버지의 상습적인 폭행의 희생양으로 살다가 갑작스런 뺑소니 사고로 졸지에 목숨을 잃은 세령이, 그의 친엄마 하영이의 삶이 그러했다. 각기 다른 입장에 서서 자신들에게 임한 위기들을 극복하려는 모습이 삶이었고, 치열함이었다. 딸을 죽인 살해범을 사회법으로 응징하지 않고 자신만의 방법으로 '눈에는 눈, 이에는 이'의 방법으로 복수하려는 사람과 그의 악랄한 살인 계획을 방어하려는 또 다른 주인공의 삶이 치열했다. 7년이 지난 후에도 치열함은 계속되는데 최현수의 아들 서원을 죽이려고 모의한 영제의 계획이 치열했고, 그 계획을 미리 예지하여 옥에서 교수형을 언도 받기 전까지 기록한 영제의 복수 혈전을 소설 형식으로 작성하여 아들에게 보냄으로 두 번째 위기를 극복하게 해 준 아버지의 진한 부성애가 또한 치열했다. 결국 아버지의 예지(銳智) 때문에 서원은 죽음의 위기를 잘 극복했고 이후 한 줌의 재로 돌아온 아버지의 유골을 아들이 바다에 뿌리면서 소설은 끝난다.

필자는 소설을 읽는 내내 작가 정유경이 집요하게 물고 늘어진 등장인물의 심리 터치에 빠져 들어갔다. 더불어 등장인물들의 치열함에 집중하려고 노력했던 작가의 집요함을 실감했다. 재론하지만 딸을 잃은 아버지의 빗나간 복수심으로 자행된 인간성 파괴의 치열함을 보여준 오영제는 그것이 빗나간 악행이라고 하더라도 그만의 이유가 있는 반응이었다. 또 예기치 않은 실수로 사람을 죽인 뒤에 그로 인한 죄책감에 사로잡혀 죽음보다 더한 고통을 당하면서도 자기 아들을 죽이려는 또 다른 보복의 위기 속에서 아들을 지키기 위하여 7년 전과 7년 후의 시공간을 넘나들며 부성애적인 열정을 갖고 치열하게 싸우는 현수, 삶의 굴곡에서 어떻게 하든 가정을 지키려는 그러나 너무 일방적인 이기심으로 치열하게 살았던 은주, 성장 과정에서 인성이 파괴된 남편으로부터 멀리 도망쳐 있었지만 남겨 둔 딸을 향한 사랑의 목마름으로 슬퍼하며 외로워하던 세령의 엄마 하영, 아빠와 현수의 이중적 피해자로 짧은 인생을 마감해야 했던 세령, 운명적으로 만난 직장 선배의 아들을 돌보며 끝까지 선한 싸움을 치열하게 감당해 준 승환, 그리고 아버지의 순간적인 실수로 인해 평생을 살인마의 아들로 살아가면서 또 다른 피해자의 심리를 갖고 살았지만 결국은 아버지의 치열한 부성애를 발견하고 운명적인 트라우마에서 벗어난 서원에 이르기까지 이 땅에서 살아가는 모든 인생의 군상들의 치열함을 작가는 아주 집요하고 예리한 심리 묘사로 터치했다.

작가는 이 인물들을 통해 무엇을 말하고 싶었을까? 필자의 주관적 이해는 삶의 이유, 아니면 이유 있는 삶이었다. 인간에게는 누구에게나 주어진 하나님의 공평한 선물이 있다. 그것은 삶이다. 삶이 없는 인간이 어디에 있겠는가? 그러나 작가는 이 작품을 통해서 독자들에게 이것을 전하고 싶었던 것은 아닐까? 이유가 있는 삶이 있기에 인간이 인간이라는 존재론적인 질문 말이다. 인문학의 시작이 나는 누구인가 하는 질문부터 시작된다고 하는데 그건 종교적인 질문이기도 하지 않은가? 나는 누구인가를 묻는 순간, 이유가 있는 인간을 발견하게 되고 또 그 이유의 이유됨을 항변하기 위해 우리들의 삶이 치열한 것이 아닌가? 작가는 그 이유됨을 '그러나'라는 반위접속사로 해석했는데 통찰이 의미 있었다. 소설의 에필로그에서 작가는 이렇게 말했다.

"사실과 진실 사이에는 바로 이 '그러나'가 있다고 나는 생각한다. 이야기 되지 않은, 혹은 이야기 할 수 없는 '어떤 세계', 불편하고 혼란스럽지만 우리가 한사코 들여다봐야 하는 세계이기도 하다. 왜 그래야 하냐고 묻는다면 우리는 모두 '그러나'를 피해갈 수 없는 존재이기 때문이라고 대답하겠다"(521).

그러나 그럼에도 불구하고

필자가 정유정의 이 소설을 읽던 당시, 세월호 사건이 터졌다. 막 피어오르려고 하다가 피지도 못한 채로 국가적 폭력과 방관에 의해 꺾여 버린 이 시대의 내 아들과 딸들로 인해 모든 것이 무너져 내려버린 기막힌 현실 앞에서 필자는 작가의 생각에서 조금 더 외연을 확장하여 '그러나 그럼에도 불구하고' 물어야 한다고 생각하며 읽었다. 치열함을 읽어 나갔다. 왜? 치열함은 인간이 인간으로 살아가는 증거이고 표상인 것이 분명하지만 그 치열함의 목적은 그래도 선해야 하는 것임을 알고 있기 때문이다. 해피아, 정피아, 언피아 등등의 듣도 보도 못한 신조어가 탄생할 정도로 사실이라는 이름이 묻혀 가며 많은 사람들이 두 번 죽어가고 있는 이때 '그러나 그럼에도 불구하고'를 질문하며 치열함의 목적은 반드시 선해야 하지 않을까? 남아 있는 사람들에게 알려야 하는 것이 살아남은 자들의 몫이 아니겠는가 하는 것을 필자는 또 치열하게 스스로에게 물으면서 읽었다. 작가의 말 대로 인간은 '그러나'를 피해갈 수 없는 존재이다. 동시에 '그러나'에서 머물지 말고 '그러나 그럼에도 불구하고'를 물어야 만이 부정으로 가득 찬 이 치열한 세상을 치유할 수 있다고 필자는 믿는다. 인생들의 삶은 치열하다. '그러나 그럼에도 불구하고'를 질문하고 들어가 보면 아프지만 살만한 이야기들이 존재한다. 그러기에 그 살만한 이야기들을 치열하게 파헤쳐야 한다고 필자는 생각하면서 책을 다 읽고 이렇게 사족을 달아 놓았다.

"소설을 닫으면서 나는 무서웠다. 소설 속의 주인공들처럼 자기들 스스로가 소중하다고 생각하는 가치가 도리어 타인을 죽이거나 고통스럽게 만드는 치열함일 텐데 과연 내가 그렇게 살고 있는 것은 아닐까 하는 의심 때문에."

세월호와 함께 먼저 간 295명의 금쪽같은 내 자식들, 그리고 아직도 잠겨 있는 9명의 돌아오지 못한 내 아들과 딸들을 위해 세월호의 선체라는 껍데기가 아니라 진실이 인양되기를 간절히 기도해 본다. 그래서 그랬나 보다. 성공회 대학의 한홍구 교수는 『역사와 책임』에서 이렇게 갈파했는데 필자가 박수를 쳤던 것이.

> "대한민국호가 여태까지 가라앉지 않고 항해할 수 있었던 것은 매점에서 물건을 파는 알바생이면서도 '선원은 맨 마지막에 나가는 거야, 너희들을 다 구하고 나갈 거야'라고 말하면서 어마어마한 책임감을 보여준 바로 그 사람, 박지영이 가진 복원력 때문이다. 우리가 믿을 것은 우리 자신에 내재된 이 복원력밖에 없다."[*]

신앙의 양심상 "나는 중립을 택할 수 없다"라고 말한 프란체스코 교황의 말이 왜 이리도 개신교 목사로 감사한지 절절하다.

---

[*] 한홍구, 『역사와 책임』 (서울: 한겨레출판, 2015), 51.

세 번째 마당

김기석 글과 놀기

아무도 걸어 본 적이 없는 그런 길은 없다

『길은 사람에게로 향한다』 (청림출판, 2007년)를 읽고

사람들에게도 / 누군가 지나간 자리에 남는 / 냄새 같은 게 있다는 것
을 / 얼마나 많은 인연들의 길과 냄새를 / 흐려놓았던지, 나의 발길은
/ 아직도 길 위에서 서성거리고 있다.[*]

시인 나희덕의 '길 위에서'에 나오는 글이다. 언젠가 읽었던 이 시가
아직도 기억에 있는 걸 보면 시의 언저리에서 한참을 배회했던 것이 분
명하다. 그도 그럴 것이 나는 지금도 '누군가 지나간 자리에 남는 냄새
같은 게 있다는 것을'이라는 시구를 오롯이 새기고 있다. 그 이유는 아
마도 목사로 살고 있는 내 흔적에 대한 두려움 때문일 것이다. 어떤 냄
새가 나에게 날까? 이것은 아마도 이 땅에서 내 코끝의 호흡이 끝나는
날까지 치열하게 나를 옭아매는 구속의 올가미로 작용할 가능성이 다
분하다. 부담은 되지만 긍정의 언어로 이 올가미를 받기로 결정한 지는
이미 오래되었다. 이것마저 없다면 나는 나를 도무지 견제할 수 있는

---

[*] 나희덕, 『그 말이 잎을 물들였다』 (서울: 창비, 1999), 84.

방법이 없기 때문이다. 나희덕은 이 시를 마무리하면서 이렇게 독백하며 여운을 남겼다.

"나의 발길은 아직도 길 위에서 서성이고 있다."

어찌 시인뿐이랴! 이 독백의 주체들이. 허나 필자는 또 노래꾼 안치환의 노래를 들으면서 참 많은 위안을 받은 적이 있었다. 베드로시안의 글을 노래한 이 노래를 들으면서 말이다.

"아무도 걸어 본 적이 없는 그런 길은 없소, 아무도 올라간 본 적이 없는 그런 길은 없소"

왜 그의 글에 열광하지?

왜 인간은 길 위에서 서성거리고 있는 것일까? 베드로시안의 확신을 못 믿어서, 아니면 이미 길에 들어섰는데 잘못된 선택의 길에 들어서 일까? 전자든 후자든 상관은 없을 것 같다. 어떤 선택이든 이 서성임은 살아 있는 자에게 주어진 불온함의 과정이기에 말이다. 거기에다가 한 가지 보너스까지 필자는 더 줄 수 있어서 이런 자신감이 있나 보다. 그 보너스는 김기석이 쓴 『길은 사람에게로 향한다』이다. 저자는 이 책을 시작하는 프롤로그에서 이렇게 갈파한다.

"의심의 여백이 주어지지 않은 믿음이 독단이 되기 쉬운 것처럼, 일직 선으로 달리는 이들이 보여주는 경직선은 안타깝기만 합니다. 나무는 흔들림 없이는 뿌리를 깊이 내릴 수 없고, 줄기도 높이 뻗을 수 없습니다. 흔들리는 나뭇가지 위에 집을 짓는 까치처럼 우리도 흔들림 위에 있을 때라야 인생이 참 맛을 느낄 수 있지 않을까요? 위험이 두려워서 길을 떠나지 않는 사람은 이미 죽은 사람입니다"(15).

승려 혜민이 근래 베스트셀러가 된 본인의 책에서 이렇게 말한 것을 보았다.

"어린 나이에 너무 빨리 성공하는 인생의 3대 재앙 중에 하나라고 한다."*

어떤 의미로 보면 아슬아슬한 길을 떠나 넘어지기도 하고, 시행착오임을 발견하여 땅을 쳐보기도 하고, 실패의 아픔이나, 실연의 비참함도 경험해 본 뒤에야 진정한 자아가 형성되고 아름다운 삶을 그려나가는 것이지 않겠는가 싶다. 이런 면에서 저자가 책을 열면서 읊조린 '흔들림 위에 있을 때라야 인생의 참 맛을 느낄 수 있다'라는 혜안은 참 따뜻하게 들려오는 문장이다. 저자가 시무하는 교회의 홈페이지에 들어가면 소설가 이명행이 자신이 다니는 청파감리교회 담임목사인 김기석 목사를 설명하면서 이런 글을 남겨 놓은 것이 보인다.

"저 분은 왜 시인이 아니고 문학평론가일까? 한 올 거추장스런 검불 없이 하나님 앞에 서고자 애쓰는 시인인데"(청파 교회 홈페이지에서).

---

* 혜민, 위의 책, 149.

필자는 이 평가에 기쁨으로 동의한다. 소위 말해서 나는 저자의 골수팬이다. 사정이 이렇다보니 저자의 글들을 거의 빠짐없이 섭렵하고 또 그의 글이 속속히 나오기를 기다리고 있는 독자 중의 한 명이다. 현장에서 목회하는 목사로 그러면 안 되는 것임을 알지만 참 쉽지 않은 것이 있다면 다른 이로부터의 감동 받기이다. 눈이 높아서일까? 아니면 도리어 내 영혼이 메말라 있고 굶주려 있기 때문인가? 냉정히 추적해 보면 이건 분명 후자이다. 그러나 변명 같은 사족을 하나 달자면 심장을 움직이고 공명을 울려주는 글과 메시지를 접하기가 쉽지 않다. 헌데 이 기갈과 갈증을 풀어주는 은인 같은 대상이 바로 저자이다. 그는 시인이다. 그는 문학평론가이다. 그는 박학다식하다. 그는 동서양의 주옥같은 글들을 품고 있다. 그는 영혼이 아름답다. 그런데 그는 목사이다. 표현이 조금 편파적으로 보였다면 이해를 바란다. 워낙 근래 목사의 인기가 바닥이라, 이런 목사가 그리워서인가 보다 하고 넓은 마음으로 헤아려 주기를.

네 개의 길 위에서: 모든 사람과 함께 가라

저자는 이런 지, 정, 의의 강한 내공을 기초로 네 가지의 길을 글에서 제시한다. 공동체의 길, 자아의 길, 교회의 길, 세상의 길이 그것이다. 어떤 의미로 보면 21세기를 사는 우리들에게 그 누구도 예외 없이 사유하고 고민해야 하는 길임을 김 목사는 직시하고 있기에 이 길들을 제시하고 있음에 틀림없다.

첫째로, 공동체의 길이란 무엇일까? 저자는 무엇보다도 삶의 이야기들이 사라지게 만드는 원흉을 '생명 경시'라고 진단하면서 적어도 생명의 고귀함을 최고의 가치로 인정하는 것이야 말로 공동체성의 회복임을 분명히 한다. 자연을 아프게 하면서도 눈물을 흘리지 않는 무감각에서 탈피하고, 다시금 싸늘하게 죽어 있는 가슴이 살아나는 삶의 이야기를 회복할 것을 종용한다. 땅이 아파하며 신원하는데도, 강한 자가 약한 자를 강자의 논리로 유린하는데도, 눈감고 기도하는 종교인들을 향하여 눈뜨고 기도하라고 역설한다. 무시무시한 살상 무기를 허울 좋은 이유로 발사하는 힘 있는 자들에게 마음을 발사하라고 독설한다. 그것이 함께 가는 공동체의 몫임을 강조한다. 거기에 주군이신 예수께서 먼저 행하셨던 삶의 이야기가 있다. 더불어 저자는 바로 이 길을 가기 위해 주님이 먼저 걸으셨던 그 길을 기억해내며 자꾸만 그 길을 잊게 만드는 기형적이고 세속적인 아류들의 몰고 감과 또 그것을 과감히 떨쳐버려야 할 선도적인 역할을 해야 교회 공동체가 무너져 내리며 도리어 그 아류들과 전혀 다르지 않음에 대한 무능력을 비판하는 대목에서는 비장하기까지 하다.

> "정신의 크기보다는 교회의 크기가, 인격의 향기보다는 타고 다니는 차의 크기가 그 사람의 존재로 인정되는 오늘의 교회 현실이 암담합니다"(65).

이 글을 토로하는 저자의 심정만을 담는다면 안타까움으로 감정이 입하는 것이 전부일 수이겠지만 필자를 전율하게 만드는 것은 저자의 그 다음 독백이다.

> "그러려면 그러라지요. 저는 제 속도를 따라 살겠습니다"(65).

말이 아닌 삶이라고 했다. 이 오기 때문인지 저자가 운전 면허증이 없는 것을 보면 독종(?)이긴 독종이다. 필자가 섬기는 교회에 저자를 초청하여 세미나를 한 적이 있었다. 운전면허를 취득하지 않는 두 가지의 이유를 들었다. 하나는 여행길의 독서하기가 너무 좋기 때문이고, 또 다른 하나는 본인인 운전하여 타고 다니는 차가 하나 더 생기면 그만큼 공해를 유발하게 할 것에 대한 방지라고 농담반 진담반으로 나누었던 것을 기억한다. 어떤 사람들은 이런 이야기를 들으면 너무 비약이 심하다고 거부감이 드는 사람도 있겠지만 필자는 그의 용기를 존중한다.

저자는 공동체가 가야하는 길을 나눈 뒤, 두 번째로 자아의 길을 제시한다. 그 길은 정신의 독립이요, 합리(合理)와 정리(情理) 사이의 분명한 긴장감이요, 불의함에 반항하는 정신임을 분명하게 피력했다는 점이다. 그러나 이 세 가지의 아주 선명한 길을 제시한 저자는 그 기초가 주군이신 예수께서 행하셨던 사랑이라는 기초 위에서 진행되어야 함을 적시했다는 점은 기막힌 통찰이다. 아마도 시대의 우울함은 타협이라는 악마적인 회색주의가 우리의 마음을 사로잡고 있기 때문이 아닌가 싶다. '좋은 게 좋은 거야! 꿩 잡는 게 매야!'라는 식의 은밀한 타협은 오늘을 사는 우리의 공동체를 공평하게 하지 않고, 불의가 지배해도 그것을 암묵적으로 묵인하는 공범의 역할을 하게 한다. 또 그로 인하여 궁극적으로는 스스로가 독약을 먹은 일이 됨에도 대다수의 많은 사람들은 불편한 것을 못 견딘다는 이유로 이런 악한 일들을 심정적으로 추인하며 살아간다. 저자는 이와 같은 잘못된 판을 뒤집기를 역설하고 있다. 이런 삶의 한판 뒤집기를 위해서 반드시 비판적 성찰이 전제됨을 강조한다. 아마도 김수영이 말한 젊음의 특권은 그래서 불온함이라고 말한 대목을 저자가 받아들이지 않았나 싶다. 비판적 성찰은 '조작하기 좋은 대중됨'(91)을 거부하는 작업이다. 사유함이 없는 천박함을 거부하는 일이다. 자본주의의 괴물 중의 괴물인 소비문화에 길들여짐을 단호하게 뿌리치는 멋있음이다. 힘이 정의가 되는 것을 용서하지 않는 삶이다.

저자는 글에서 참 좋아하는 단어를 하나 제시하며 소개한다. 바로 수졸(守拙)이다(116). 가만히 생각해 보면 정말로 깊이 새겨야 할 기막힌 단어이다. 적어도 똑바른 정신을 가진 자라면, 바른 생각의 틀을 가지려 한다면, 갑질을 부러워하지 않는 자존감과 영악해지지 않겠다는 오기가 있어야 하지 않을까 싶다. 아마도 이 정신이야 말로 바로 저자가 말하고 싶었던 정신의 독립군만이 가질 수 있는 특권이지 않겠는가! 그래서 저자는 수졸을 강조하는 대목에서 이렇게 대세의 흐름을 비판하는데 왠지 박수를 치고 싶다.

"업적주의에 사로잡힌 사람들이 만들어내는 광풍으로 정신이 산만해진다"(117).

편승하지 말고 거슬러라

이제 저자는 본업(?)으로 돌아간 느낌이다. 본업으로 돌아갔으면 가장 자신감이 있고 신바람이 나야 하는데 왠지 저자의 기상도는 저기압 한복판이다. 왜냐하면 세 번째 꼭지가 교회의 길이기 때문이다. 다시 말하면 교회가 가야할 길, 그런데 교회가 가지 못하고 있는 길에 대한 아픔의 표출이리라. 저자는 제일 먼저 교회가 잃어버린 길을 거룩한 분노를 잃어버린 것이라고 지적한다. 세상이라는 괴물이 작금에 어떤 형태를 취하고 있는가에 대하여 저자는 이렇게 대화체로 직설한다.

"세상은 권력과 이윤과 쾌락이라는 가치를 획득하기 위해 전쟁터가 되어가고 있다"(136).

이 기막힌 현 상황에 대하여 교회는 마땅히 분노해야 함에도 그 분노를 잃어버렸다고 비판한다. 교회는 마땅히 예수께서 행하셨던 대로 고발과 위로라는 예언자적인 선포를 버성기지 않고 조화를 이루며 달려가야 하는데 이것을 이미 한국교회가 상실했음을 비탄해 한다. 왜 잃어버렸는가? 예수의 정신을 교회가 버렸기 때문이라고 선언한다. 본(本)이신 예수 대신 말(末)인 교회 성장에 사로잡혀 있기 때문에. 이로 인해 경계의 대상이어야 하며 투쟁의 대상이어야 하는 천민자본주의의 행태를 도리어 교회가 본받고 있는 아연실색함을 보여주고 있으니 세상 사람들로부터 도리어 '당신들의 천국'이라는 비아냥을 당함과 매도를 당하는 것은 마땅한 일임을 저자는 일갈한다. 교회가 자본주의의 공세 앞에 속절없이 무릎을 꿇음으로 예수 정신은 온데간데없어지고 "33세의 청년 핏자국이 아로새겨진 십자가 위에는 화려한 장미꽃이 뒤덮여 있는 한국교회의 현실"(160)이 암담함을 솔직하게 고백하는 저자의 영적 기상도가 우울한 것은 마땅하지 않을까 싶어 필자의 마음도 우울하다.

또 하나 불문곡직하고 또렷이 교회가 보아야 할 틀이 있다. 천박함을 부축이고 그것을 응원하는 세태에서 그래도 교회가 끝까지 포기하지 않고 나아가야 할 목표를 저자가 제시하고 있다는 점은 간과해서는 안 될 교훈이다. 그것은 고통을 정직하게 대면하는 투쟁성이다. 비겁하고 영악하게 파괴와 고통의 현장에서 힘없이 죽어가는 이들에 대한 안타까움을 표하는 것에서 그치지 말고 그들의 아픔을 직시하여 교회가 그 고통을 대신 지고 감내해야 함을 저자는 강하게 역설한다.

"무통분만의 시대에는 생명을 낳지 못하고 아픔이 없으니 창조도 없다"(195).

저자의 혜안은 놀라우리만큼 빛난다. 교회가 무엇을 해야 하는가? 아니 교회가 왜 지금 오늘 이 자리의 현장에서 이 모양으로 쓰러지고 있고 또 쓰러져 가고 있는가? 자문한다면 여러 가지로 답을 할 수 있겠지만 필자는 이렇게 갈무리하고 싶다.

"세상을 거스르지 않고 편승하고 있기 때문이다."

교회가 세상에 편승하여 가고 있으니, 사유할 이유가 없고 사유할 이유가 없어지니 성찰은 성가신 것이 되고 사유와 성찰이 없으니 교회 공동체의 말과 글이 세속의 가치처럼 천박해지는 것은 당연한 수순이다. 주군은 돈을 맘몬이라고 했다는 저자의 글감에 동의하는 이유는 그의 부연 설명이 다시 한 번 나를 돌아보게 하는 촌철살인이었기 때문이다.

"돈이 주인인 세상에서 우리가 기독교인으로 부름을 받은 까닭이 무엇인지 생각해 본 적이 있는가? 어쩌면 강고한 자본주의의 세상에 균열을 내라는 것은 아닐까? 딱딱한 얼음을 깨는 데는 망치보다 바늘이 더 유용하듯 자본주의 질서에 균열을 일으키는 것은 맘몬으로부터 독립한 인격적 그리스도인 한 사람이면 충분합니다"(199).

정신이 번쩍 든다. 망치로 머리를 맞은 느낌이다. 그래도 맞을 만한 이야기와 가르침과 교훈이 있어서 너무 행복하다.

기독교는 왜 존재해야 하는가?

이제 저자의 마지막 고언에 귀를 기울일 때가 되었다. 그것은 세상의 길을 가는 지혜이다. 필자는 저자의 마지막 꼭지를 읽으면서 분명 세상의 정황들을 적시한 장임에도 불구하고 도리어 교회가 세상이라는 영역에 대하여 갖추어야 할 예의로 핵심적 키워드를 읽었다면 나만의 착각인지는 모르겠지만 그것이 크게 눈에 들어왔음에 어쩔 수 없다. 저자의 말대로 "종교는 나누기 위해서 있는 것이 아니라, 경계선을 없앰으로써 궁극적인 '하나'에 도달하도록 하는데 존재 이유가 있다"는 것에 동의한다면 아마도 교회가 세상을 향하여 이분법적인 논리로 선과 악의 경계로 나누려는 짓을 그만두어야 함을 저자는 강조한다. 그 예로 재앙을 해석할 때 교회가 가지고 있는 폭력적인 해석을 집어치우라고 노기를 발하고 있는 저자의 비수는 말 그대로 비장하기까지 하다. 서남아시아의 일부 나라에 밀어닥친 해일이 하나님의 심판이며, 인도네시아 아체에서 일어난 자연적 재해가 기독교를 핍박하는 이슬람에게 내린 하나님의 심판이고, 타종교가 창궐한 태국이나 인도 같은 곳에 지진이나 해일이 임한 것 역시 동일한 관점으로 해석하는 일부 교회 지도자들의 해석은 소름끼치는 폭력적이고 일방적이고 무지한 해석이라는 진단에서 그 절정을 본다. 언젠가 C.S. 루이스가 이렇게 말한 것에 눈물을 머금었던 것을 기억한다.

> "하나님은 일부러 기생물들을 창조하셨다. 그 기생물은 바로 우리들이
> 다. 기생물인 우리가 하나님 자신을 '이용해 먹을 수 있게' 하시는 '숙주'
> 이시다. 여기에 사랑이 있다. 이는 모든 사랑의 발명자이시자 사랑 자
> 체이신 분의 사랑이 어떤 것인지를 보여 주는 그림이다."[*]

기생충과 같은 존재인 죄인 된 우리로 하여금 하나님을 이용해서 빌붙어 살게 하셨다. 그래서 살게 하셨다. '숙주이신 하나님'이 자신을 주셨기 때문에 이 일이 가능했다. 주군이신 하나님이 당신을 주셨는데 교회가 누군가를 차별하고, 게토화하는 것은 중죄이다. 그래서 개인적으로 필자는 교회의 권력화나 게토화에 대해 거부한다. 특별히 기득권 정치에 교회가 기생하는 것에 대해서는 심한 알러지 반응이 있다. 그것은 성경을 근거로 한 여러 가지 해석학적인 근거를 기초로 하고 있기도 하지만 개인적으로 거부하는 이유는 교회의 천박함 때문이다. 교회는 세상을 향하여 손길을 내밀어야 하는 주체적인 예언적 권위를 놓치지 말아야 한다. 그럼에도 불구하고 가끔 여론에서 회자되듯 세상이 교회를 염려하는 대상이 된 것은 교회가 가지고 있는 주체적인 예언자적인 체데크와 미슈파트의 실천적 공동체성을 상실했기 때문이라고 진단하고 싶다. 교회가 교회 권력의 비대를 위해 정치권력에 기생하려고 각종 친정부적인 집회를 개최하고, 반공 이데올로기로 무장하여 도리어 정부의 대변인 역할을 하고, 심지어는 종교적인 님비의 극치를 보여주는 기독정당의 출범까지 공표하는 작금의 세태를 보며 암담하다 못해 참담

---

[*] CS 루이스/이종태 옮김, 『네 가지 사랑』(서울: 홍성사, 2007), 216.

함을 느끼는 것은 개인적 취향이라고 몰아붙여도 어쩔 수 없는 필자의 고집이다.

이런 면에서 저자는 필자가 가지고 있는 생각의 스펙트럼을 대변하는 것 같아 위안이 된다. 교회가 진정으로 바라보아야 할 세상에 대한 관점은 선교적 대상이라는 차원보다 주군이신 예수께서 보셨던 사람에 대한 사랑이 먼저이어야 하지 않을까 싶다는 저자의 말에 깊이 공감한다. 옳다. 교회가 있어야 할 삶의 정황은 세상의 아픔이 있는 곳이다. 아픔이 있는 곳을 바라보며 눈뜨고 기도해야 하는 것이 교회이고, 권정생 선생처럼 도무지 이유도 모른 채로 죄도 없는 이라크의 어린아이들이 미국의 미사일 공격에 싸늘하게 죽어갈 때 열이 40도가 넘었다는 그 아픔을 가져야 할 곳이 교회이다. 이런 차원에서 교회가 세상을 향하여 해야 할 일은 말이 아니라 실천이라는 저자의 역설이 가슴에 와 닿는다. 책의 말미는 참 귀하다. 가끔 목사로 잊고 살아가는 것을 고즈넉하게 포개어 놓고 있으니 말이다.

> "어떤 철학자가 '느린 삶'에 대하여 강의해 달라는 방송국의 강의 요청을 거절한 이유가 느림에 대하여 말하기 위해 바빠지는 것이 싫어서였다"(236).

필자는 이 글을 접하다가 왜 이리 눈물이 났는지 모른다. 나는 목사로 산다. 세상 사람들 중 저들만의 리그에 속했다고 비아냥거리는 개독교 먹사로 살고 있다. 허나 이 철학자의 성스러운 고집을 목사인 나도 갖고 살아갈 수만 있다면 저들의 공격이 뭐 그리 대수롭겠는가 싶다. 아니, 정말로 전술한 철학자의 정신과 왕고집을 갖고만 살 수 있다면 어찌 세상이 교회를 염려하는 이 비극의 사태가 초래될 수 있겠는가?

책을 읽고 나니 대리만족은 물론이고 저자와 함께 큰 산을 넘은 것 같은 희열이 넘쳐 행복하다. 김기석 목사는 필자와 그리 큰 연륜의 차이를 갖고 있지는 않지만 나에게는 큰 위로를 주는 선배요, 큰 산과 같은 존재이다. 부족한 사람이 일주일에 한 번 꼭 들러 설교를 듣는 세 사람 중에 하나인 이유를 다시 한 번 이 책을 통해 감사하는 마음으로 확인했다. 촌스럽고 아직도 배울 것이 많은 못난 후배 목사를 위해 선배의 건강을 중보해 본다.

예수의 길 따르기는 잘 살아내기이다

『가시는 길을 따라 나서다』(한국기독교연구소, 2009년)를 읽고

목사로 살면서 소원이 하나 있다면 가급적 빨리 은퇴하는 것이다. 해보는 소리가 아니라 진정성이 있는 고백이다. 그 이유는 설교의 부담감 때문이다. 들었던 풍월로 설교를 하자면 왜 못 하겠나 싶겠지만 그것은 목사로서 가장 부끄러운 일이기에 생각조차 하지 말아야 할 일이다. 일반적으로 목사들이 설교하기가 가장 힘든 이유는 설교 준비와 더불어 행한 설교와의 삶에 대한 거리감 때문이다. 필자도 이런 부담감을 너무나 잘 알기에 가능하면 설교의 횟수를 줄이려고 몸부림치거나 기를 쓰지만 어디 한국교회의 현실이 그런가? 어떤 의미로 보면 한국교회 담임목사들의 강단은 마치 무덤과도 같다. 설교를 해야 하는 예배가 너무 많다. 그래서 생명을 단축시키는 요람과 같다. 그런데 말이다. 그래도 그런 피를 마르게 하는 설교를 하기 위해서 공부를 하려고 한다. 그것은 하나님께는 물론 성도들에게 예의라고 믿기 때문이다. 억지로라도 공부하는 방법으로 택한 것이 매 맞는 일이라고 생각했다. 그래서 일체의 설교를 원고로 작성하여 섬기는 교회 홈페이지와 개인 포털 사이트 블로그에 공개한다. 어떤 의미로 보면 자살행위와 같은 이런 모험

을 왜 할까? 설교에 자신감이 있어서, 아니면 드러내고 싶어서가 아니다. 공부하지 않으려하는 나태함에 대한 채찍질이다. 누군가에게 설교를 공개한다는 것은 공부하지 않거나, 노력하지 않은 허접한 설교를 해서는 감히 할 수 없는 일이다. 공개한 설교가 비루한 설교이거나 짜깁기 내지는 표절을 했을 경우 당장 비난이 봇물처럼 터져 나올 것이기 때문에 그것을 노린 자기 경계의 마지노선으로 택한 비장한 방법이 바로 설교 공개이다. 그래서 피가 마를 때가 이루 다 말할 수 없다. 자, 여기에서 장황한 서론을 끝내고 이 말을 하게 된 이유를 설명하자면 이렇다. 설교에 대한 압박과 부담이 어찌 필자만의 일일까? 분명 아닐 것이다. 본 책의 저자도 그의 다른 책에서 설교하는 목사의 애환을 이렇게 갈파한 적이 있었는데 공감했다.

"가끔은 주일을 맞이하는 것이 고문처럼 여겨지기도 합니다. 매주 설교를 준비하기도 어렵거니와, 그 말이 사람들의 가슴까지 도달하지 못한다는 사실을 절감하기 때문입니다. 설교자의 가장 큰 번민은 입을 다물고 싶을 때조차도 무언가를 말해야 한다는 사실입니다. 자기 삶을 통해 뒷받침되지 못하는 말의 부박함이 떠오를 때면 어딘가로 달아나고 싶어집니다."*

그러고 보면 필자의 고민은 하나님의 면전에서 사유하고 성찰하고 있는 정상적인 목사라면 정도의 차이는 있겠지만 거의 대부분 대동소이함을 다시 한 번 공유해 본다. 여하튼 저자가 그렇게 힘들어 하는 설교를 처음 글로 만났다. 김기석 목사의 주일 설교 묶음을 오래 전에 한

---

* 손석춘 · 김기석 공저, 『기자와 목사, 두 바보 이야기』 (서울: 꽃자리, 2012), 236.

국기독교연구소에서 출간했다. 책 제목은 김 목사의 글 레테르인 '길'이
라는 단어가 역시나 또 삽입된 채로 출간되었는데 제목이 귀했다.

　　"가시는 길을 따라 나섰다"

　　책의 구도는 교회력(lectionary)에 맞게 설교를 한 내용을 발췌했지
만 평화 운동가이자 생태주의자인 저자의 대표적인 설교의 형태여서
그런지 JPIC에 대한 모드가 물씬 풍기는 설교들이 담겨져 있었다. 글을
읽어나가는 순간, 정제되어 있는 그의 영성과 지성 그리고 감성까지 함
께 아우르고 있는 깊은 내공을 본다. 그리고 이런 설교가 탄생되기까지
그가 고백했던 그대로 얼마나 많은 산고가 있었을까 생각하니 괜히 짠
해지는 느낌이다. 몇 년 전, 대구성서아카데미의 원장으로 있는 정용섭
목사가 서슬이 시퍼런 성서 해석의 칼날을 휘두르며 대형교회 목회자
들과 인지도가 있는 설교자들을 넉 다운 시킨 난장(亂場)이 있었다. 이
후 표면적으로 나타내지는 못하였겠지만 아마도 성서해석의 갖춘마디
를 갖고 있지 못한 설교자들은 나름 곤혹스러운 긴장감들이 있었을 것
이 분명하다. 틀에 박혀 박제된 설교를 해도 먹혀 들어가던 시대, 일부
상업적 성향이 농후한 선동적인 설교들에 오히려 열광했던 시대는 이
제 물 건너 간 느낌이다. 목회자들의 설교 내지는 집필한 책들의 표절을
구석구석을 찾아내는 시대이기에 하는 말이다. 하기야 목회자들은 차
치하고 아카데미즘에 자기들의 자존심을 걸고 있는 신학대학 교수들의
학술 서적 표절까지도 낱낱이 추적해 도마 위에 오르게 하는 시대이니
무슨 부연 설명이 더 필요하겠는가?
　　본서의 저자는 감리교신학대학교에서 학부를 졸업했다. 이후 대학

원에서 공부한 것이 그의 이력의 전부이다. 그 흔하고 흔한 목회학 박사 학위도 없는 그야말로 근래 목사의 스펙으로 평가하자면 평범함 그 이하이다. 그러나 누가 그의 이력에 감히 돌을 던질 수 있으랴 싶다. 현존하는 대한민국의 현장 목회자 중에 그와 걸맞는 독서력을 갖고 있는 자가 과연 얼마나 될까? 그가 넘나든 동서양의 고전적 담론들을 이해할 수 있는 동지가 과연 얼마나 될까? 이런 지성에만 찬사를 보낸다면 어떤 의미로 보면 또 다른 편견일 수 있기에 차제에 필자는 한 가지를 덧붙이고 싶다. 그에게는 지성을 빛나게 해주는 영성이 있다. 이 영성은 실력을 갖추지 못한 사람들이 인위적으로 만든 성령에 의해서 강요되고 조작된 영성이 아니다. 그는 자연을 있는 그대로 사랑하는 생태주의의 영성을 갖고 있다. 그는 말(末)보다는 본(本)을 소중히 여기는 본질적 영성의 소유자이다. 항상 그는 사람에게 초점을 맞추고 그를 소중히 여기는 겸손함이 있는 목회자이다. 그러나 그럼에도 불구하고 그에게는 단호한 매서움이 있다. 비 진리와 타협하지 않음이다.

지금 여기의 삶

이제 이런 영성을 가지고 있는 그의 설교 속에 빛난 명제들을 살펴보자. 저자는 책의 가장 앞부분에 생명은 소명임을 밝히며 이렇게 가슴으로 말했다.

"어느 철학자(하이데거)는 오늘의 사람들이 입구와 출구를 잃어버렸다고 말합니다"(11).

하이데거의 재인용이지만 기막힌 통찰이다. 입, 출구를 잃어버린 이런 비극의 시대를 살아가는 우리네 삶은 빡빡하지 않을 수 없다. 가만히 생각해 보면 우리의 삶이 언제는 빡빡하지 않았던가? 듣도 보도 못한 88만원으로 상투 잡는 세대, '열정 pay'라는 단어로 연약한 청년들에게 '갑질'하는 시대, 이로 인해 '삼포, 팔포'라는 단어가 그리 흔하지 않았던 내 젊음의 시대와는 달리 이제는 진짜로 젊은이들이 연애, 결혼, 출산을 포기하는 것이 대세가 된 시대에 어떻게 살아야 할 것인가에 대해 저자는 진지하다.

"'지금, 여기'(here and now)의 삶을 충실히 살아내면 된다"(11).

그렇다. 어찌 보면 진부한 것 같지만, 저자의 이 토로는 사회 구조의 불평등과 필요악을 합리화시켜 주고 있는 천민자본주의의 사슬이 짙게 깔린 이 땅의 일체의 乙(을)들에게 보내는 호소문 같다. 재 강조하지만 필자는 저자의 이 일성이 단지 젊은이들에게만 자문해준 내용이라고 보지 않는다. 현대인들 모두가 듣고 천착해야 할 삶의 키워드라고 생각된다. 왜 그런가? '지금, 여기'는 과거의 삶이 드러나는 현장이고, 동시에 내가 '지금, 여기'라는 삶의 정황을 어떻게 살아내느냐에 따라 미래에 그려질 자화상이 결정되는 오늘의 현장이기 때문이다. 그래서 '지금, 여기'에서 모두는 잘 살아야 한다. '지금 여기'를 잘 살아내야 한다는 그의 정의는 추상적이지 않다. 상당히 구체적이다.

"잘 산다는 것은 '보내신 분의 뜻을 온전히 이루는 일'이다"(12).

필자와 독자들이 살아가고 있는 오늘의 아픔은 보내신 이의 뜻을 무시하고 거부한 교만에서 시작된 비극이요 참극이다. 하나님의 소리가 죽어 있는 '지금, 여기'에서 잘 살 수 있는 방법은 없다. 하나님의 소리를 듣지 않으니 사람의 소리가 하나님의 소리를 대신한다. 하나님의 소리를 듣지 못하니까 랜덤으로 살아도 괜찮은 것은 마땅하다. 하나님의 소리가 불편해진 시대는 무엇을 해도 모든 것이 가능한 무시무시한 시대이다. 그래서 이 시대는 생명을 소중히 여기지 않는 현대판 사사 시대요, 기브아 시대인 셈이다. 그러나 이대로 무력할 수는 없다. 그리고 물러날 수도 없다. 저자는 이 시대를 극복하는 대안으로 다시 하나님의 음성을 듣는 시대로의 회귀를 강력히 요청한다. 그 예로 잘 살아낸 믿음의 선배 중 캘커타 테레사 수녀의 삶을 소개한다. 테레사 수녀에게 어떤 기자가 물었다(15).

"수녀님은 뭐라고 기도하십니까?" 그 질문에 테레사 수녀는 조용히 고개를 숙이며 대답했다. "저는 듣습니다." 기자가 의아해서 다시 물었다. "그러면 하나님이 뭐라고 말씀하십니까?" 수녀는 다시 대답한다. "그분도 들으십니다."

시대의 비극은 하나님이 말씀하시는 메시지를 무시하거나 듣지 않으려는 비극이다. 하나님이 호흡하시는 내용을 들으면 그 안에서 생명 사랑의 속삭임을 듣는데 이것을 개발이라는 명목하에 거부하고 수용하지 않는 것이 가장 큰 아픔이다. 언젠가 이판승 법정의 글을 읽은 적이 있었다. 그는 글에서 4대강 사업을 가리켜 무지의 극치라고 탄식했다.

"자연을 수단으로 여겨서는 안 된다. 생명의 근원으로서 하나의 생명체로 바라보아야 한다. (중략) 이명박 대통령의 공약사업으로 은밀히 추진되고 있는 한반도 대운하 계획은 이 땅의 무수한 생명체로 이루어진 생태계를 크게 위협하고 파괴하는 끔찍한 재앙이다."[*]

그의 말을 듣다가 참 아이러니했다. 기독교에서 타종교라고 말하는 혹은 극단적 개신교 근본주의자들이 우상숭배의 소굴이라고 맹공하고 있는 영적 범죄 집단에 속해 있는 성직자가 도리어 하나님의 창조하신 피조의 생태계를 창조의 섭리에 따라 걱정하고 있는데, 창조의 섭리를 지켜 나아가야 할 개신교의 장로는 이것을 묵사발로 만들어 놨으니 이런 기막힌 참담함이 또 어디에 있나! 자연이 아파한다는 것은 생명이 아파한다는 것인데 오늘 생명이 아파하는 소리에 마치 스데반이 행하는 설교에 귀를 닫고 있던 유대인들처럼 귀를 닫고 있는 것이 도리어 일부 지도급에 있는 기독교인들이라는 점에 장탄식이 있다. 적어도 그리스도인들의 사명은 생명을 소중히 여기는 삶이다. 이런 면에서 저자가 '지금, 여기'를 잘 살아내는 것은 일체의 생명을 존중히 여기시는 주군의 마음으로 살아가는 것임을 바로 우리그리스도인들이 직시해야 하지 않을까 싶다.

현대인들의 세 가지 질병

현대인들에게 세 가지의 질병이 있다고 한다. 첫째는 알고도 가르치지 않는 병, 둘째는 모르고도 배우지 않는 병, 마지막 세 번째는 알았는

---

[*] 법정, 『아름다운 마무리』 (서울: 문학의숲, 2009), 36.

데 행동하지 않는 병이란다. 목회자 세미나에 참석했다가 들은 이 이야기가 오래 기억에 남아 필자도 섬기는 사역지에서 항상 마음에 품고 달려가고 있다. 이 셋 중에서 어느 것이 가장 중병일까? 소그룹 모임에서 피교육자들에게 질문하면 이구동성으로 3번을 지적한다. 학습된 효과이리라. 독자들도 크게 이견이 없으리라 본다. 세 번째의 질병을 중병으로 지적하는 이유는 무엇일까? 아마도 질적으로 가장 나쁜 예이기 때문이지 않겠는가? 가르치는 자의 책임과 삶은 백번을 강조해도 지나침이 없기에 말이다. 그러나 필자는 생각이 조금은 다르다. 나는 개인적으로 목사들에게 있어서 정말로 필요한 것은 두 번째의 항목이라고 생각한다. 모르고도 배우지 않으려는 타성, 나태함 말이다. 들은 풍월로 우려먹으려는 태도는 아주 질이 좋지 않은 태도이다. 가르치는 자는 선생이다. 선생은 그 가르침을 위해 부단히 공부하고 노력하는 자이어야 한다. 그러려면 선생에게 요구되는 자세는 삶과 책임이 하나 되는 성실성의 문제이다. 이것을 잃으면 선생은 전부를 잃는 것과 마찬가지이다. 미국의 존경 받는 교육자인 파커 파머가 교사의 가장 중요한 덕목을 성실성 확립이라고 본 것은 그래서 의미심장하다.* 파머가 가르치는 자들의 선행 덕목으로 성실성을 제기한 것은 그 성실성은 '생명을 주는 것들을 선택하게 하는 요소'(각주 참고)임을 직시했기 때문인데 이것은 교육 윤리적으로만 귀담아들을 이야기가 아니라 영혼들을 다루는 목회자들에게 너무나 중요한 영적 교훈임에 틀림이 없다. 그래서일까?

---

* 파커 파머/이종인 · 이은정 공역, 『가르칠 수 있는 용기』(서울: 한문화, 2013), 52-53. "나는 성실성을 자아정체성이라는 연결 축 안에서 발견되는 온전성이라고 본다. 그 온전성의 진행 방향이 내 삶의 패턴을 결정하고 또 재조정한다. 성실성은 나의 자아의식에 필수적인 것, 나에게 맞지 않는 것과 맞는 것 등을 구분하라고 나는 강제한다. 그리하여 나는 나의 내부에서 한 군데로 모여드는 힘 중에서 '생명을 주는 것들'을 선택하게 된다."

저자는 가르치는 자에 대한 섬뜩한 경고를 내린다. 주현 절기에 행한 그의 설교는 아주 비장하고 단호하다.

> "세상에는 두 종류의 사람이 있다. 하나는 자기가 어리석은 줄 아는 진짜로 지혜로운 현자이다. 이 사람은 항상 자기의 부족함 때문에 배움에 최선을 다하려고 한다. 진리에 있어서 항상 부족함을 느끼며 갈망하는 사람이다. 반면 또 다른 한 사람은 자기가 지혜로운 줄 아는 어리석은 사람이다. 그는 배우려 하지 않고 항상 가르치려고만 한다. 깊이 경청하거나 세심하게 관찰하려 하지 않고 가볍게 듣고 즉각 반응한다"(98).

저자는 아프지만 솔직히 진단한 내용을 고백한다. 오늘의 기독교인들, 특히 목사들이 바로 이 두 번째의 부류에 있다고. 필자 역시 목사이기에 저자의 이 독설에 기분 좋을 리 없다. 그러나 기분은 좋지 않지만 역설적으로 기분 좋게 받으려고 한다. 부인할 수 없는 정답이기 때문이다. 오늘, 나 역시 가르치려는 것에 타성이 붙어 드는 것과 배우는 것에 익숙하지 않은 굳어진 자아를 보기 때문이다. 배우는 것에 천착하지 않는 자가 어찌 성실성을 유지할 수 있겠는가? 그 성실성을 유지하지 않는 자들이 또 다른 남을 가르친다는 것은 재앙이다. 그렇다면 본문에서 일갈한 저자의 일침은 나에게 중요한 선생님이지 않겠는가? 저자는 이런 값있는 고언을 아끼지 않고 나누어준다.

> "공자도 세 사람이 함께 가는 길에 반드시 선생이 있게 마련이기에 그 중에 좋은 점은 따르고 나쁜 점은 고친다고 했다"(101).

"영적인 교만이라는 영혼의 바이러스가 중세기의 페스트처럼 번져 가고 있다. 낮추고 또 낮추시오. 자기를 또 지우고 지우시오. 함부로 가르치려고 하지 말고 가리켜 보이시오. 그것이 영적인 바이러스에서 스스로를 지키는 일이다"(103).

저자는 이 설교의 텍스트를 마태복음 23장 13-15절로 선정했다. 그의 도발이 매운 회초리로 내 종아리를 때린다.

"화 있을진저 외식하는 서기관들과 바리새인들이여 너희는 천국 문을 사람들 앞에서 닫고 너희도 들어가지 않고 들어가려 하는 자도 들어가지 못하게 하는도다 화 있을진저 외식하는 서기관들과 바리새인들이여 너희는 교인 한 사람을 얻기 위하여 바다와 육지를 두루 다니다가 생기면 너희보다 배나 더 지옥 자식이 되게 하는도다"

맑은 글말이 귀하다

조금 더 나아가 보자. 저자는 마리아와 마르다 자매의 일화를 통해 이런 지침을 그의 영성의 우물에서 건져 올렸다.

"흐르는 물에 우리 얼굴을 비추어 볼 수 없는 것처럼, 마음이 뭔가에 쫓기듯 분주할 때 우리는 본질적인 것을 놓치기 쉽습니다"(132).

저자가 왜 이 화두를 던졌을까? 그는 계속해서 본인이 던진 화두에 대한 책임을 진다.

"우리가 물어야 하는 것은 교회가 얼마나 많은 일을 하는가? 혹은 얼마나 많은 이를 돕는가가 아니라 그 모든 일을 그리스도의 마음으로 하는가 입니다. 근본이 서면 나머지는 따라오게 되어 있습니다."(133)

교회가 일에 지쳐 있다. 그 지침 때문에 교회의 본말을 역전된 것 같은 헛헛함을 현장에서 필자도 참 많이 느끼곤 한다. 그 헛헛함이 목회자는 물론 교인들에게 목적을 잃게 하는 근원인 것 같아 못내 씁쓸하다. 십자가는 교회가 추구하는 본이다. 이상한 것은 교인들에게 그 십자가를 지라는 메시지는 홍수처럼 쏟아지는 데 그 십자가를 지신 예수를 보라는 메시지는 빈타이다. 시인 박노해가 쓴『다른 길』을 읽었다. 그가 프롤로그에 남긴 금언이 기억에 있다.

"역사상 가장 풍요롭고 똑똑하고 편리해진 시대에 스스로 할 수 있는 인간 능력을 잃어버리고 모든 것을 돈으로 살 수 밖에 없는 무력해진 세계에서, 그들은 내 안에 처음부터 있었지만 어느 순간 잃어버린 나 자신의 모습이었다."*

근래, 내 사랑하는 교회도 그리스도의 마음이 무엇인지를 고민하고 사유하는 운동으로 사역을 탈바꿈하기 위해 노력하고 있다. 일을 통하여 하나님의 뜻을 분별하려는 것이 아니라 십자가에 달린 예수를 묵상하고, 그분이 하셨던 삶을 따라가고, 그분이 남겨주신 성령의 생각을 하기 위해 사유하려는 정적 묵상의 나눔을 의도적으로 훈련하면서 주군의 뜻을 이해하려는 지체들이 많아져 감사하다. 마술사 시몬처럼 돈

---

* 박노해,『다른 길』(서울: 느린걸음, 2014), 8.

으로 십자가도 사려는 기막힌 시대에 돈으로 결코 살 수 없는 십자가에 달리신 하나님(엘리위젤의 독특한 사유)을 발견하려는 몸부림들이 눈으로 보여 행복하다.

새기면 손해 보지 않는 영적 혜안들과 함께 여행을

저자의 이어지는 설교에 담긴 어록들을 몇 가지만 더 동냥하고 지면 관계로 인해 부연 설명을 생략한 채로 서평을 마치려고 한다.

"교회를 처음 나가면서 예수님을 머리로 이해하려고 했을 때만 해도 예수님은 나에게 참 멋있는 사람이었다. 그러나 하나님의 은혜로 주님을 존재 전체로 만났을 때 그는 내 영혼을 밝히는 등불이었다"(139).

"하나님을 믿는다는 것은 여느 사람과 다른 방식으로 즉 내 눈이 아니라 하나님의 눈으로 이웃과 세상을 바라보는 것이다. 하나님은 우리가 이웃을 바라보는 그 눈으로 우리를 보신다는 유대인의 속담이 있다"(145).

"저는 신앙생활이 조율의 과정이라는 말을 자주한다. 조율이란 악기의 음을 표준음에 맞추어 고르는 것이다. 하나님 나라의 연주자가 되기 위해서는 예수님의 마음과 눈으로 우리의 마음과 눈을 조율해 나아가야 한다"(147-148).

"제대로 보기 위해서는 우리 속에 있는 빛을 가리고 있는 것들을 닦아

내야 한다. 무엇으로 닦을까? 하나님의 말씀과 이웃을 향한 눈물이
다"(149).

"함석헌 선생은 예수님의 위대한 힘은 엎드림에서 온다고 했다"(155).

"하나님이 인류에게 선악과를 먹지 말라고 하신 것은 힘 있는 자들의
독선을 경계하기 위함이었다. 힘이 정의인 세상에서는 하나님이 눈물
을 흘리고 계신다"(166).

"기득권자들에게 있어서 가장 무서운 것은 밑바닥 사람들의 깨어남이
다"(173).

"자기와 싸워 이긴 사람들은 기쁨을 아는 사람들이다"(177).
"가끔 물 위를 걷다가 바다에 빠진 베드로를 생각하며 싱거운 생각을
할 때가 있다. 그는 왜 빠졌을까? 물보다 무거워서 빠졌다. 그를 무겁
게 한 무게는 자아의 무게였다"(213).

"구즉통(久則通)이라 했다. 꾸준히 계속하다가 보면 어느 순간 열린다
는 뜻이다. 사람의 허물을 보지 말고 아름다움을 보자"(245).

"해방신학자 구티에레즈는 이웃은 눈에 보이지 않는 하나님을 드러내
는 존재라 했다. 사랑은 자기 밖으로 나가는 능력이다"(261).

"어느 날 테레사 수녀가 몇 날을 먹을 것이 없어 굶주리고 있는 가족이

있다는 말을 듣고 음식을 가지고 그 집에 방문했다. 음식을 받아 든 그 집 아이가 잠시 밖으로 나갔다가 돌아왔다. 어디에 다녀오니? 옆집 친구도 며칠을 굶었거든요. 빵을 주고 왔어요. 이것이 기적이다. 빵이 기적이 아니라 나눔이 기적이다"(346).

"신앙생활은 지양과 지향 사이에 있다. 자기를 부정하는 것은 지양이요 주님을 모시고 주님을 향해 가는 것은 지향이다"(365).

"마하트마 간디는 힌두교도였지만 우리가 어떻게 살아야 합니까? 라고 질문하면 항상 산상수훈처럼 살라고 했다. 그러므로 신앙생활은 진행형이어야 한다"(369).

어디 이뿐이겠는가? 저자의 생명력이 있는 선포가. 저자의 설교는 필자를 흥분하게 한다. 결국은 주군을 향한 사랑이라는 결론을 내려주어서 말이다. 그의 설교는 활자화되어 있다. 그런데 그의 설교를 눈으로 보고 마음으로 들었으니 이제는 삶으로 활자화하는 부담은 내 몫이다. 무겁다. 그러나 행복하다. 신혼 초에 가졌던 에로스적인 흥분을 목회자로 살아가는 중년의 파토스적인 열정으로 바꿔주었다. 또 노년에 어떻게 목회자로 살아가야 하는지에 대해 에토스적인 절제로 어떻게 그리스도인으로 잘 살아내야 하는지를 알려준 선생님이 계시기에.

이런 바보 같은 목사가 있다니,
정말 행복하다

손석춘·김기석, 『기자와 목사 두 바보 이야기』(꽃자리, 2012년)를 읽고

바보 같은 사람들아!

필자가 섬기고 있는 교회에 돌아가신 장로님의 아들이 서울에 거주하고 있다. 오래 전, 그 아들이 다니고 있는 교회가 담임목사를 세습하려고 하고 있어 심히 고민하며 갈등하다가 결국은 교회를 옮기기로 마음을 먹었다며 아들이 다닐만한 교회를 추천해 줄 것을 장로님의 아내되는 권사님이 부탁했다. 청을 받고 교회가 담임목사를 세습하는 분위기의 교회라면 옮기는 것이 의미가 있다고 인정하고, 그 친구에게 두 교회를 소개했는데 그 하나는 지금 아름답게 정착하여 섬기고 있는 100주년기념교회였고, 또 하나가 이 책의 공저자인 김기석 목사께서 섬기고 있는 청파감리교회였다. 신자가 교회를 정하는 것은 본인의 전적인 일이기에 소개만 했지 그가 어떤 결정을 내렸는지에 대해서는 염두에 두지 않았는데, 이후 들려온 소식은 그가 100주년기념교회로 정했다는 것이었다. 어떤 의미로 보면 보수적인 건강한 교회와 약간 진보

적인 건강한 교회 중에서 그 아들은 전자를 택한 셈이 된 것이다. 필자는 그의 결정을 존중한다. 이 일을 뒤돌아보면서 참 감사했던 것은 필자가 소개할 수 있는 교회가 있었다는 점이었다. 개인적으로 필자는 현직목사이지만 주 중에 말씀을 받아먹기 위해 반드시 세 교회를 사이버 상으로 방문한다. 나도 먹고 살아야 하기에. 한 곳은 이재철 목사께서 시무하는 100주년기념교회이고, 또 한 곳은 김영봉 목사가 시무하는 워싱턴한인감리교회이고, 마지막 한 곳이 바로 본서의 저자가 시무하는 청파교회이다. 현직으로 사역하는 목사인 필자는 행복한 일이 있다. 그것은 설교를 듣는 일이다. 내가 보지 못한 영적인 깊이와 넓이와 높이를 줄 수 있는 설교를 들을 수 있다는 것은 인터넷 시대의 유익 중에 빼놓을 수 없는 일이다. 이제는 벌써 오래 된 이야기처럼 과거의 일이 되었지만 신학대학교에 다니고 있는 신학생들이 가장 닮고 싶은 목사인 이재철 목사, 또 한 편 가장 만나고 싶은 목회자가 김기석 목사이기에 어떤 의미에서 볼 때 두 목회자는 한국교회에 지대한 영향을 미치고 있는 목회자임에 틀림이 없다. 이런 차원에서 매 주일마다 두 동역자의 설교를 경청하며 은혜를 받고 있는 것은 필자에게는 행복 중의 행복이다.

이 책은 김기석 목사와 지금은 건국대학교 교수로 재직 중인 손석춘 교수가 서로 나눈 편지를 편집한 책이다. 손석춘 교수는 이 책이 출간될 때만해도 '새로운사회를여는연구원' 이사장으로 일하면서 삼성경제연구원이라는 이름으로 대변되는 재벌 중심의 편향된 정책에 대한 카운트파트의 역할을 충실히 감당하고 있는 재야 언론인이자 진보적 지식인이다.

『기자와 목사, 두 바보 이야기』, 책 제목은 적절하다. 말 그대로 두 사람은 바보가 맞기 때문이다. 오늘 우리들이 살고 있는 시대는 주류에 들어가지 못하면 바보이다. 오늘 우리들이 살고 있는 시대에 보수적인 틀에서 벗어나면 바보가 되기 십상이기 때문이다. 정치, 문화, 사회, 예술, 언론은 물론 심지어는 종교마저도 이 상황은 정설과도 같이 굳어져 있는 시대이다. 그러니 진보적 지식인으로 살고 있는 언론인이자 대학교수인 손석춘, 그리고 진보적 색채가 뚜렷한 목사 김기석, 두 사람은 바보라는 정의가 맞다. 필자가 이들을 이렇게 표현한 것은 시대에 대한 왜곡들을 불편함을 감수하고 또 분명히 쏟아질 비난을 뻔히 보면서 그 부담을 그대로 짊어지려고 했다는 점 때문이다. 그럼에도 불구하고 저들이 바보가 되어준 것이 필자는 무척이나 행복하다. 이유는 간단하다. 내 사랑하는 조국교회가 들어야 하는 비수이기 때문이다. 또 하나 글을 쓰고 있는 사람이 마음이 푸근한 것은 저자들이 바보라는 명칭에 대하여 쿨하게 인정했다는 점이다. 아마도 이런 수용이 그들에게 있을 수 있었던 이유는 지금 화두처럼 제기하고 있는 '바보'라는 용어가 한완상 교수께서 말했던 대로 '바로 보려는 사람'이기 때문일 것이다.[*]

불편한 은혜?

필자가 관심이 있는 저자들이기에 책을 구입하여 한 주 동안 손에 책을 떼지 못할 정도의 지성적 감동과 도전을 공급받으며 정독을 했다.

---

[*] "예수는 아빠 하나님의 뜻을 따라 바보처럼 살고 바보처럼 죽기까지 하시면서 우리를 온전한 존재와 아름다운 관계로 일으켜 세워주셨는데 우리는 항상 잔머리를 굴리며 살아왔음을 고백해야 합니다. 잔머리를 굴리면서 남을 제치고 홀로 압승의 영광을 누리려고 파이팅을 외치고 살아왔음을 부끄럽게 뉘우쳐야 합니다. 주님은 단 한 번도 꼼수를 부리지 않으셨습니다. 말없이 조용히 번제물의 어린 양과 같이, 제사장과 빌라도 앞에서 침묵하셨습니다." 한완상은 이렇게 산 예수를 바로 보려는 사람 '바보'로 정의했다. 한완상, 『바보 예수』, 27.

두 사람 다 소위 진보적인 입장에서 사역을 하는 사람이기에 그들의 주고받는 글들은 보수적인 입장을 취한 사람들에게는 받아들이기 쉽지 않은 내용들로 넘쳐난다. 필자인 나 역시 글을 읽다가 개인적으로 김기석 목사의 영성에 고개를 끄덕이는 목사이기에 그의 신학적인 본말이나 혹은 그의 견고한 사상적인 배경에 대하여 따라가면서도, 어느 경우에는 조금은 심하다는 느낌을 지울 수 없어 고개를 흔들었던 부분이 없지 않아 있었다. 한 가지를 대표적인 예를 든다면 보수적인 색채에 대한 영역을 너무 천편일률적으로 고착화시키고 있는 것은 아닌가 하는 부분이었다. 그래서 어떤 의미에서 건강한 보수성을 갖고 있는 사람들 중에도 이 땅에 존재하는 것이 분명하고 또 그들이 있음으로 인해 진보적인 성향의 사람들에게도 견제 없는 획일화나 일방통행을 제지하는 긴장감을 주는 건강한 카운트파트일 수 있는데, 이런 부분에 대한 긍정이나 객관적인 수용의 부분에서 너무 비판적 대응 일변도는 아닌가 하는 아쉬움이 있었던 것이 사실이다. 그러나 그럼에도 불구하고 필자가 이 책을 읽는 동안 내내 흥분을 감추지 못했던 이유는 교회가 21세기의 현 상황에서 어떤 방향성을 갖고 나아가야 할 것인가에 대한 진지한 성찰과 또 광야의 소리가 지천에 있기 때문이었다. 다시 말해 손석춘 교수와 김기석 목사의 교회를 향한 회초리가 적절했음에 동의했다는 말이다. 부연한다면 그들의 일성(一聲)이 교회를 향한 반대를 위한 반대이거나, 혹은 작금의 상업적인 정치가들처럼 틀에 박힌 식상한 진보의 목소리로 들리지 않았기 때문이다. 도리어 가장 예스럽게 그리고 가장 겸손하게 한국교회의 일탈을 염려하며 바로 서 주기를 바라는 지적들을 이 두 사람의 정론들을 읽으면서 발견했다. 그래서 많은 부분 그들의 지적에 따라갈 것을 다짐하는 수확을 얻었다. 또 한 가지, 이 책을 읽는 동안 얻은 큰 수확은 목사로 사역하는 필자에게 더 많은 공부에 전념해야 함을 각인시켜준 점이다. 두 사람이 진단하고 있는 일련의 종교, 사회, 정치, 문화, 인문학 등등에 걸쳐 갖고 있는 다양하고 해박한 지식으로 분석한 실력 있는 스펙트럼들이 얼마나 진지한 성찰과 고민과 실력을 기초로 한 내공에서 나온 것인지를 보면서 정말로 또 다시 다짐한 것이 '공부요, 책 읽기'였다. 한국에서 설교하면 다섯 손가락 안에 드는 어떤 목회자의 글을 읽어보면 기막힌 수사와 달콤한 기법으로 문체 자체가 너무나 아름다워 '어떻게 이런 표현을 쓸 수 있지'라고 탄복하는 글이 있다. 그런데 아이러니는 소위 말하는 은혜를 받지 못한다는 점이다. 설교하기와 설교 원고의 달인인 그를 보면서 말이다. 반면, 필자는 저자들의 글을 따라가다가 이런 감회가 들었다. 참 불편한데 은혜가 넘침을!

세상 참 고르지도 못하다. 하지만 백번을 양보해도 필자는 후자에 열광하고 싶지 전자와 친해지고 싶지 않다는 점이다. 그러니 목회가 시원찮다.

사랑이 아니라 사랑 실천하기

오늘 목사로 살아간다는 것은 역사 이래로 가장 어렵고 두렵고 떨리는 일이다. 이것을 깨닫는 것은 물론 아무에게나 주어지지 않는 것이기에 웬만한 지성의 틀과 영성의 감각만 갖고 있어도 목사라는 사역이 얼마나 버겁고 힘이 든 직업인지 알 수 있는 시대가 오늘이다. 하루를 자고 일어나면 세상은 대가리를 쳐들고 있는 살모사의 모양으로 교회와 목사들을 향하여 분기탱천하여 똬리를 틀고 있다. 이제는 교회가 자정

능력이 없다고 확신한 저들의 확신은 뒤로 결코 물러서지 않을 태세이다. 설상가상으로 저들의 공격은 이제는 교회 일탈에 대한 경고나 혹은 되돌아섬의 기대라는 장밋빛 여지를 남겨둔 것이 아니라, 교회를 박멸 대상으로 보고 있는 듯해서 섬뜩함까지 느낀다.『기자와 목사, 두 바보의 이야기』에서 나만의 착각인지는 모르지만 두 공저자의 교회를 향한 고언들을 직시하면서 만에 하나, 교회와 목사가 공저자가 일갈하고 있는 방향성으로 다시 한 번 달려간다면 감히 저들도 교회를 무시하거나 박멸의 대상으로 계속하여 공격하지 못하지 않을까 하는 실낱같은 희망을 품어본다. 그 이유는 공저자의 일갈에서 가벼움과 얄팍함이란 찾아볼 수 없기 때문이었다. 손석춘은 책을 시작하면서 점잖게 썼지만 다음과 같은 투로 도전한다. 필자의 언어로 평해 본다.

"교회가 전하고 실천해야 하는 최고의 덕목은 사랑 실천이다. 재론하지만 사랑이 아니라 사랑 실천이다. 세상의 상징은 자본 축적이다. 사랑 실천과는 정 반대의 개념이다. 힘을 축적하는 이유도 자본을 갖기 위해서이고, 자본을 축적하는 이유는 힘을 놓치지 않기 위해서이다. 세상의 논리가 이런 것에 반하여 교회는 세상의 논리로 인해 스러진 힘없는 자들의 대변이 되어야 하고, 그들의 힘없음을 보호해 줌으로써 희망을 주어야 하는 곳이다. 그런데 교회의 가장 치명적인 문제는 교회가 자본주의의 병폐를 그대로 인정하고 답습하고 있다는 점이다. 성경은 교회가 빛과 소금이라고 천명했는데 빛과 소금인 교회는 거의 없다. 나는 언론인이지만 언론에 대한 공정한 기대감을 버린 지 오래 되었다. 언론이 도리어 부패의 온상이 되고 있는 것 같아 절망스럽다. 교회는 어떤가? 교회도 초록이 동색이다. 머리와 입으로 사랑하는 교회에서 그 무슨 예수의 향기가 있을 수 있겠는가? 김수환 추기경이 살아생전 고백했던 사랑이 머리에서 가슴으로 내려오는 데 70년이 걸렸다는 말처럼 그렇게 가슴으로 행하는 사랑 실천은 힘이 든 것을 인정한다. 그러나 교회는 가슴으로 내려오기는커녕 그냥 머리에만 있는 사랑에 고착되어 있는 것 같아 실망스럽기 그지없다. 대부분의 교회가 자본에 종속되어 있다는 사실에서 벗어나지 않는 한 교회 역시 희망이 없는 세속적인 집단에 불과하다. 교회가 이 지경임을 감안할 때 더불어 예수께서 실천하셨고 요한 사도가 적시한 사랑한다는 것과 투쟁한다는 것이 과연 이 시대에 가당키나 한 일일까 하는 것에 자꾸만 회의가 드는 것을 어떻게 해야 할까?"(23-28)

답변하기기 참 녹록하지 않은 기자의 질문에 김기석 목사는 어렵사리 그리고 무겁게 글을 달았다. 필자가 이렇게 표현한 것은 교회가 교회의 역할을 감당하지 못하는 현실에서 그 현장에 서 있어야 하는 목사로서의 자괴감을, 공저자 김 목사의 마음을 대변한 것이다. 역시 필자의 언어로 줄여본다.

"사도 요한이 선언한 하나님은 사랑이시다. 사랑하는 자야만이 내 안에 있고 나도 그의 안에 있다는 사랑의 공식은 '함께 아파하는 사랑'이라고 말하고 싶다. 주지할 것은 이 아파하는 사랑에 대하여 교회의 담론들은 즐비한데 실천이 부족하다는 기자의 말에 동의한다. 엔도 슈사쿠는 그의 걸작인 『사해의 호반』에서 교회에서 고백되는 예수 말고, 자기가 생각하고 있는 예수를 소개하는데, 그 예수는 마치 병자를 치유하며 기적을 행하는 예수가 아닌 현장에서 아파하는 자들과 함께 같이

아파하는 어찌 보면 하나님의 아들이라는 신성을 상실한 무력한 예수
와 같지만, 그 예수가 바로 진정한 하나님의 아들이신 예수임을 천명한
것처럼 오늘 한국교회가 정말로 찾아야 할 예수의 사랑은 바로 이것이
다. 이 예수는 미슈파트를 행하는 예수, 체다카를 실천하는 예수, 그리
고 궁극적으로는 성경에서 가장 사랑이라는 단어와 근접한 헤세드를
이루는 예수이다"(38-45).

왜 김 목사의 이 답변에 주목하고 긴장해야 하는 것일까? 백 번을
양보해도 이 예수는 한국교회 주류의 예수 해석이 아니기에 불온하기
짝이 없다고 평가절하 될 것이 자명하기 때문이다. 김 목사의 답변은
여기에서 머물지 않는다. 한 발 더 나아간다. 교회가 빛과 소금됨을 거
부한 이 시대에 다시 한 번 교회가 교회되려면 교회는 반드시 천민자본
주의의 천박한 사탄의 올무에서 벗어나야함을 역설한다. 그는 여론에
기대하지 않는다는 손석춘의 말에 다음과 같이 부연한다.

"비판 기능을 잃어버린 채 기득권 편이 된 언론도 문제지만, 초월적 비
전을 잃어버린 채 자본주의의 단맛에 취해 버린 종교가 더 큰 문제이
다. 청빈한 삶에 청빈한 마음이 깃들기 마련이다. 교회가 부유해지고,
권력과 긴밀해질수록 예수로부터 멀어질 수밖에 없다. 그때 교회는 사
회적 강자들의 행태와 욕망을 종교적으로 추인해주게 되기 때문이
다"(47-48).

두 사람의 대화는 이렇게 매 장(章)을 치열하게 수놓는다. 그들이
수놓은 영역은 한국 사회 전반을 아우른다. 그들의 대화를 집요하게 추

적하다보면 어떤 때는 분노하고, 어떤 때는 대리만족하고, 어떤 때는 함께 실소하고, 또 어떤 때는 같이 운다. 이 길을 함께하다 보면 중요한 것은 주체할 수 없는 은혜가 쏟아진다는 점이다. 그래서 이 책은 귀하다.

교회가 해야 할 분노

책을 읽다가 가슴에 절절함으로 담은 내용이 있다. 남아프리카의 신학자 알란 뵈삭의 말을 소개한 김기석 목사의 글이다.

"알란 뵈삭은 오늘의 교회가 잃어버린 것은 심리학이나 문학이 아니라 '거룩한 분노'라고 했다"(86-87).

김기석은 이 글을 인용하면서 다음과 같이 해제한다.

"'거룩한 분노'는 긍휼의 마음에서 솟아나오는 파토스이다. 긍휼히 여기는 마음이 없다면 이웃들이 겪는 아픔에 분노할 이유도 없을 것이다. 예수는 사람들을 억압하는 권부로 변한 성전 체제에 대해 분노했다"(87).

연세대학교에서 박사 과정 코스워크를 할 때 당시 종교 심리를 강의했던 고 강희천 교수의 거룩한 분노 해석을 잊을 수가 없다. 많은 성서 해석자들은 성전 청결 사건을 행하신 주군이신 예수의 행위를 일반적으로 해석할 때 교회를 장사하는 곳으로 만든 것에 대한 분노, 돈을 환전하는 강도의 소굴로 만든 것에 대한 성토 정도로 해석하는 데 동의하지만, 그는 '노끈으로 채찍을 만드사'(요한복음 2:15)에 천착했다. 그의 해석에 의하면 머리끝까지 치밀어 오른 예수의 분노는 분기탱천하여 폭발한 것처럼 요한기자가 기록하였지만 실상은 그의 폭발은 혈기가 아니었다는 점을 강조하며 해석했다. 예수는 노끈으로 채찍을 만드는 동안 분노를 조절했다는 것이다. 이렇게 번 시간은 예수에게 두 가지의 유익을 주었다는 것이다. 첫째는 감정적인 폭발의 정도를 누그러뜨릴 수 있었던 시간의 유익과 두 번째는 어느 정도로 행동할 것인가에 대한 속도 조절의 사유함을 가질 수 있었던 유익 말이다. 결론은 예수의 성전 청결 사건의 행위는 감정적인 행동이 아니라 하나님의 분노를 표현한 수위조절이었다고 해석한 것이었는데 필자는 의미 있는 신학자의 통찰로 받아들여 메모 노트에 수록해 놓았다. 필자가 무슨 말을 하고 싶은 것인지 풀어 놓고 싶다. 근래 한국교회의 중심축에 있는 사람들이 분노하는 분노의 내용을 보면 천박하기 그지없다. 어떻게 해석해야 하지? 목사인 나는 섬기는 교회의 지체들에게 이것을 무엇이라고 설명해야 하지? 아연실색한 일들이 너무 많다.

몇 년 전, 미국 대사가 테러를 당했다. 전 세계에 주목을 끌만한 쇼킹한 테러가 서울 한복판에서 백주에 일어난 것이다. 필자는 테러는 어떤 명목이든 이 지구상에서 사라져야 할 사탄의 행태임을 고발한다. 테러는 명분으로 합리화할 내용이 아니다. 그것은 비난 받아야 할 마땅한 범죄이다. 일찍이 마틴 로이드 존스 목사는 악의 기원에 대한 이해를 도모하는 소논문에서 이렇게 갈파한 적이 있다.

"전쟁의 원인이 되는 맹목적 애국주의(JINGOISM)를 비롯하여 일체의 침략전쟁을 거부하십시오. 그리스도인들은 이러한 사탄적인 행태에 대하여 거부해야 합니다."*

'장고이즘'의 폐해가 얼마나 사탄적인 행태인지를 고발한 그의 지론에 대하여 필자는 동의한다. 만에 하나 그것이 애국적 충정이라고 하는 가면을 썼다고 해도 말이다. 자유민주주의 국가인 대한민국 수도 서울에서 일어난 미국 대사를 향한 테러는 그가 우리나라에 막대한 영향력을 행사하는 미국 대사라는 무게감 때문이 아니라 제삼세계의 약소국 대사라고 해도 결코 이런 야만적인 행태는 제거되어야할 죄악이다. 여기까지는 필자 역시 일반적인 평가에 조금도 이의를 제기하지 않는다. 그러나 너무나 수치스러운 행위들이 교회에서 자행되었다는 점에 얼굴을 들 수가 없다. "니퍼트 미국 대사의 쾌유를 비는 기도회" 괴물 같은 행위이다. 수구적인 교회가 마치 괴물 같은 일을 자행할 수 있다는 것도 경악할 만한 일이지만, 더 가슴 아픈 일은 대다수의 보수적인 교회들이 이 일을 그럴 수도 있다는 식으로 암묵적 동의를 했다는 점이다. 구국기도회라는 명목으로 모 대통령의 초상화를 십자가 대신 걸어놓고 행하는 아연실색하게 하는 종교적 쇼들이 장고이즘으로 벌어지고 있는데 그 주범이 교회라는 점에서 절망스럽다. 조금이라도 교회에 대하여 불이익을 주는 일이 일어나면 교인들을 동원하여 방송국 앞에 몰려가 머리띠를 두르게 하는 교회의 자화상은 심장을 두근두근 거리게 한다. 이 기막힌 일들이 마치 하나님을 모독하는 것에 대한 성도의 합당한 표현이라는 명목 하에 자행되고 있다는 것이 더 더욱 필자를 절망하게 한다. 진짜로 분노해야 할 기득권자들에 의해 짓눌림을 당하고 있는 약자들을 위한 분노에는 눈감고, 고아와 과부와 객들에 대한 신원함에는 무감각하며 도리어 정치권력과 기생하며 살아가고 있는 일부 속없는 교회를 보면 예수께서 성전을 보고 느끼셨던 그 분노의 함수를 필자도 느낀다.

---

* 마틴 로이드 존스/김현준 옮김, 『귀신들림, 점술, 강신술』(서울: 꿈지기, 2008), 35.

죄 경영(SIN MANAGEMENT)

"어느 분이 교회를 가리켜 '죄 경영'을 하는 사업장으로 표현하는 것을 듣고 충격을 받은 적이 있습니다"(166).

손석춘 선생의 교회에 대한 일설 중에 주님이 가르쳐 주신 기도 중에 '일용할 양식'을 위해 살아가는 그리스도인이 되리고 가르쳐 주신 예수의 기도를 정면으로 거부하며 주의 기도를 박제화시킨 그리스도인들이야 말로 가장 나쁜 죄악을 자행하는 자들이라고 비토 하는 글에 답변을 하면서 김기석 목사가 인용한 글이다. 누가 이런 말을 했는지 근원을 밝히지 않기에 정황을 파악하는 것은 쉽지 않다. 그래서 섣불리 판단하는 것은 불편하기 그지없다. 물론 '한국교회를 다 싸잡아 그렇게 공격한 것은 아니겠지'라는 자위는 하지만 상당히 곤혹스럽다. 내가 섬기는 교회가 죄를 경영하는 공장이라니! "어떤 인간이 그런 말을 했는데" 하며 찾아내 냉큼 요절을 내고 싶은 마음 굴뚝같은데 그럴 수가 없다. 왜? 죄를 경연하는 공장이라고까지 말할 수 없겠지만 죄에 대한 둔감함은 물론 죄에 대한 이해조차도 너무나 무감각해진 것이 내가 섬기는 교회에서부터 보이기 때문이다. 목사인 나부터 안락함과 불편하고 싶지 않은 목양의 터를 만들어가고 있으니 말이다. 상당수의 교회에서 담임목사 세습을 하다가 이제는 세간 및 교회 공동체 내에서도 부정적인 여론이 주류이다 보니 합법적으로 세습을 할 수 있는 길이 사라져 아들 목사에게 변칙적으로 세습을 행하는 각종 기상천외한 난장들이 백주에 벌어지고 있다. 더불어 목회자들의 성적 일탈, 교회의 극단적 님비주의, 예수 그리스도의 삶 따르기와 정 반대의 길 가기 등등이 21세기 한국교회의 기독교인들의 자화상으로 자리매김하고 있다는 것이다. 이로 인해 무신론자들인 안티 크리스천들에게는 교회가 마치 죄 경영의 근원이 되고 있다고 비평하는 것이 상식적인 일이 되었다는 점은 쓰리고 아프지만 부인할 없다. 김기석 목사는 필자와 비슷한 마음을 가진 것 같다. 그는 조국교회를 바라보는 아픔을 이렇게 에둘렀으니 말이다.

"하늘과 땅 사이에 똑같은 거리를 두고는 '여기 아래'는 아래대로 즐기면서 '저기 위'는 또 저기 위대로 확보해 놓은 그런 사람들이 교회의 중심을 점점 다 차지했다는 것은 비극이다" (카를로 카레토의 말을 김기석 목사가 재인용).

아직은 살아 있어 줘서 고마워!

내가 별난 것인지 아니면 김 목사가 별난 것인지는 모르겠지만 여하튼 공통분모가 있다는 점에서, 이런 생각 자체는 왕따를 당하기 십상인 철모르는 목사의 투정이지만 적지 않은 위로가 된다. 서평을 마치면서 이 책을 읽고 난 독자 중에 한 명인 김인국 신부(천주교 정의 구현 사제단 총무)가 남긴 에필로그성 갈파가 따뜻하게 다가와 소개하고 글을 맺으려 한다.

교회가 밥값을 못한 것이 어제 오늘의 일이 아니었지만 아시시의 성인 역시 십자가를 바라보다가 '프란치스코야, 내 집을 고쳐 다오. 너도 보듯이 다 망가졌단다' 하는 음성을 들었다. 그때에 그가 십자가의 눈물과 한숨 사이사이에서 손과 발과 옆구리의 상처에 입 맞추며 불렀던 노래가 이렇게 전해진다.

"나의 교회야, 나의 교회야 / 네가 아무리 못생겼어도 / 너는 언제나 나의 교회지"(342).

필자는 이 노래를 음미하는 데 왈칵 뜨거운 것이 올라왔다. 내 사랑하는 교회, 아무리 못생겼어도 내가 가장 사랑하는 교회, 내 목숨을 걸고 사랑하고 싶은 교회, 그 교회가 숨을 헐떡이고는 있지만 그래도 내 옆에 아직은 살아 있기에 말이다.

나 가 는 말

사유함이 지치지 않는 세상을 위해

문학계의 노벨상이라고 하는 맨부커 상 수상을 해서 일약 스타덤에 오는 작가 한강이 근래에 쓴 『흰』이라는 아주 짧은 단편을 한 달 전 즈음에 만났습니다. 작가의 글 중에 초승달을 보고 '창백한 달'이라고 표현한 대목을 만나면서 참 소름이 끼쳤던 기억이 있습니다. 이 땅에 존재하는 수많은 사람들 중에 야위고 야윈 달을 보면서 그 달의 이미지를 '창백한 달'로 표현할 수 있는 사람이 과연 얼마나 될까 생각하니 한강의 사유함이 무척이나 크게 보였기 때문입니다. 작고한 박경리 선생은 『버리고 갈 것만 남아서 참 홀가분하다』에서 후배 소설가인 박범신에 대한 단상을 다음과 같이 말한 적이 있습니다.

"히말라야에서 / 짐 지고 가는 노새를 보고 / 박범신은 울었다고 했다 / 어머니! / 평생 짐을 지고 고달프게 살았던 어머니 / 생각이 나서 울었다고 했다 / 그때부터 나는 박범신을 다르게 보게 되었다 / 아아 / 저게 바로 토종이구나"

두 사람의 느낌을 잔잔히 적은 박경리 선생의 이 글을 읽다가 나도 모르게 울컥했습니다. 왜일까요? 진한 동의의 표현 때문이지 않았겠습니까? 두 사람이 느끼는 인간이 가지고 있는 가장 아름다운 내공들을 저 또한 100% 공감하고 큰 공명으로 간직했기 때문입니다.

인간이 인간으로서 아름다운 이유는 사유하고 있는 존재이기 때문입니다. 반대로 인간이 천박해지는 이유는 동물적인 감각으로 오감에 흡족한 것만을 추구하기 때문일 것입니다. 현대를 살고 있는 우리들에게 암세포보다 더 무서운 치명적인 독소는 생각하지 않고 살게 하는 무감각입니다. 여론을 통해 알려진 삼성 휴대폰 최신 기종 발표를 보면서, 또 여기에 상응하여 맞서고 있는 애플사의 최신 아이폰 버전의 발표를 예상하면서 두 사의 사활을 건 싸움에서 안 보아도 비디오인 공통분모가 눈에 보입니다. 목사라는 직업의식이 갖고 있는 결벽증이라고 반격하면 어쩔 수는 없겠지만 최고와 첨단을 달리고 있는 기기들의 최대의 장점들이 참 아이러니하게도 인간을 더욱 사유하게 하지 않게 하는 편리함을 제공해 주는 치명적인 괴물이라는 공통점이 저에게는 보입니다. 아주 민감한 세포의 감각적 터치로 조그마한 화면에 신세계가 열리게 하더니, 이제는 인간의 홍채를 가지고 새로운 세상을 열게 하는 정도의 진화가 이루어지고 있으니 '인간이 왜 생각해야 하지?', '인간이 왜 이런 편리한 세상에 사유해야 하지?'를 강하게 따지는 기상도가 더 치열해질 것을 생각하니 더 더욱 서글퍼지기까지 합니다.

글 중 니콜라스 카의 일침을 가슴에 담았습니다.

"기술의 힘을 지니기 위해 우리가 지불한 대가는 소외다."

소외라는 말이 필자에게 가슴 저림으로 다가왔습니다. 그래서 그랬는지 저는 카의 이런 염려의 마음에 감사의 인사를 전하고 싶었습니다. 그는 괴물로 전락하고 있는 기술의 힘을 만들어내는 데 혁혁한 공이 있는 주인공인데도 이런 아낌없는 고언을 전해 준 것이 눈물겹게 고마웠기 때문입니다. 그의 고언을 곱씹다가 문득 이런 묘한 생각이 들었습니다. 그는 IT 영역에서 최고의 권위를 갖고 있는 자인데 어떻게 자신의 전문적인 서클 밖에서 일어나고 있는 두려움을 공포할 수 있는 용기를 갖게 되었을까? 그러다가 너무 자연스럽게 깨닫게 된 감흥은 그가 사유함을 포기하지 않았기 때문이라는 점이었습니다.

천박해지기를 종용하는 시대에 인간이 천박해지지 않는 유일한 방법은 사유를 포기하지 않도록 책과 노는 일임을 다시 한번 서평의 글들을 정리하며 각인하는 공부를 했습니다. 사유하고 있다는 것이 지금 내가 살아 있다는 증거라면 책읽기는 살아 있는 내가 하고 있는 최고의 건강 유지법이 아닐까 싶습니다. 그래서 필자는 저자들에게 머리를 숙여 감사를 전합니다. 글을 정리하는 동안 잠을 많이 못 자서 다리 뻗고 24시간만 자보는 것이 소원인데 팔자 좋은 소리한다고 할까봐 포기하기로 했습니다. 행복한 글 여행을 주신 하나님께 찬미를, 여러분에게는 샬롬을 전합니다.

함께 본 책들
추천도서 목록

1. 프리모 레비/이현경 옮김.『이것이 인간인가』. 서울: 돌베개, 2015.
2. C.S 루이스/이종태 옮김.『고통의 문제』. 서울: 홍성사, 2002.
3. 토마스 롱/장혜영 옮김.『고통과 씨름하다』. 서울: 새물결 플러스, 2014.
4. 마크 A. 놀/박세혁 옮김.『복음주의 지성의 스캔들』. 서울: IVP, 2010.
5. 김기석.『길은 사람에게로 향한다』. 서울: 청림출판, 2007.
6. 조너선 색스/임재서 옮김.『차이의 존중』. 서울: 말, 글빛냄, 2012.
7. 차정식·김기석 공저.『예수-사랑, 먼저 행하고 베풀어라』. 서울:21세기북스, 2015.
8. 트레빈 왁스/김태곤 옮김.『일그러진 복음』. 서울: 생명의 말씀사, 2012.
9. 쓰지 신이치/김향 옮김.『슬로 라이프』. 서울: 디자인하우스, 2010, p,296.
10. 미르바 던/전의우 옮김.『안식』. 서울: IVP, 2009.
11. 장석주.『그 많은 느림은 다 어디로 갔을까』. 서울: 뿌리와 이파리, 2008.
12. 헨리 데이빗 소로우/강승영 옮김.『월든』. 서울: 이레, 2010.
13. 유시민.『국가란 무엇인가』. 서울: 돌베개, 2011.
14. 고도원.『혼이 담긴 시선으로』. 서울: 꿈꾸는 책방, 2015.
15. 송호근.『그들은 소리 내 울지 않는다』. 서울: 도서출판 이와우, 2013.
16. 김준형, 윤상현 공저.『언어의 배반』. 서울: 뜨인돌, 2013.
17. 시오미 나나미/김석희 옮김.『로마인 이야기 13 (부제: 최후의 노력)』. 서울: 한길사, 2012.
18. 김두식.『교회 속의 세상, 세상 속의 교회』. 서울: 홍성사, 2010.
19. 신영복.『담론』. 서울: 돌베개, 2015.
20. C.S. 루이스『순전한 기독교』. 서울: 홍성사, 2010.
21. 자크 엘륄/이문장 옮김.『세상 속의 그리스도인』. 서울: 대장간, 2008.
22. 어거스틴/조은화 옮김.『참회록』. 서울: 생명의 말씀사, 2009.
23. 혜민.『완벽하지 않은 것들에 대한 사랑』. 서울: 수오서재, 2016.
24. 찰스 링마/윤매영 옮김.『행동하는 신앙인을 위한 자끄 엘륄 묵상집』. 서울: 조이선교회, 2009.
25. C.S. 루이스/홍종락 옮김.『당신의 벗 루이스』. 서울: 홍성사, 2013.
26. 김득중.『무엇이 삶을 아름답게 하는가』. 서울: 삼민사, 1991.
27. E.H. 카/김택현 옮김.『역사란 무엇인가』. 서울: 까치, 2014.
26. 고은.『순간의 꽃』. 서울: 문학동네, 2014.
27. 엔도 슈사쿠/유숙자 옮김.『깊은 강』. 서울: 민음사, 2014.
28. 한희철.『내가 선 이곳은』. 서울: 소망사, 1991.

29. 장강명.『한국이 싫어서』. 서울: 민음사, 2015.

30. 이해인.『내 혼에 불을 놓아』. 왜관: 분도 출판사, 1985.

31. 리처드 포스터/송중인 옮김.『기도』. 서울: 두란노, 2010.

32. 이해인.『엄마』. 서울: 샘터, 2008.

33. 장영희.『살아온 기적, 살아갈 기적』. 서울: 샘터, 2010.

34. 김기석.『광야에서 길을 묻다』. 서울: 꽃자리, 2015.

35. 이재철.『청년아 울더라도 뿌려야 한다』. 서울: 홍성사, 2000.

36. 김기석.『삶의 메시지다』. 서울: 포이에마, 2010.

37. 정희진.『정희진처럼 읽기』. 서울: 교양인, 2014.

38. 이재철.『비전의 사람』. 서울: 홍성사, 2001.

39 수전 손택/이민아 옮김.『해석에 반대한다』. 서울: 도서출판 이후, 2013.

40. 장대익 · 신재식 · 김윤성 공저.『종교전쟁』. 서울: 사이언스북, 2014.

41. 엘리위젤/김하락 옮김.『나이트』. 서울: 도서출판 예담, 2013.

42. 프란시스 맥너트/변진석, 변창욱 옮김.『치유』. 서울: 도서출판 무실, 1996.

43. 박홍규.『이반 일리히, 소박한 자율의 삶』. 서울: 텍스트, 2011.

44. 한병철/김태환 옮김.『심리정치』. 서울: 문학과 지성사, 2015.

45. 박득훈.『돈에서 해방된 교회』. 서울: 포이에마, 2014.

46. 고든 피외 5인 공저.『탐욕의 복음을 버려라』. 서울: 새 물결 플러스, 2011.

47. 폴 트립/이지혜 옮김.『돈과 섹스』. 서울: 아바서원, 2014.

48 이해인.『민들레 영토』. 서울: 가톨릭출판사, 1985.

49 신영복.『나무야 나무야』. 서울: 돌베개, 1996.

50. 팀 켈러/정성묵 옮김.『왕의 십자가』. 서울: 두란노, 2013.

51. 게리 하우겐 · 빅터 부트로스 공저/최요한 옮김.『폭력국가』. 서울: 옐로블릭, 2015.

52. 류시화.『나는 왜 너가 아니고 나인가』. 서울: 김영사, 2010.

53. 에드워드 사이드/박홍규 옮김.『오리엔탈리즘』. 서울: 교보문고, 2014.

54. 한완상.『바보 예수』. 서울: 삼인, 2012.

55. 차정식 · 김기석 공저.『예수, 사랑 먼저 행하고 먼저 베풀어라』. 서울: 21세기북스, 2015.

56 수전 손택/홍한별 옮김.『우울한 열정』. 서울: 도서출판 이후, 2009.

57. C.S. 루이스/김선형 옮김.『스크루테이프의 편지』. 서울: 홍성사, 2013.

58. 엘리 위젤/하진호 · 박옥공 옮김.『샴고 로드의 재판』. 서울: 포이에마, 2014.

59. 니콜라스 카/최지향 옮김.『생각하지 않은 사람들』. 서울: 정림 출판, 2014.

60. 박노해.『사람만이 희망이다』. 서울: 느린걸음, 2011.

61. 리처드 마우어/홍범룡 옮김.『무례한 기독교』. 서울: IVP, 2013.

62. 강상중/이경덕 옮김.『고민하는 힘』. 서울: 사계절, 2008.

63. 스베틀라나 알렉시예비치/박은정 옮김.『전쟁은 여자의 얼굴을 하지 않았다』. 서울: 문학동네, 2015.

64. 엘리 위젤/배현나 옮김.『팔티엘의 비망록』. 서울: 도서출판 주우,1981.

65. 조정래.『시선』. 서울: 해냄, 2014.

66. 피에르 쌍소/김주경 옮김.『느리게 산다는 것의 의미』. 서울: 현대신서. 2007.

67 박노해.『여기에는 아무도 없는 것만 같아요.』. 서울: 느린걸음, 2007.

68. 칼린디/김문호 옮김.『비노바 바베』. 서울: 실천문학사, 2010.

69. 로날드 사이더/한화룡 옮김.『가난한 시대를 사는 부유한 그리스도인』. 서울: IVP. 2014.

70. 한홍구.『역사와 책임』. 서울: 한겨레출판, 2015.

71. 나희덕.『그 말이 잎을 물들였다』. 서울: 창비,1999.

72. C.S. 루이스/이종태 옮김.『네 가지 사랑』. 서울: 홍성사, 2007.

73. 법정.『아름다운 마무리』. 서울: 문학의 숲, 2009.

74. 박노해.『다른 길』. 서울: 느린걸음, 2014

75. 마틴 로이드 존스/김현준 옮김.『귀신들림, 점술, 강신술』. 서울: 꿈지기, 2008.

76. 박경리.『버리고 갈 것만 남아 홀가분하다』. 서울: 마로니에 북스, 2013.